行政诉讼法重大争议问题研究

——司法权与行政权关系之维度

The Research on Major Controversial Issues
of Administrative Procedure Law—
the Dimension of the Relationship between
Judicial Power and Administrative Power

谭炜杰　著

方志出版社
Publishing House of Local Records

图书在版编目(CIP)数据

行政诉讼法重大争议问题研究:司法权与行政权关系之维度 / 谭炜杰著. —北京:方志出版社,2016. 12

ISBN 978 - 7 - 5144 - 2154 - 5

Ⅰ. ①行… Ⅱ. ①谭… Ⅲ. ①行政诉讼法—研究—中国 Ⅳ. ①D925. 304

中国版本图书馆 CIP 数据核字(2016)第 259642 号

行政诉讼法重大争议问题研究——司法权与行政权关系之维度

著　　者: 谭炜杰

责任编辑: 罗　滔　朱　姝

出 版 人: 冀祥德

出 版 者: 方志出版社

地址　北京市朝阳区潘家园东里 9 号（国家方志馆 4 层）

邮编　100021

网址　http://www. fzph. org

发　　行: 方志出版社发行中心

电话　(010) 67110500

经　　销: 各地新华书店

排　　版: 北京宝蕾元科技发展有限责任公司

印　　刷: 北京京都六环印刷厂

开　　本: 700 × 1000　　1/16

印　　张: 16. 75

字　　数: 284 千字

版　　次: 2016 年 12 月第 1 版　　2016 年 12 月第 1 次印刷

ISBN 978 - 7 - 5144 - 2154 - 5　　定价: 78. 00 元

第五批《中国社会科学博士后文库》编委会及编辑部成员名单

序　言

博士后制度在我国落地生根已逾30年，已经成为国家人才体系建设中的重要一环。30多年来，博士后制度对推动我国人事人才体制机制改革、促进科技创新和经济社会发展发挥了重要的作用，也培养了一批国家急需的高层次创新型人才。

自1986年1月开始招收第一名博士后研究人员起，截至目前，国家已累计招收14万余名博士后研究人员，已经出站的博士后大多成为各领域的科研骨干和学术带头人。这其中，已有50余位博士后当选两院院士；众多博士后入选各类人才计划，其中，国家百千万人才工程年入选率达34.36%，国家杰出青年科学基金入选率平均达21.04%，教育部“长江学者”入选率平均达10%左右。

2015年底，国务院办公厅出台《关于改革完善博士后制度的意见》，要求各地各部门各设站单位按照党中央、国务院决策部署，牢固树立并切实贯彻创新、协调、绿色、开放、共享的发展理念，深入实施创新驱动发展战略和人才优先发展战略，完善体制机制，健全服务体系，推动博士后事业科学发展。这为我国博士后事业的进一步发展指明了方向，也为哲学社会科学领域博士后工作提出了新的研究方向。

习近平总书记在2016年5月17日全国哲学社会科学工作座谈会上发表重要讲话指出：一个国家的发展水平，既取决于自然科学发展水平，也取决于哲学社会科学发展水平。一个没有发达的自然科学的国家不可能走在世界前列，一个没有繁荣的哲学社会科学的国家也不可能走在世界前列。坚持和发展中国特色社会主义，需要不断在实践和理论上进行探索、用发展着的理论指导发展着的实践。在这个过程中，哲学社会科学具有不可替代的重要地位，哲学社会科学工作者具有不可替代的重要作用。这是党和国家领导人对包括哲学社会科学博士后在内的所有哲学社会科学领域的研究者、工作者提出的殷切希望！

中国社会科学院是中央直属的国家哲学社会科学研究机构，在哲学社会科学博士后工作领域处于领军地位。为充分调动哲学社会科学博士后研究人员科研创新积极性，展示哲学社会科学领域博士后优秀成果，提高我国哲学社会科学发展整体水平，中国社会科学院和全国博士后管理委员会于2012年联合推出了《中国社会科学博士后文库》（以下简称《文库》），每年在全国范围内择优出版博士后成果。经过多年的发展，《文库》已经成为集中、系统、全面反映我国哲学社会科学博士后优秀成果的高端学术平台，学术影响力和社会影响力逐年提高。

下一步，做好哲学社会科学博士后工作，做好《文库》工作，要认真学习领会习近平总书记系列重要讲话精神，自觉肩负起新的时代使命，锐意创新、发奋进取。为此，需做到：

第一，始终坚持马克思主义的指导地位。哲学社会科学研究离不开正确的世界观、方法论的指导。习近平总书记深刻指出：坚持以马克思主义为指导，是当代中国哲学社会科学区别于其他哲学社会科学的根本标志，必须旗帜鲜明加以坚持。马克思主义揭示了事物的本质、内在联系及发展规律，是“伟大的认识工具”，是人们观察世界、分析问题的有力思想武器。马克思主义尽管诞生在一个半多世纪之前，但在当今时代，马克思主义与新的时代实践结合起来，愈来愈显示出更加强大的生命力。哲学社会科学博士后研究人员应该更加自觉坚持马克思主义在科研工作中的指导地位，继续推进马克思主义中国化、时代化、大众化，继续发展21世纪马克思主义、当代中国马克思主义。要继续把《文库》建设成为马克思主义中国化最新理论成果的宣传、展示、交流的平台，为中国特色社会主义建设提供强有力的理论支撑。

第二，逐步树立智库意识和品牌意识。哲学社会科学肩负着回答时代命题、规划未来道路的使命。当前中央对哲学社会科学愈发重视，尤其是提出要发挥哲学社会科学在治国理政、提高改革决策水平、推进国家治理体系和治理能力现代化中的作用。从2015年开始，中央已启动了国家高端智库的建设，这对哲学社会科学博士后工作提出了更高的针对性要求，也为哲学社会科学博士后研究提供了更为广阔的应用空间。《文库》依托中国社会科学院，面向全国哲学社会科学领域博士后科研流动站、工作站的博士后征集优秀成果，入选出版的著作也代表了哲学社会科学博士后最高的学术研究水平。因此，要善于把中国社会科学院服务党和国家决策的大智库功能与《文库》的小智库功能结合起来，进而以智库意识推动品牌意识建设，最终树立《文库》的智库意识和品牌意识。

第三，积极推动中国特色哲学社会科学学术体系和话语体系建设。改革开放30多年来，我国在经济建设、政治建设、文化建设、社会建设、生态文明建设和党的建设各个领域都取得了举世瞩目的成就，比历史上任何时期都更接近中华民族伟大复兴的目标。但正如习近平总书记所指出的那样：在解读中国实践、构建中国理论上，我们应该最有发言权，但实际上我国哲学社会科学在国际上的声音还比较小，还处于有理说不出、说了传不开的境地。这里问题的实质，就是中国特色、中国特质的哲学社会科学学术体系和话语体系的缺失和建设问题。具有中国特色、中国特质的学术体系和话语体系必然是由具有中国特色、中国特质的概念、范畴和学科等组成。这一切不是凭空想象得来的，而是在中国化的马克思主义指导下，在参考我们民族特质、历史智慧的基础上再创造出来的。在这一过程中，积极吸纳儒、释、道、墨、名、法、农、杂、兵等各家学说的精髓，无疑是保持中国特色、中国特质的重要保证。换言之，不能站在历史、文化虚无主义立场搞研究。要通过《文库》积极引导哲学社会科学博士后研究人员：一方面，要积极吸收古今中外各种学术资源，坚持古为今用、洋为中用。另一方面，要以中国自己的实践为研究定位，围绕中国自己的问题，坚持问题导向，努力探索具备中国特色、中国特质的概念、范畴与理论体系，在体现继承性和民族性，体现原创性和时代性，体现系统性和专业性方面，不断加强和深化中国特色学术体系和话语体系建设。

新形势下，我国哲学社会科学地位更加重要、任务更加繁重。衷心希望广大哲学社会科学博士后工作者和博士后们，以《文库》系列著作的出版为契机，以习近平总书记在全国哲学社会科学座谈会上的讲话为根本遵循，将自身的研究工作与时代的需求结合起来，将自身的研究工作与国家和人民的召唤结合起来，以深厚的学识修养赢得尊重，以高尚的人格魅力引领风气，在为祖国、为人民立德立功立言中，在实现中华民族伟大复兴中国梦征程中，成就自我、实现价值。

是为序。

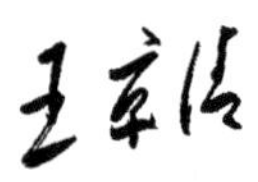

中国社会科学院副院长

中国社会科学院博士后管理委员会主任

2016 年 12 月 1 日

摘 要

本书从司法权和行政权关系的维度，对行政诉讼法中存在重大争议的基础性、关键性、节点性问题，进行理论分析和实证研究，以期为我国行政诉讼法进一步完善提供参考借鉴。本书主要研究结论如下。

1. 行政诉讼法的“监督”目的具有独立性；“争议解决”目的在行政诉讼法上的确立，为相关纠纷解决机制的建立奠定了基础；引入“维护法制统一”目的体现了司法克制的要求，有助于解决行政立法冲突，增强维护客观法秩序的功能。

2. 承认公法的独特性是行政法院产生和运作的基础；设立行政法院有助于实现行政审判独立性与专业性的统一。

3. “行政争议”应当作为行政诉讼受案范围的概括性标准，部分抽象行政行为、内部行政行为应当纳入受案范围，行政终局裁决不应排除司法审查；司法实践中可审查假定原则、复合型审查程序和立案登记制的确立，有助于解决行政诉讼“立案难”。

4. 在行政复议与行政诉讼的关系中，应当坚持自由选择模式，复议前置作为例外情形；构建行政异议制度有助于行政救济与司法救济的衔接；为保护相对人合法权益，法院在一定情形下，可以不受复议前置的限制，直接受理相对人的起诉。

5. 行政诉讼法应当确立实质合法性审查原则；从我国实际出发，比例原则、平等原则、信赖保护原则、正当程序原则应当作为审查行政行为是否明显不当的标准。

6. 维持判决应当废止，驳回诉讼请求判决可以承担其功能，弥补其灵活性不足；行政诉讼法中的重作判决、变更判决、履行判决的适用范围和条件应当进一步明确；起诉应当具有停止行政行为执行的效力；行政诉讼法中应当承认和解的容许性。

关键词： 司法权；行政权；关系；行政诉讼法；重大争议

Abstract

In this book, from the dimension of the relationship between the jurisdiction power and administrative power, the major controversies which are fundamental, critical and connecting in Administrative Procedure Law are under study through theoretical analysis and empirical research, so as to provi de reference for further improvement of our country's Administrative Procedure Law. The main research conclusion are as follows:

1. The purpose of "supervision" of Administrative Procedure Law has its independence. The establishment of "dispute resolution" purpose in the Administrative Procedure Law lays the groundwork for the establishment of the relevant dispute resolution mechanism. Introducing the purpose "to safeguard the unification of the legal system" reflects the requirements of judicial restraint, helps to solve the conflicts of administrative legislation, and strengthens the function of maintaining objective legal order.

2. The recognition of the uniqueness of public law is the basis of the establishment and operation for administrative court. The establishment of the administrative court helps to achieve the unity of independence and professionalism in administrative trial.

3. "Administrative dispute" shall be used as the general standard for the scope of accepting cases in administrative litigation. Part of abstract administrative actions and internal administrative actions shall be incorporated in the scope of accepting cases of administrative litigation. Final administrative ruling should not exclude judicial review. In the judicial

practice, the establishment of presumption of reviewability, complex review procedure, and case-filing register system help to solve the difficulties for placing a case on file.

4. In the relationship between the administrative reconsideration and administrative litigation, free choice pattern should be insisted on, in which the preposition of administrative reconsideration is an exception. Building the system of administrative dissent is helpful to the connection between administrative relief and judicial relief. In certain circumstances, the court should accept the private party's sue without the restrict of the preposition of administrative reconsideration for the sake of private party's right.

5. Administrative Procedure Law should establish the principle of substantial legitimacy review. According to the reality of our country, the proportionality principle, the principle of equality, the principle of legitimate expectation, and the principle of due process shall be used as the review standard of obvious inappropriateness by the administrative agency.

6. Judgment of maintainance shall be repealed, and rejected petition judgment can assume its function and make up for its lack of flexibility. The applicable range and conditions of judgment for conducting again, judgement of alternation, and judgment for performance in the Administrative Procedure Law shall be further defined. Sue should have the effectiveness of stopping the execution. In the Administrative Procedure Law, the admissibility of reconciliation should be admitted.

Keywords: judicial power; administrative power; relationship; Administrative Procedure Law; major controversy

目　录

Contents

绪　论

一　研究动机和目的

《中华人民共和国行政诉讼法》（以下简称《行政诉讼法》）于1989年4月4日在第七届全国人民代表大会第二次会议上通过，它的颁布和施行标志着“人治时代的终结，法治时代的开始”①，是中国行政法治建设史上的不朽丰碑，是中国民主法治建设史上的华丽篇章，其重要意义无论如何强调也不过分。②《行政诉讼法》颁行的二十余年，正是中国社会的急剧转型期，经济发展和社会结构变化使得社会矛盾进入了前所未有的高发阶段。为了回应社会现实需求，最高人民法院不断通过司法解释完善行政诉讼制度，地方各级人民法院也在积极推进行政审判机制创新，但是，这些努力并未有效弥合法律文本与社会现实之间的巨大差距。“行政诉讼法实施二十多年，法院惨淡经营，却仍然走不出艰难困厄的局面。案件数量少、判决结案率低、原告胜诉率低，撤诉率和驳回起诉率高、上诉率和申诉率高，足见行政诉讼解决行政纠纷、保护公民权利和监督依法行政的功能严重受挫”③，如果不对已经陷入困顿之中的法律进行修改，公民的合法权益就难以获得全面、及时有效的司法保护，行政权力的恣意就无法受到司法审查的有效制约。

笔者于2012年11月申请进入中国应用法学研究所博士后科研工作站，并着手研究行政诉讼法修改问题。时值党的十八大胜利召开之际，依法治国方略被提到了新的战略高度，这为《行政诉讼法》的修改营造了良好的

---

① 龚祥瑞主编：《法治的理想与现实》，中国政法大学出版社1995年版，第148页。

② 参见江必新：《完善行政诉讼制度的宏观思考》，中国行政法学研究会2012年年会论文，上海，2012年10月，第225页。

③ 何海波：《困顿的行政诉讼》，《华东政法大学学报》2012年第2期。

政治环境，提供了难得的历史时机，大大增加了社会各界推动《行政诉讼法》修改的信心和期望。在站学习研究期间，笔者已经真切地感受到了社会各界热议《行政诉讼法》修改的氛围和立法机关修改《行政诉讼法》的决心。2014 年 11 月 1 日，《全国人民代表大会常务委员会关于修改〈中华人民共和国行政诉讼法〉的决定》（以下简称《行政诉讼法修正案》）由第十二届全国人大常委会第十一次会议通过，自 2015 年 5 月 1 日起施行。然而，《行政诉讼法修正案》的颁布绝不意味着法律的尽善尽美和相关研究的戛然而止。在笔者看来，虽然党的十八届四中全会的召开为《行政诉讼法》的修改增添了动力，但整体上小修小补式的修改略显仓促，行政诉讼法的许多理论问题尚未达成共识，不少实践中的问题尚无合理的解决方案。深入的理论思辨和实证研究的不足，不但影响立法的科学性，还会阻碍《行政诉讼法》的进一步完善。而这种不足突出体现在，对于行政诉讼法律制度赖以建立和运行的基础性、关键性、节点性问题研究薄弱，理论和实务上均存在颇多争议。出于为我国行政诉讼法法律制度完善尽绵薄之力的初衷，本书的任务就在于试图解决这些重大争议问题，一方面为行政诉讼法律制度的持续科学发展增强理论的准备、增厚学术的积淀，保障行政诉讼理论与实践问题研究的正确方向；另一方面尝试提出与本书研究结论相应的更加理想的立法建议，为今后行政诉讼法继续完善提供参考借鉴。

行政诉讼法的修改完善涉及问题众多，而司法权①和行政权的关系贯穿于行政诉讼制度运行的始终，以二者的关系为线索，为找准和研究那些以基础性、关键性、节点性为特征的重大争议问题提供了标尺。面对百花齐放、百家争鸣的研究局面，从司法权与行政权关系的维度研究行政诉讼法修改问题除了能够体现本课题研究的特色外，其对于促进行政诉讼法律制度完善的意义在于：首先，以司法权和行政权关系为线索有助于抓住《行政诉讼法》修改完善的重点环节。行政诉讼制度是近代宪政发展的产物，“宪政主义作为一种知识形式，采行对峙式思维，它主要关心的不外乎国家权力的界定与运用”②，可以说，只有在“内含着人民主权、分权制衡、法治等理念的宪政精神的感召下，在以宪政文化为核心的民主政治

① 在我国，广义的司法权包括审判权和检察权，甚至公安机关、司法行政机关的部分权力也被纳入司法权的范畴。本书中的司法权仅指由法院行使的审判权，是狭义的司法权，它在本质上是判断权。

② 陈端洪：《对峙——从行政诉讼看中国的宪政出路》，《中外法学》1995 年第 4 期。

的土壤中才孕育出现代意义的行政诉讼制度"[1]。从世界范围来看，不论是大陆法系的行政诉讼制度，还是英美法系的司法审查制度，均是建立在权力分立与制衡的宪政基础之上的。行政诉讼旨在落实宪法上对司法权与行政权关系的安排，是为了保护公民权益而设计的由司法权监督制约行政权的制度体系，行政诉讼制度中涉及司法权与行政权二者的关系，是行政诉讼区别于民事诉讼、刑事诉讼的重要特征。在既定的宪政框架下，行政诉讼为司法权介入行政领域提供了依据，同时也确定了司法权的限度问题，即司法权究竟能在多大程度上和范围内制约行政权。司法权的限度不仅表现在行政诉讼法的立法目的和基本的司法理念上，而且体现在纵向和横向两个层面对二者关系安排的具体制度中。而《行政诉讼法》的修改和完善，正是对立法目的、司法理念的再认识和具体制度的重新安排，那些鲜明体现司法权与行政权关系的目的、理念与制度问题，自然应当成为研究的重点。在研究过程中以司法权和行政权关系为基本线索，不仅使研究在宏观上置于宪政基本框架之下，而且能够在微观上找准《行政诉讼法》完善的关键制度环节，并使这些制度之间形成相互连接、彼此协调的制度体系。

其次，司法权和行政权的关系为把握行政诉讼制度的现状和发展方向提供根据。《行政诉讼法》的制定和修改从立法层面来看，体现的是立法机关对司法权和行政权关系的安排。如果将立法看作是公共政策制定的过程，那么在该公共政策形成过程中，不同利益主体之间必然会进行探讨和协商，然后达成平衡和妥协，这样制定的政策才会得到各方的遵守和服从。行政诉讼的立法过程同样是不同力量之间博弈的过程，司法部门、行政机关、民主党派、群众团体和法律院系等社会各界对行政诉讼法充分发表了看法，最终促成了现行《行政诉讼法》出台。[2] 自《行政诉讼法》实施二十余年以来，经济社会发展带来社会利益与阶层进一步分化，不同利益集团有不同的政治立场、主张和利益，这决定了《行政诉讼法》的修改只能在复杂多样的主张、利益之间达成新的平衡和妥协。《行政诉讼法》的修改与《民事诉讼法》的修改相比难度较大，难就难在司法权与行政权的冲突从幕后走向前台，表现出前所未有的鲜明，虽然立法机构的

---

① 胡肖华：《行政诉讼基本理论问题研究》，湖南人民出版社 1999 年版，第 24 页。

② 参见赵鹏：《回顾一九八九：行政诉讼法的制定过程与重要争论》，中国行政法学研究会 2012 年年会论文，上海，2012 年 10 月，第 495 页。

组成人员和社会知识分子基于良知和正义感的主张能够对法律修改形成影响，但是这种影响远不及司法权和行政权作为两种国家权力对立法的影响，二者博弈的结果成为行政诉讼法修改程度和结果的关键性和决定性力量。由此就不难理解法律的制定和修改从客观中立的立场来看总是缓慢、渐进、非直线的，往往难以尽如人意、一步到位，从而对《行政诉讼法》的现状有本质上的理解认识，对《行政诉讼法》完善的方向有应然的规划设想，对《行政诉讼法》修改的结果有妥协过程中的清醒。

再次，司法权和行政权的关系折射出完善我国行政诉讼制度的必要性。在现代国家，随着社会主体的多元化诉求日益复杂，行政权也随之呈现出不断扩张的趋势，行政权既要履行日常的行政管理职能，又要为社会公众提供最大限度的服务。由于行政权具有主动性、强制性的特点，行政权在行使社会管理职权和提供服务过程中，就存在着对公民权利侵害的可能。同时，基于社会管理对行政权的依赖和处理社会事务的日益技术化，在许多国家议会立法中，政府的立法提案权也处于优先地位。因此，司法权对行政权的控制就显得十分必要。从我国的情况来看，行政诉讼制度起步于20世纪80年代中期，形成独立的行政诉讼制度则是1990年的事情。《行政诉讼法》在当时出台，并不是基于某种明确的理论而进行的制度建设，也没有关于权力制约的理论作为支撑，只是将《中华人民共和国宪法》（以下简称《宪法》）第41条赋予公民的批评权、申诉权、控告权和检举权的规定加以具体化而已，对于如何切实保障公民权利的落实，如何在宪法框架下处理司法权和行政权的关系，以及二者之间关系的理论支撑是什么等问题都缺乏深入的思考。① 随着《行政诉讼法》的实施，在司法实践中，行政诉讼制度本身的缺陷也日益暴露，不论是在宏观的行政审判体制上，还是在具体的审查范围、审查强度上，即便是2014年修改后的《行政诉讼法》仍无法满足行政法治发展的需求，无法为司法权监督行政权提供有效的法治资源。

总之，以司法权、行政权的本质为根据，从司法权和行政权关系的实践出发，分析行政诉讼运行中存在的问题，不仅可以为《行政诉讼法》的进一步完善提供新的研究视角和理论基础，而且更有助于为相关制度的完善提出和选择更加合理的方案。以司法权和行政权的关系为主线，针对

---

① 参见黄先雄：《论我国行政诉讼困境之成因》，载胡肖华主编《权利与权力的博弈——行政诉讼法修改纵横谈》，中国法制出版社2005年版，第77页。

突出体现司法权与行政权关系的若干行政诉讼制度进行理论和实证研究，有助于实现制度设计在理论上相承、逻辑上自洽、妥协上清醒。

二 研究现状述评

（一）行政诉讼法研究历程回顾

对行政诉讼法的研究始终是与《行政诉讼法》的实施和修改完善相伴随的。在《行政诉讼法》实施之初，对于行政诉讼法的研究主要集中于法律条文的理解与适用，最高人民法院于1991年发布的《关于贯彻执行〈中华人民共和国行政诉讼法〉若干问题的意见（试行）》是这一时期研究成果的集中体现，学界的注意力主要集中于解决司法实践中的问题，对于行政诉讼的基本理论少有交换意见，这方面问题的争议也较少。随着行政诉讼实践的发展，《行政诉讼法》存在的诸多问题和不足逐渐显现，这直接推动了2000年最高人民法院发布《关于执行〈中华人民共和国行政诉讼法〉若干问题的解释》（以下简称《若干解释》），加上我国于2001年正式加入世界贸易组织，《行政诉讼法》修改问题开始引起学界的关注，并于2002年前后掀起了一波研究的小高潮。[①] 此后，对如何修改完善《行政诉讼法》的研究逐渐升温。通过在中国知网以“行政诉讼法修改”为主题关键词搜索文献，共检索出552篇文献，虽然该检索条件无法精确搜索出所有相关文献，但依然能够反映出学界对《行政诉讼法》修改问题在不同时期的研究热度。这些文献自2003年以来的分布情况如图绪－1所示。

由图绪－1可知，《行政诉讼法》修改问题研究的真正第一波高潮产生于2005年前后。2003年年底，十届全国人大常委会将修改《行政诉讼法》列入二类立法规划（研究起草、成熟时安排审议）中；2004年6月，首届全国行政诉讼理论研讨会召开，《行政诉讼法》的修改与完善成为该

① 这一时期的代表性文献主要有，江必新：《WTO与我国的司法审查制度》，《法律适用》2001年第3期；甘文：《WTO与司法审查》，《法学研究》2001年第4期；孔祥俊：《建立与WTO要求相适应的司法审查制度》，《中国法学》2001年第6期；马怀德、葛波蔚：《WTO与中国行政诉讼制度的发展——兼论对现行行政诉讼法的修改》，《政法论坛》2002年第2期；杨解君：《中国入世与行政诉讼制度变革》，《法学》2002年第4期；薛刚凌、王霁霞：《论行政诉讼制度的完善与发展——〈行政诉讼法〉修订之构想》，《政法论坛》2003年第1期；章志远：《现行行政诉讼法的修改势在必行》，《政治与法律》2003年第2期；等等。

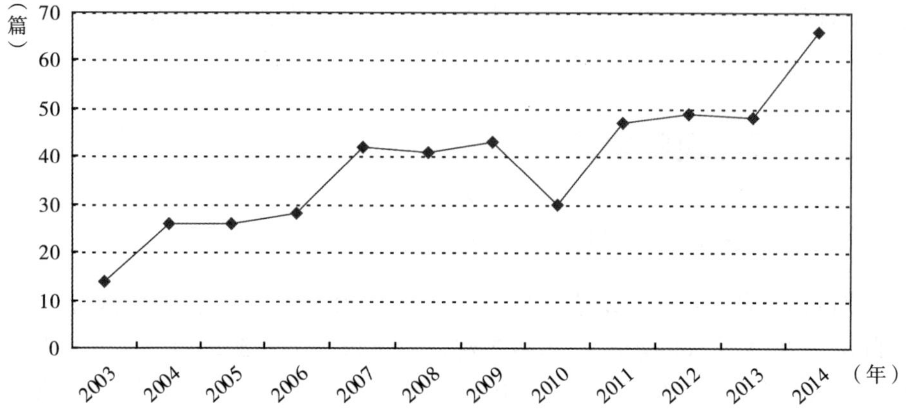

图绪－1　2003 年至 2014 年研究《行政诉讼法》修改文献发表情况分布图

次会议的中心议题；2005 年 11 月，《中华人民共和国行政诉讼法修改建议稿》在中国政法大学法学院举办的“中日行政诉讼法修改研讨会”亮相。这一时期的主要研究成果集中体现为由国内知名学者主编的多部著作。① 第二波高潮产生于2011 年前后，一直持续至今。该波高潮的出现直接源于十一届全国人大将三大诉讼法列入一类立法规划（任期内提请审议），随着《刑事诉讼法》和《民事诉讼法》修改的相继完成，《行政诉讼法》的修改备受瞩目。2011 年以来，人大系统、法院系统、法学院校等单独或联合召开的行政诉讼法修改研讨会达百余场之多，北京大学、中国人民大学、中国政法大学等高校先后推出各自最新的行政诉讼法修改建议稿，清华大学公法研究中心还发布了《理想的行政诉讼法 4.0 版》，学术刊物上纷纷开辟行政诉讼法修改专题，相关学术文献发表数量逐年提高。② 2013 年 12 月，十二届全国人大常委会第六次会议对行政诉讼法修正

① 代表著作包括，马怀德主编：《司法改革与行政诉讼制度的完善——行政诉讼法修改建议稿及理由说明书》，中国政法大学出版社 2004 年版；江必新主编：《中国行政诉讼制度的完善：行政诉讼法修改问题实务研究》，法律出版社 2005 年版；杨海坤、章志远主编：《行政诉讼法专题研究述评》，中国民主法制出版社 2006 年版；胡建淼主编：《行政诉讼法修改研究——〈中华人民共和国行政诉讼法〉法条建议及理由》，浙江大学出版社 2007 年版。

② 这一时期主要代表文献有，江必新：《完善行政诉讼制度的宏观思考》，中国行政法学研究会 2012 年年会论文，上海，2012 年 10 月，第 225 页；应松年：《完善行政诉讼制度——行政诉讼法修改核心问题探讨》，《广东社会科学》2013 年第 1 期；李广宇、王振宇、梁凤云：《行政诉讼法修改应关注十大问题》，《法律适用》2013 年第 3 期；姜明安：《行政诉讼法修改的若干问题》，《法学》2014 年第 3 期；薛刚凌：《行政诉讼法修订基本问题之思考》，《中国法学》2014 年第 3 期。

案草案进行第一次审议，在此前后，对行政诉讼法修改问题的研究热潮达到了历史顶点。随着党的十八届三中、四中全会陆续召开和《行政诉讼法修正案》的通过，学界通过对修正后的《行政诉讼法》进行解读，指出其不足和不完善之处，推动行政诉讼法研究持续走向深入。2015 年 4 月，在广泛征求意见并充分论证的基础上，《最高人民法院关于适用〈中华人民共和国行政诉讼法〉若干问题的解释》（以下简称新《若干解释》）发布，与修改后的《行政诉讼法》同时实施，在指导司法实践的同时，体现了当前行政诉讼法研究的最新动向和基本共识。

（二）研究基本成果

近年来，行政诉讼法研究取得了丰硕的成果，这为开展进一步深入研究奠定了坚实的基础。首先，行政诉讼法研究的基本格局已经形成。从研究的广度来看，大到行政诉讼的价值、目的和功能，以及司法审查的范围等基础性理论问题，小到行政诉讼判决的具体形式等问题都有涉及。从研究的深度来看，对于行政诉讼法上的重大问题也展开了较为充分的探讨。例如行政审判体制、受案范围、原告资格、行政诉讼类型化、行政诉讼审查标准等问题，学界都有诸多深刻独到见解。其次，行政诉讼法的研究方法呈现多样化。这表现为从简单的法律条文注释和分析向较深入的理论研究转变，关于行政诉讼价值、行政诉讼目的以及诉权等方面的研究为行政诉讼制度构建提供了理论依据。理论联系实际的方法得到了较为广泛的运用，学界的研究逐渐开始关注当代中国司法实践中的问题，通过实证调查、数据统计和案例分析等方式，对受案范围、原告资格、审判体制、撤诉、协调和解等在实践中的问题进行梳理，并在此基础上提出切合中国司法实际的解决方案。跨领域交义研究的态势已经形成，学界开始意识到行政诉讼制度与其他相关制度之间的密切关系，跨领域研究的思路开始运用在行政诉讼法研究过程中，例如 WTO 制度对行政诉讼法的影响，宪政与行政诉讼制度的关系，经济学在司法行为选择中的运用方面的研究成果，对行政诉讼法律制度的完善均具有十分重要的参考价值。

从司法权和行政权关系的维度研究行政诉讼法，学界在研究过程中也有涉及，主要的研究成果体现在如下三个方面。

1. 司法权和行政权关系的基本定位

有学者指出，司法权对行政权的监督和制约构成了司法权与行政权关系的基调，《行政诉讼法》的制定与实施，标志着我国法院开始依据其司法权对行政权进行制衡，司法审查制度是行政权与司法权在宪政层面的高度概括与体现，也是重构行政权与司法权之间关系的精神内核。① 有学者指出，分权使司法权独立于行政权，为行政诉讼中司法权监督制约行政权创造了可能性；分权重在权力之间的制衡，要求行政诉讼中司法权全面有效制衡行政权。② 还有学者探讨了法院在社会和国家中的作用，特别是在国家权力结构中的地位及其作用的变迁，分析了法院行使司法审查权力的正当性，指出了行政诉讼的组织形态是司法审查行政行为权力的静态反映，强调了司法审查强度问题是行政诉讼中不折不扣的核心问题——法院在具体审查中如何处理与行政机关乃至其他机关的关系。③

2. 我国司法权与行政权关系的现状

有学者指出，司法权与行政权在行政审判实践中的冲突呈现出多样性，有的是行政权占主导地位，表现为行政机关掌握终局裁决权，使司法权丧失对行政权的制衡；有的属于司法权占主动地位，表现为法院判决代替行政机关作出行政行为以及司法变更权的行使等。④ 有学者认为，我国司法权在解决行政争议方面作用和功能有限，其所受理的行政案件数量也非常有限，行政机关仍然拥有行政争议的主导裁决权和处理权。⑤ 有学者指出，我国司法权和行政权之间首先是分工合作关系，然后才是监督制约关系，在此定位下，司法权对行政权维护有余而监督乏力，行政权在许多情形下僭越司法权，行政机关给法院施加压力，迫使法院作出对其有利的裁判，由此导致了司法权威难以树立，行政权滥用得不到有效遏制，行政案件起诉难、胜诉难、执行难。⑥

---

① 参见高秦伟：《中国宪政架构下的行政权与司法权关系之重构》，《文史哲》2003 年第 1 期。

② 参见胡肖华、黄先雄：《论行政诉讼中的宪政机理》，载胡肖华主编《权利与权力的博弈——行政诉讼法修改纵横谈》，中国法制出版社 2005 年版，第 27 页。

③ 参见杨伟东：《权力结构中的行政诉讼》，北京大学出版社 2008 年版，导言。

④ 参见赵宇晖：《司法权与行政权的冲突及其解决》，硕士学位论文，中国政法大学，2006 年，第 13 页。

⑤ 参见袁明圣：《行政权对司法权的挤压和渗透——晚近 20 年中国立法批评之一》，《中共长春市委党校学报》2004 年第 2 期。

⑥ 参见黄先雄：《论我国行政诉讼之现状——以司法权与行政权的关系为视角》，《行政与法》2005 年第 9 期。

3. 司法权和行政权的关系与《行政诉讼法》的完善

有学者从司法角色现状反观行政诉讼法存在的弊端，指出司法领域必须解决的问题，并认为修订法律就是通过《行政诉讼法》重新为司法在整个行政法治内部确定地位。《行政诉讼法》修改的过程，不仅是改动文字那么简单，它必然涉及一个为什么改、怎样改的问题，所以为司法定位是极其重要的。① 有学者在对美国司法审查中司法权与行政权关系、德国行政诉讼中司法权和行政权关系进行比较分析的基础上，结合我国实际情况，从诉讼制度的设置与运用、行政审判庭的司法实践、受案范围的司法解释、行政机关权限争议等多角度进行探讨，提出了相关行政诉讼制度的完善方案。② 有学者在对国外行政诉讼司法权界限理论进行深入分析的基础上，提出了将其切实可行地应用到我国行政诉讼中的理论，即将无瑕疵裁量行使请求权引入课予义务诉讼模式理论，填补了国内相关研究的空白，此外，还对司法审查横向范围中涉及的受案范围、规章和其他规范性文件的审查、当事人资格问题，以及司法审查纵向范围中涉及的司法变更权限定与扩大问题进行了系统性研究。③

（三）存在的局限性

学界对行政诉讼法的研究，有效推动了《行政诉讼法》的修改和完善，《行政诉讼法修正案》的通过，成为行政诉讼法律制度发展的阶段性成果。但是，当前对行政诉讼法的研究在内容和方法上仍然存在一定局限性，影响了《行政诉讼法》的进一步完善。

1. 研究内容上的局限性

（1）重理论性的分析论证而轻实践性的实证考察。研究行政诉讼法的学术文章虽然颇丰，但大多局限于从行政法和诉讼法理论上进行分析论证，诸如对行政诉讼目的的争议、行政诉讼审查标准、行政诉讼和解的适用范围等问题，学界的论证多局限于纯粹的理论范畴，以行政诉讼是否适用和解的问题为例，学界从非常宽泛的领域论证了适用和解的根据，诸如契约理论、自由裁量权理论、服务行政理论等，不可谓不充分，但这种论

① 参见白雅丽：《司法的角色——行政诉讼视角的考察》，博士学位论文，中国政法大学，2007 年，第 192 页。

② 参见黄先雄：《行政诉讼中的权力关系》，中南大学出版社 2012 年版，导言。

③ 参见李哲范：《行政诉讼司法权界限》，中国书籍出版社 2013 年版，序。

证少有结合行政诉讼和解的实证进行说明的，空中楼阁式的泛泛而谈导致了理论分析与实证研究“脱钩”。对于行政诉讼法中具体制度的设计论证，局限于理论上的空想和逻辑上的自洽，却少有文章专门深入司法实践对行政诉讼的实然状态进行调研和反思，对于该制度在纠纷解决方面究竟发挥了多大效用，行政诉讼中相对人的合法权益是否受到了保护，法院在司法实践中的地位和作用等均缺少贴近实践的第一手材料，理论研究脱离我国行政诉讼的司法实践，导致了对行政诉讼的制度设计不适应司法实践需要。

（2）重域外经验制度的借鉴引进而轻对其的甄别考量。在构建行政诉讼有关制度过程中，学界十分注重对域外经验的介绍，不但将其作为论证行政诉讼正当性的根据，而且在行政诉讼制度的具体设计中，也直接将域外的制度移植过来为我所用。不可否认，国外在推进行政法治和完善司法审查机制方面的确有许多先进经验值得借鉴，这对于构建和完善我国行政诉讼法律制度也是非常必要的。但这并不代表这些制度就是完全合理且不存在争议的，这些制度就是符合中国国情的，而学界在引进域外制度过程中，往往没有对引进域外制度的合理性进行充分论证，对于这些制度是否适合中国国情也缺乏审慎的思考和鉴别。例如，在研究行政诉讼判决制度过程中，有学者认为应当借鉴英美法系的司法谦抑理论，尊重行政机关对行政案件的首次判断权，尽可能减少法院以判决直接替代行政机关作出决定，但对此的过分强调导致了对纠纷解决效率的忽视，没有注意到当代中国司法实践中，相对人权益往往得不到有效保护是主要问题，这样的主张实际上并不利于节约司法资源和保护公民的合法权益。可以说，在对待域外经验制度的态度上，部分学者还存在一定程度的迷信和盲从。

（3）重宏观的制度体系构建而轻微观的制度设计。从学界对行政诉讼法研究现状来看，可以说行政诉讼法所涉及的基本制度框架已经构建起来，虽然尚未有明确提出专门从司法权和行政权二者关系出发研究行政诉讼法的专著，但是通过对既有文献成果的梳理汇总，需要研究的制度体系已经浮出水面，从而为进一步深入研究奠定了基础。问题在于，不少学者在提出行政诉讼的具体制度设计时，侧重于基本层面上制度体系框架的构建和相关制度的可能意义和效用研究，而对于这些制度的具体表现形态和操作程序缺乏微观的设计与必要的分析。例如，不少学者都主张应当建立以起诉停止行政行为执行为原则、不停止执行为例外的制度，并列举了不停止执行为例外的情形，却忽视了法院可以在“例外的例外”情况下作出停止执行的裁定。如果说宏观制度体系的构建是创作的蓝图，那么没有微观制度和操作层面的文字表达，也无法竖起行政诉讼制度的“高楼大厦”。

2. 研究方法上的局限性

（1）片面性。支持建立某个具体行政诉讼法律制度的学者在研究过程中，只注重分析该行政诉讼制度可能带来的好处，却忽略了该制度可能带来的弊端，缺乏全面的考察，必然降低研究的说服力，提出的相关方案必然不够全面。因此，在肯定某一行政诉讼法律制度正当性的同时，也应当关注该制度弊端的有效预防。

（2）模糊性。如上所述，不少学者在提出支持或反对某个行政诉讼理论的理由时，并未清晰地提出自己支持或反对的制度目标，而只是从宽泛、笼统的层面进行论述，虽然不能否认其论述具有启发意义，但缺乏清晰的论证目标就无法从现实出发分析相关制度的影响、正当性和发展方向。此外，学者在进行制度设计时局限于仅提出制度设计而缺乏相关的论证，也容易造成逻辑上的不清晰。

（3）非实证性。对于一项行政诉讼法律制度，不论是支持的学者还是反对的学者所提出的观点都容易带有狭隘经验的特点，其观点成立与否往往受到案例实证的限制。例如，对于行政诉讼变更判决的适用范围，学者所提出的划分标准是否成立，实际上取决于案件的具体情形，对实证研究的缺乏导致了学者无法从根本上、宏观上提出有说服力的观点。

三 研究范围和架构

目前，行政诉讼法研究的基本格局已经形成，如果面面俱到，容易导致浅尝辄止，研究难以深入。因此，如果抓住行政诉讼法上若干具有重大争议的问题开展研究，不但能够突出研究重点，而且能够体现研究价值，为《行政诉讼法》进一步完善起到夯实基础、勾勒框架、明确方向的作用。鉴于司法权和行政权的关系贯穿于行政诉讼法律制度运行的始终，突出体现二者关系的行政诉讼制度的完善正是契合了基础性、关键性、节点性特征的重大争议问题，本书尝试以司法权和行政权关系为研究的起点和主线，对行政诉讼制度进行系统性反思。在研究过程中不求面面俱到，而是努力抓住突出体现司法权和行政权关系的代表性制度进行分析，力求更准确、更客观地把握我国行政诉讼制度存在的问题和争议，为完善行政诉讼法提供解决思路和方案，并在此基础上提出可能更加合理的立法建议。

本书在继承学界现有成果的基础上，针对前述局限性做了如下努力：一是注重研究体系的完整性。第一章研究行政诉讼目的，从司法权和行政权的关系出发，旨在探讨应当如何确定行政诉讼目的。第二章研究行政审判体制，指出良好的行政审判体制是司法权独立于行政权的保障，并讨论由一个特别司法机构对行政权监督的正当性。第三章研究行政诉讼受案范围，指出受案范围实际上是司法权介入行政权的外在界限，并分析了我国司法权和行政权关系的现状对确定受案范围的影响。第四章研究行政复议与行政诉讼的关系，旨在为司法权干预行政权选择合适的时机，重点研究复议前置问题，以实现行政复议和行政诉讼制度的顺畅衔接。第五章研究司法审查标准，它实际上是司法权监督行政权的内在界限，指出合法性审查应当实现由形式合法性向实质合法性的转变。第六章研究行政诉讼裁判方式，指出行政诉讼裁判是司法权审查行政权的最终结果，司法权和行政权界限在不同的裁判方式中表现各异。二是注重研究的深度和细节。对于各章节所涉及问题的研究，避免和现有研究成果低水平重复，力争在研究的深度上有所进展。例如，对于行政诉讼目的研究，不人云亦云，力求从历史资料中发现各个行政诉讼目的立法本意。对于行政诉讼判决相关制度的构建，本着避免盲从、着眼实践、力求精细、落脚操作的初衷，就相对微观的制度设计予以探究和建言。三是注重司法实践考察。这可以说是本书的一个亮点。不仅在书中引用了大量的案例和数据统计分析，而且笔者还利用在法院工作的优势，通过到基层法院实地调研、召开座谈会、亲自办理行政案件等方式发现了司法实践中存在的问题和不足，为理论研究打下了基础。

四 研究方法

（一）文献分析方法

行政诉讼法是一项实践性非常强的法律制度，同时又和行政实体法密切相关，因此其所涉及的范围既包括与制度操作相关的程序性法律和相关理论，也涵盖了行政实体法甚至民事实体法上的相关规定和学说。因此，本书广泛搜集了涉及行政诉讼制度的书籍、期刊、报章，不仅包括行政法方面的文献资料，还涉及民法、刑法等相关学科；不仅检索国内的研究成果，还注重对英国、美国、德国、日本等国家开展司法审查、行政诉讼相关情报的获取。经归纳整理和分析后，从中发现发现问题、观察发展趋势，再借助统计资料分析和实践材料进行检讨，以期超越既有的研究存量，做出增量性的创新贡献。

（二）实证分析方法

（1）统计分析法。本书借助最高人民法院发布的《司法统计公报》和《法院工作报告》，就《行政诉讼法》实施以来，全国法院一审行政案件的结案方式等数据进行分类统计，制作多个图表，并借助这些图表对行政诉讼的运行状况进行分析，旨在从司法数据中透视司法权和行政权关系的现状和问题，为本书的分析论证提供具有说服力的论据。

（2）实地研究法。笔者在研究过程中分别到所在市各基层法院进行实地考察，通过参加行政案件协调会及与当事人、法官座谈等方式进行深入调研，不仅使笔者深受启发，而且还收集到了大量生动的案例，增强了本书的实践基础。

（3）案例分析法。较强的实践性是本书的特点，不论是在对宏观的司法权和行政权关系进行研究的过程中，还是在对具体制度进行设计的过程中，本书均采用了一定数量具有说服力的案件作为分析的样本，避免了空中楼阁式的说教，增强了全书的实践性和生动性。

第一章　行政诉讼法目的：司法权与行政权的调和

行政诉讼法目的是行政诉讼法研究的基础性问题。研究行政诉讼法目的不仅可以促进行政诉讼法学理论发展，而且能够指导行政诉讼制度的修正和构建，起到为行政诉讼立法设计总体思路的作用，同时还可以解释一国的行政诉讼规范为什么是这样而不是那样的。正确认识行政诉讼法目的，能够最大程度避免行政诉讼立法的疏漏和缺失，为行政诉讼法的完备性、科学性提供可靠、有效的保障。目前，专门研究行政诉讼法目的方面的学术成果并不多，以司法权和行政权关系为视角分析行政诉讼法目的的研究成果更是鲜有。在行政诉讼活动中，由行政权的介入而带来的司法权和行政权的紧张关系，是民事诉讼和刑事诉讼过程中所不曾遇到的，这使得立法者不得不关注司法权和行政权的属性及其相互关系对行政诉讼立法的影响。以司法权与行政权的关系来审视行政诉讼法目的，不仅能够为确定行政诉讼法目的提供依据，而且也为分析解决行政诉讼法目的相关难点提供了工具和便利。

一　行政诉讼目的与行政诉讼法目的之辨析

不少学者将行政诉讼目的与行政诉讼法目的混为一谈，将二者在同一意义上使用，并用探讨行政诉讼目的来代替研究行政诉讼法目的，一定程度上限制和影响了对行政诉讼法目的的研究。不可否认，二者关系确实非常密切，但是这种紧密联系应当建立在相互区别的基础之上。厘清二者的关系不仅能够为研究行政诉讼法目的扫清理论上的障碍，而且有利于合理借鉴学界在行政诉讼目的方面的研究成果，进而确定行政诉讼法的目的，并为《行政诉讼法》修改提供建议。

（一）两个概念的内涵

1. 行政诉讼目的之理解

学界对行政诉讼目的之理解因对“行政诉讼”概念的理解不同而分为三种。第一种理解认为行政诉讼是一种活动，“是指公民、法人或其他组织在认为行政机关及其工作人员的行政行为侵犯自己的合法权益时，依法向法院请求司法保护，并由法院对行政行为进行审查和裁判的一种诉讼活动”①。在此基础上，有学者认为确定行政诉讼目的之根据在于行政诉讼的性质，而行政诉讼的性质又是由行政诉讼的结构，即行政诉讼中公民、行政机关和法院三方相互关系决定的。因此，行政诉讼的目的也应当从这三方的关系中寻找根据和判断标准。② 而公民、行政机关和法院作为行政诉讼这一活动的主体和参与者，他们各自行为的趋向目标或对行政诉讼结果的预见，就在根本上影响和决定了行政诉讼目的。

大多数学者对行政诉讼采用第二种理解，即在行政诉讼制度的意义上使用行政诉讼。这种理解实际上沿袭了民事诉讼法学和刑事诉讼法学上对诉讼目的之理解，进而指出“行政诉讼制度就是关于‘民告官’的法律、原则、规定以及理论的有机整体，其外延大于行政诉讼法，行政诉讼法只是行政诉讼制度的组成部分”③，“因为现实的行政诉讼制度需要包括行政诉讼的实行情况，而在许多情况下，法律规范的规定和这些规范的实施会形成巨大的反差，也就是说，我们在法条上看到的规定，还并不一定是制度本身的状况”④。由于目的必然是主体的目的，如果将行政诉讼理解为诉讼制度，那么行政诉讼目的的主体则应当是构建和运用行政诉讼制度的人民或国家，行政诉讼目的体现的就是人民或国家这一集体的意志。于是，行政诉讼被定义为“以观念形式表达的国家进行行政诉讼所期望达到的目标，是国家基于对行政诉讼固有属性的认识预先设计的关于行政诉讼结果的理想模式。这种目的的设定源于国家自觉的、有意识的对行政诉

① 应松年主编：《行政诉讼法学》，中国政法大学出版社 1994 年版，第 2 页。

② 参见谭宗泽：《行政诉讼目的新论——以行政诉讼结构转换为维度》，《现代法学》2010 年第 4 期。

③ 马怀德主编：《行政诉讼原理》，法律出版社 2003 年版，第 65 页。

④ 胡卫列：《行政诉讼目的论》，博士学位论文，中国政法大学，2003 年，第 13—14 页。

讼结果的价值评判和选择，其构成具体诉讼活动的起点”①。

还有的学者对行政诉讼的概念作了更为宽泛的理解，认为行政诉讼“不仅包括静态的成文法及由此确立的诉讼制度，还包括实施、适用、解释及修改完善等动态的活动过程”②，把行政诉讼看作是行政诉讼法典及其立法活动、行政诉讼法律制度及其运行的集合。按照这种理解，相应地，行政诉讼目的就应当是国家、立法机关、行政机关、法院、公民作为行政诉讼法律活动的参与者和主体希望通过行政诉讼而达到的预期结果，在概念的内容上不仅包括了前述两种理解下的行政诉讼目的，而且还将行政诉讼法的目的纳入进来。

2. 行政诉讼法目的之界定

为了将行政诉讼法目的与行政诉讼目的区别开来，同样需要界定行政诉讼法目的的概念。前已述及，行政诉讼法不同于行政诉讼制度，它专指由立法机关制定的行政诉讼成文法典。而立法目的是立法机关想要达到的目标或想要取得的结果，是立法机关基于对制度的认识程度和客观的现实需要而寻求的客观效果，相应地，行政诉讼法目的应当是立法机关根据对行政诉讼的认识和客观的现实需要，在行政诉讼法中确立的制定和实施行政诉讼法所希望达到的理想结果。③ 它是行政诉讼立法的起点，贯穿于《行政诉讼法》制定和修改的过程，最终体现在立法的实效上。

（二）两个目的之关系

行政诉讼目的与行政诉讼法目的之区别，源于“行政诉讼”和“行政诉讼法”两个概念的不同界定。不论是将行政诉讼界定为主体的活动还是诉讼制度，行政诉讼目的都属于动态、运作意义上的目的，行政诉讼目的反映的是行政诉讼运作中各主体的主观愿望追求，与之相比，行政诉讼法目的则是相对静止的。将行政诉讼目的与行政诉讼法目的区别的必要性，不仅在于纯粹逻辑上的清晰和自洽，更在于将二者区别开来有助于审视法治理想与法律实践的距离和反差，从而为行政诉讼法的完善指明方向。

首先，行政诉讼法目的应当包含和体现行政诉讼目的。如果将行政诉讼界定为主体的活动，那么行政诉讼法就应当关注司法机关、行政机关和公民

---

① 杨伟东：《行政诉讼目的探讨》，《国家行政学院学报》2004 年第 3 期。

② 谭宗泽：《行政诉讼目的新论——以行政诉讼结构转换为维度》，《现代法学》2010 年第 4 期。

③ 参见孔繁华：《从性质看我国行政诉讼立法目的之定位》，《河北法学》2007 年第 6 期。

利益的表达和平衡，满足不同主体对行政诉讼法的期待和需求，这为确定行政诉讼法目的提供了依据。如果将行政诉讼界定为法律制度，行政诉讼法就是行政诉讼制度的基本框架，就是实现行政诉讼目的之最重要环节，为此，行政诉讼目的应当在行政诉讼法中得到清晰、准确的表达，确定行政诉讼目的之依据也相应地成为确定行政诉讼法目的之依据。从理想状态上说，行政诉讼法目的与行政诉讼目的应当是一致的，这也是本书中将学界对行政诉讼目的之认识基本等同于行政诉讼法目的研究成果而直接等同运用的原因。

其次，行政诉讼法目的除了与行政诉讼目的有交叉重合之处外，也有自身独特所在。《行政诉讼法》作为由立法机关制定的司法程序规范，应当有确保审判活动顺利进行的程序工具性直接目的。这也是《行政诉讼法》与《民事诉讼法》《刑事诉讼法》共同具有的作为程序法的独立目的，虽然三者的规定在文字表述上有差异，但基本精神是一致的。《民事诉讼法》中的表述是“保证人民法院查明事实，分清是非，正确适用法律，及时审理民事案件”，《刑事诉讼法》中的表述是“保证准确、及时地查明事实，正确适用法律”，修正后的《行政诉讼法》（以下简称新《行政诉讼法》）虽然将修改前的《行政诉讼法》（以下简称旧《行政诉讼法》或原《行政诉讼法》）中“正确、及时”的规定修改为“公正、及时”，但本质上依然体现的是通过程序工具来实现实体正义的目的，这种普遍适用的纯程序意义上的目的，与行政诉讼性质和价值取向以及相关制度设计的解释并没有直接的联系。

二　行政诉讼法目的之确定

学界对行政诉讼目的理解的争议一直是围绕《行政诉讼法》第1条的具体规定进行的，表现为百家争鸣的局面。[①] 与旧《行政诉讼法》相比，新

① 根据学者对行政诉讼目的个数的看法不同，行政诉讼目的学说可分为一元说、二元说和三元说三种，在每种学说之下，不同的学者又有不同的观点，这里只介绍主流观点。一元说认为，行政诉讼的唯一目的就是保护公民、法人和其他组织的合法权益，参见马怀德主编：《行政诉讼原理》，法律出版社2003年版，第70—72页。二元说认为，行政诉讼目的一是保护公民、法人和其他组织合法权益，二是监督行政机关依法行使职权，参见向忠诚：《行政诉讼目的研究》，《河北法学》2004年第12期。三元说认为，行政诉讼具有解决纠纷、监督行政与救济权利三个方面的目的，参见胡卫列：《行政诉讼目的论》，博士学位论文，中国政法大学，2003年。从近年最新的研究进展来看，三元说逐渐成为主流观点。

《行政诉讼法》对第1条的修改有两个方面，一是将“为保证人民法院正确、及时审理行政案件”修改为“为保证人民法院公正、及时审理行政案件”，这是对行政诉讼法程序工具性价值和目的之再认识，这样的修改意义不大，也不会引起争议；二是增加了“解决行政争议”的表述，并将“维护和监督行政机关依法行使行政职权”修改为“监督行政机关依法行使职权”，这是行政诉讼目的在《行政诉讼法》上的调整，表明立法上采纳了行政诉讼目的多元说，并对多元化的行政诉讼目的进行了列举式界定。行政诉讼目的多元化具有合理性，应当在立法上予以确认，但问题在于，新《行政诉讼法》对多元化目的之界定值得商榷。因此，本书将通过论证“监督”目的和“纠纷解决”目的之正当性以及二者的关系，支持行政诉讼法目的多元化的观点，试图消除对行政诉讼目的个数上的争议。同时，通过对旧《行政诉讼法》中“维护”的规定进行解读，指出新法在界定行政诉讼目的上的误区。

有学者认为，确定行政诉讼目的应当抓住行政诉讼的本质，从价值观念、主体需要、客体属性三个方面确定，[①] 这为研究和确定行政诉讼目的提供了有益的思路。从公平正义的价值观念出发，学界对于行政诉讼应当以保障相对人合法权益为目的已经做了充分的论述，并达成了一致。[②] 鉴于行政诉讼目的与行政诉讼法目的的关联性，保障相对人的合法权益同样应当作为行政诉讼法的目的之一。从主体需要和客体属性来看，行政诉讼法是立法机关意志的体现，行政诉讼区别于其他诉讼活动的特点在于司法过程中行政权力的介入，这使得立法者不得不关注司法权、行政权的属性及相互关系对立法的影响，从而为确定行政诉讼法目的、解决相关理论争议提供了新的依据。以下便是以司法权和行政权关系为分析工具，探讨和解决在行政诉讼法目的确定上存在争议的问题。

（一）“监督”目的之独立性

从学界关于行政诉讼法目的研究的进展情况来看，保护公民、法人和其他组织的合法权益（当然，还有其他类似的表述）作为行政诉讼法目的已经达成共识，但是对于监督行政机关依法行使职权能否作为独立的立

① 参见杨海坤、章志远主编：《行政诉讼法专题研究述评》，中国民主法制出版社2006年版，第43页。

② 相关的论述可参见肖锋昌：《论行政诉讼目的的唯一性》，载胡肖华主编《权利与权力的博弈——行政诉讼法修改纵横谈》，中国法制出版社2005年版，第35页；胡卫列：《行政诉讼目的论》，博士学位论文，中国政法大学，2003年，第35—37页。

法目的则存在争议。持行政诉讼目的一元论观点的学者将监督行政机关依法行政解释为保护公民、法人和其他组织合法权益的结果。而全国人大法工委在介绍《行政诉讼法》起草情况时指出："建立行政诉讼制度的根本目的之一，就是通过监督行政机关依法行政，来保障公民合法权益。"[①]通过"监督"来保障权益，表明监督和保障是手段和目的关系。不可否认，"监督"与"保护"二者的关系在客观上具有上述表现，但这是否代表了二者关系的全部，"监督"是否具有作为行政诉讼法目的之独立性就成为值得探讨的问题。

1. 行政诉讼目的多元化趋势

从世界范围来看，两大法系主要国家均将行政诉讼目的多元化作为立法和实务上的选择，虽然各国的行政诉讼具体制度设计因行政诉讼目的选择上的侧重和倾向不同而存在差异，但是多元化目的前提下的综合考虑却是共性所在。

从英美法系国家来看，"控权论"是行政法上的主导理念，控权论的出发点是"假定个人优先于社会，特别是主张个人权利的首要性"，"把社会看作是个人为了实现本质上属于个人的目的而构建起来的工具"。[②]在该理念以及司法与行政分立的宪法理论指引下，司法审查作为英美法系行政法的核心内容，其目的表现为权利保护论，司法审查制度被视为"救济法"而非"监督法"。因此，虽然英美国家的司法审查过程也关注行政权不得滥用和逾越，但从根本上是为了保障个人的权利不被侵犯。尽管如此，随着垄断资本主义的发展和行政职能的扩张，英美国家司法审查的功能也发生了转变，从消极防止公民权利不受行政权力的侵犯，转向行政法治的维护和促进行政的良好运作，从而为公民和社会谋求更多的福利。

第二次世界大战后，鉴于行政优位的现实背景，德国基本法确立了法治国家原则。根据该原则，当公民的权利受到国家干涉时，为公民提供有效的司法保护是公民的一项基本权利，"对个人提供法律保护是（德国）行政诉讼法的最重要任务"[③]，也是德国行政诉讼的主要目的。因此，有

---

① 最高人民法院《行政诉讼法》培训班编：《行政诉讼法专题讲座》，人民法院出版社1989年版，第12页。

② 参见［英］马丁·洛克林：《公法与政治理论》，郑戈译，商务印书馆2002年版，第140页。

③ ［德］韩内持：《德国的行政司法》，载宋冰编《程序、正义与现代化——外国法学家在华演讲录》，中国政法大学出版社1998年版，第62页。

效的法律保护原则成为德国构建行政诉讼制度的基础。与此相应，德国学者认为，“有效的法律保护要求对于受到指责的行政决定具有足够的监督审查权”，“要实现有效的法律保护必须使用不同的诉讼形式，通过这些形式，公民的主体权利才能得到有效保护”。[①] 因此，德国的行政诉讼制度不仅要求法院对公民的权利给予有效的司法保护，而且要在事实上发挥司法权监督行政权的重要功能。

不同于英国、美国、德国等国家，法国行政法旗帜鲜明地认为行政诉讼的主要目的在于监督行政机关，保证行政机关的活动符合法律规定，行政诉讼被作为制裁违法行政行为的最主要手段和行政法治原则的最主要保障。[②] 在法国行政诉讼法中，作为最重要的诉的类别，越权之诉着眼于维护公共利益，主要目的在于保证行政行为的合法性，起诉资格宽松，诉讼费用低廉，法院判决的效力不以当事人为限，属于“对事不对人”的客观诉讼。即便如此，法国行政诉讼法依然注重对公民权利的保护，不仅越权之诉在事实上起到了保护当事人权益的作用，与越权之诉并列的完全管辖之诉，也是将保护当事人的主观权利作为其核心。

由此看来，行政诉讼目的并非一成不变的，在不同的国家、不同的历史时期，由于面临的问题和国情不同，对于行政诉讼目的设定都会有各种选择或考虑，例如，英国、美国、德国倾向于权利救济，而法国则偏重于权力监督和维护行政机关行使职权。事实上，不论这些观点内容如何，都可以归结为维护客观法秩序或保护主观公权利这两种行政诉讼目的。所谓维护客观法秩序，是指国家确立行政诉讼制度的目的是维持客观的公法秩序并确保公法实施的有效性，其功能取向在于通过监督行政权力协助行政创造或重建行政行为的客观合法性。所谓保护主观公权利，就是指国家设立行政诉讼制度的核心目的在于保障人民的公权利，当公民的合法权益受到来自国家行政的侵害时，国家有义务给予救济，而客观法秩序的维护只是在保障人民的公权利的范围内的附带功能。[③] 这两种目的并非截然对立的，行政诉讼制度发展的历史表明，不论是在大陆法系国家还是在英美法系国家，行政诉讼均肇始于客观之诉，即最初目的主要不在于保护行政相

---

① 参见［德］韩内持：《德国的行政司法》，载宋冰编《程序、正义与现代化——外国法学家在华演讲录》，中国政法大学出版社 1998 年版，第 64—64 页。

② 参见王名扬：《法国行政法》，中国政法大学出版社 1989 年版，第 222 页。

③ 参见邓刚宏：《论我国行政诉讼功能模式及其理论价值》，《中国法学》2009 年第 5 期。

对人的权益，而在于监督和维护行政机关依法行政，[①] 而随着行政诉讼制度的发展，各国在倾向于实现一种诉讼目的之同时，也会兼顾另一种诉讼目的之平衡。在我国行政诉讼制度建立之初，确立保护公民、法人和其他组织合法权益这种行政诉讼目的观是与我国行政诉讼制度运作的实践和背景相适应的，但是随着行政法治的发展，促进良好行政与保护公民权益的平衡应当成为现代行政诉讼制度的应有功能。尽管《行政诉讼法》明确规定要保护公民权益，而且保护公民权益是国际行政诉讼实践都认可的目标，但是现阶段我国行政诉讼制度同样需要监督行政权力，将提高行政机关制定规则和作出行政行为的表现水平作为关注的焦点和目标，从而实现保护公民合法权益与促进行政法治的平衡。它要求司法权能够通过立法获得必要的手段和能力以保证对行政权的有效控制，而且这种有效控制的领域和范围也应当尽可能宽泛。目前，我国行政诉讼制度还不能有效满足这样的需求，强调监督行政权力作为行政诉讼目的之独立性，是进一步完善我国《行政诉讼法》的必然逻辑和客观要求。

2. 我国法院的“监督”角色应当强化

行政诉讼法为司法权监督行政权提供了依据和手段，法院作为行政权力监督者的角色在实践中表现为法院受理行政案件并作出一定的裁判。以下将选取反映行政审判活动状况的全国法院一审行政案件的主要指标，对我国法院监督行政权力的功能进行综合测度。

（1）行政诉讼案件受理情况分析。从图 1 – 1 可以看出，全国法院受理一审行政案件数量总体上呈现增长趋势，这是我国经济社会发展的必然结果。但这是否代表了行政诉讼监督行政权力作用的增强，则需要进一步结合相关数据资料进行分析。

首先，行政诉讼受案虽然绝对数量较高，但是行政案件在法院受理的各类案件中的比重却不高。以 2010 年为例，全国法院共新收刑事、民商事、行政一审案件 6999350 件，其中，刑事收案 779595 件，民商事收案 6090622 件，行政收案 129133 件。[②] 一审新收案件中，民商事案件占 87.02%，

① 参见张坤世、欧爱民：《现代行政诉讼制度发展的特点——兼与我国相关制度比较》，《国家行政学院学报》2002 年第 5 期。

② 参见《2010 年全国法院审理各类案件情况》，http：//www. court. gov. cn/qwfb/sfsj/201103/t20110324_ 19084. htm，2015 年 1 月 22 日。

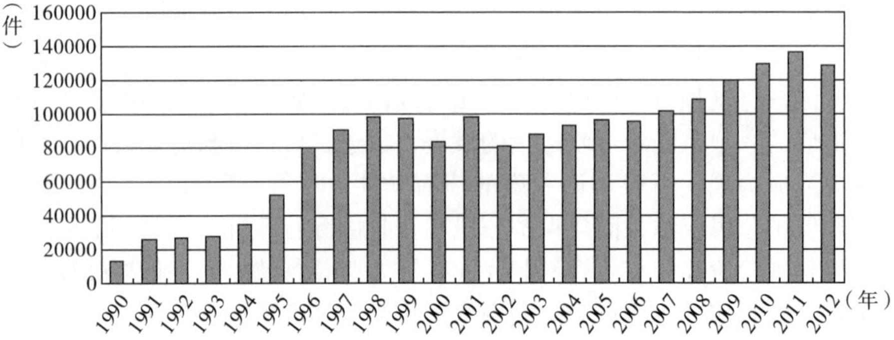

图 1－1　1990 年至 2012 年全国法院受理一审行政案件增长图①

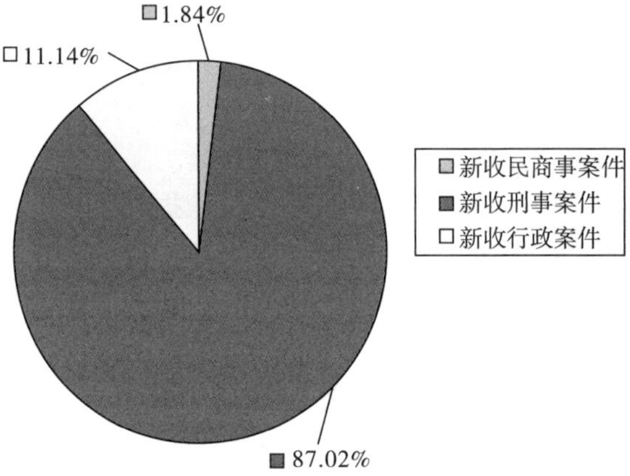

图 1－2　2010 年全国法院一审新收案件比例图

刑事案件占 11.14%，行政案件仅占 1.84%（见图 1－2）。其次，与实际发生的行政争议相比，相对人提起行政诉讼的占比极小。以河南省某市为例，治安行政处罚类案件为 18299 件，其中，被提起行政诉讼的只有 70 件，占 0.4%；工商管理类行政案件为 7859 件，被提起行政诉讼的仅 19 件，占 2.4%。[2] 再次，行政案件受理数量增长速度缓慢。虽然 1991 年行

① 如无特别说明，本书数据均来源于 1990—2008 年《中国法律年鉴》以及 2009 年至 2012 年的《全国法院司法统计公报》。

② 韩轩：《河南省各级法院行政案件受理情况调查报告》，载最高人民法院行政审判庭编《行政审判指导》2005 年第 1 辑，人民法院出版社 2005 年版，第 211 页。

政案件受案数量与上年相比实现了成倍增长，但是“立法者预期的行政案件暴涨、法院忙于应付的局面并没有出现”[①]，1991 年至 1994 年，行政案件数量基本上在同一水平线上挣扎。虽然 2002—2011 年受案数量保持了平稳的增长趋势，但基本上徘徊在 10 万件左右。2010 年，全国法院受理一审行政案件 129133 件，这意味着平均每个基层法院仅受理约 40 件行政案件。[②] 2012 年，行政案件受案数量不升反降，新收一审行政案件 129583 件，同比下降 4.97%。[③] 不可否认，一审案件数量相对不高，在一定程度上可以表明行政机关依法行政水平提高以及行政复议的监督功能得到了发挥，但同时也表明了行政诉讼“告状难”的存在。法院“无米下锅”，行政审判的监督功能自然无从发挥。

（2）行政诉讼结案方式透视。首先，撤诉率常年奇高。根据图 1－3显示，行政案件一审撤诉率总体保持在相当高的水平。从 1993 年开始，撤诉率增长速度明显加快，1997 年达到了 57.3%，为历史最高点，而判决的比例则跌入了 27.4% 的低谷（见图 1－4）。这一段时期，为解决行政诉讼受案数量不足的问题，最高人民法院在 1993 年 10 月的全国审判工作会议上，要求各地各级法院“积极大胆地依法受案”，受案数量有了明显增加，从 1994 年的 35083 件一跃升至 1995 年的 52596 件（见图 1－1）。但是，“收进来”容易，“判出去”难，在法院以囫囵吞枣的方式受理的诸多案件中，相当一部分是难以下判的。对于无法下判的案件，只好以其他方式消化（如驳回起诉、终结诉讼等），而动员原告撤诉就是一种常用的方式。在撤诉结案的案件中，绝大部分是原告主动撤诉，2007 年，全国法院一审行政案件原告主动撤诉的比例达到了 94.2%，被告改变行政行为后原告撤诉的比例不足 6%。[④] 撤诉率高的现象引起了司法机关的警惕，在最高人民法院的指导下，各地法院开始纠正撤诉率偏高的情况，1998 年以后，撤诉率开始有了明显的回落，但是在“撤诉的门关小以后，驳回起诉、终结

① 何海波：《实质法治：寻求行政判决的合法性》，法律出版社 2009 年版，第 73 页。

② 根据 2011 年的《最高人民法院关于加强人民法院基层建设促进公正司法工作情况的报告》，截至 2011 年 6 月，全国共有 3115 个基层法院。

③ 数据来源于《2012 年全国法院审理行政和国家赔偿案件办理执行案件情况分析》，《法制资讯》2013 年第 5 期。

④ 参见何海波：《实质法治：寻求行政判决的合法性》，法律出版社 2009 年版，第 64 页。

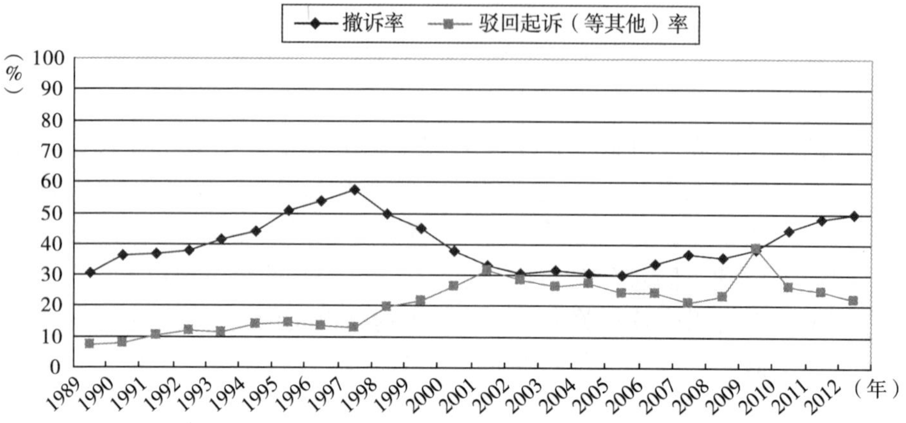

图 1－3　1989 年至 2012 年全国法院一审行政案件裁定结案指标走势图

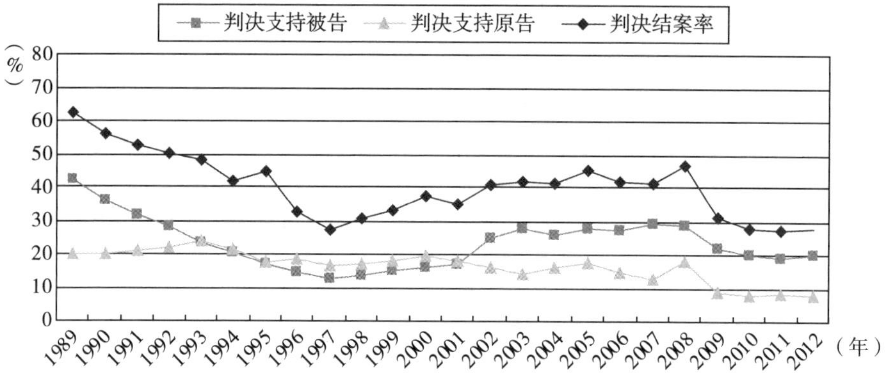

图 1－4　1989 年至 2012 年全国法院一审行政案件判决结案指标走势图

审理等其他结案方式的门被挤大了（见图 1－3），而判决结案并没有如愿望那样显著增加”（见图 1－4），同时，受理案件数量也开始停滞不前（见图 1－1）。2002 年以后，在中央政策的推动下，撤诉作为行政诉讼协调和解结案的方式被广泛应用，撤诉率又开始逐步上升，2012 年达到了 49.8%（见图 1－3）。

原《行政诉讼法》第 51 条规定：“人民法院对行政案件宣告判决或者裁定前，原告申请撤诉的，或者被告改变其所作的具体行政行为，原告同意并申请撤诉的，是否准许，由人民法院裁定。”也就是说，撤诉申请必须经过人民法院的严格审查，“如果法院不准许撤诉，不管原告是否愿意，也不管被告是否同意撤诉，诉讼都将进行下去”[①]，这种体现浓厚职权主义色彩的制度设计，实际上是为强化法院纠察违法行政行为、维护法律秩序的监督职能而设计的，但是从实践来看，《行政诉讼法》实施多年，几乎没有法院在审查撤诉申请后作出过不允许撤诉的裁定。新《行政诉讼法》第 59 条规定“以欺骗、胁迫等非法手段使原告撤诉的”，将追究有关诉讼参与人的责任，印证了实践中行政机关向原告施压，迫使其撤诉情况的存在。这充分说明了在既有行政诉讼制度环境下司法监督功能的有限性，虽然司法政策对人民法院的撤诉率能够起到一定作用，但常常是“摁下葫芦浮起瓢”，过高的撤诉率制约了监督功能的实现程度。

其次，原告胜诉率偏低。如图 1－4 所示，行政案件不仅判决结案的比例较低，相当一部分案件是通过动员原告撤诉、裁定驳回起诉、终结审理等方式转移矛盾、草草收场，即使在以判决结案的案件中，支持原告的判决（包括撤销或者变更行政行为、确认违法或无效，以及履行法定职责）多年来在 15% 的比例上下浮动，2010 年甚至只有 7.8%。在支持被告的判决中，驳回诉讼请求的判决数量自 2010 年以来逐年提高，2012 年为 13123 件，超过了当年维持判决的 12072 件。维持判决的合理性在于，它实际上是一种适用条件最为严格的判决，如果法院作出维持判决，对行政行为合法性的判断是无法绕过的说理过程。但若是法院作出驳回诉讼请求判决，2000 年《若干解释》第 56 条第 4 项的兜底条款使得法院拥有较大的裁量权，法院完全可以找出许多理由直接驳回原告的诉讼请求，从而回避对行政行为的合法性审查。由此看来，在新《行政诉讼法》取消维持判决之前，驳回诉讼请求判决数量增多未必是法院司法能力提高的结果，不能排除法院怠于行使监督职责的可能性。与驳回诉讼请求判决逐年上升的趋势相反，虽然在《行政诉讼法》实施初期，法院运用司法变更权较为积极，但此后逐渐变得谨慎，变更判决的运用呈逐渐下降的趋势。有学者统计了 36 家法院在 2003 年作出的 484 份判决书，其中仅有 1 份作出了变更判决。[②] 从全国的情况来看，也印证了这一情况，在 2010 年的全国法院一审行政案件中，只有 137 件变更判决，2011 年减少为 123 件，至 2012 年只有 114 件。虽然胜诉率的下降有行政机关依法行政水平提升的

① 何海波：《困顿的行政诉讼》，《华东政法大学学报》2012 年第 2 期。

② 参见何海波：《困顿的行政诉讼》，《华东政法大学学报》2012 年第 2 期。

因素，但是较低的胜诉率无疑会影响公众对行政诉讼的信心，客观上也使行政诉讼的监督功能受挫。

从上述行政诉讼的受案数以及结案方式的消长关系中可以看出，我国行政诉讼目前依然处于“立案难、审理难、判决难”的困境。虽然高层司法机关的政策对地方法院的受案数量、撤诉率等能够起到一定影响，但是在行政诉讼制度没有发生实质性变革的情况下，行政诉讼的监督功能必然是有限的。因此，将监督行政机关依法行政作为行政诉讼目的，强化司法权对行政权的监督作用，应当成为今后行政诉讼法继续修改完善的方向。

3. “监督”目的具有独特的价值指向和制度体现

不可否认，在许多情形下，“保护”目的必须借助于司法监督行为，“监督”是达到“保护”的手段。但是，这并不能否定“监督”自身作为一个自洽、自足的目的而存在。与“保护”目的相比，监督有着自身独特的价值指向和制度体现。

（1）“监督”目的之价值指向。从法的价值体系层面来看，秩序、自由、效率和正义构成了法律的基本价值准则，任何法律制度的价值都是由这些价值准则构成的体系，只是这些价值在不同的具体制度中的体现方式不同而已。不论是“监督”目的还是“保护”目的，都包含着法的价值在行政诉讼中的重新演绎。之所以“监督”目的具有独立性，正是在于法的价值准则在其中有了新的独特体现。

行政诉讼作为一种国家的治理手段，使政府在建立和保有对公民的管理和权威的同时，自身也不会失去监督，从而保证法律规范所确定的行政秩序的实现。具体而言，行政权力的本质或目的是维护公共利益或社会秩序，当行政机关违法行使行政权力与行政权力的本质和目的相冲突时，法院应当对其作出否定性的确认和评价，使受到损害的法律秩序得以实现和遵守，这是秩序价值的要求。由此可见，监督行政机关与保护公民合法权益并不是一回事，前者指向的是公共利益和社会秩序，而保护公民合法权益显然是以正义为价值指向的。不可否认，任何秩序都体现为一定的利益，秩序、效率、自由、正义本身就是某种利益，利益可以是共同的换算单位，将它们变成同质的数量关系。[①] 但是，在追求价值极大化的过程中，在兼顾四种价值构成的同时，应当针对不同的情形而有所侧重。实际

① 参见刘善春：《行政诉讼原理及名案解析》，中国法制出版社2001年版，第118页。

上，人们总是在某种既定的秩序下研究价值的构成及其极大化的，现实的诉讼也是在既定的秩序下进行的，研究如何保护公民合法权益，离不开一定的秩序。从这个意义上说，秩序是行政诉讼的基础性因素，这决定了监督应当成为立法者的首要目标。

（2）“监督”目的之制度体现。行政诉讼作为司法权审查行政权的制度，其所涉及的司法权与行政权的关系包括横向层面的受案范围问题和纵向层面的审查强度问题。将“监督”作为行政诉讼目的，为上述两个问题相关制度的构建提供了根据。

首先，“监督”目的打开了司法审查的大门。司法权的被动性决定了要发挥司法权对行政权的监督作用，就应当扩大行政诉讼的受案范围。新《行政诉讼法》对受案范围的规定仍然是以保护主观权利为目的设置的，以公民个人的权益是否受到损害作为受案的标准，受案范围狭小是不争的事实。如果以“监督”为行政诉讼目的，就意味着凡是行政行为，除少数例外情况，均必须接受司法监督，不属于行政诉讼受案范围的行政行为则寥寥无几。也就是说，“监督”目的实际上确立了行政行为原则上可诉的假定，为行政诉讼受案范围的扩大提供了根据。

将行政诉讼受案范围与监督行政、维护法制统一联系起来，在解决人民法院是否应当审查规章的合法性时显得尤其关键。当行政行为是根据规章作出的，并未援引和适用法律、行政法规的时候，对于下位法与上位法相抵触的问题是否属于法院的合法性审查范围，直接从“保护”目的出发很难给出肯定的答案，但是监督行政行为包括规章制定行为的合法性、维护法制统一就可以为法院提供更方便的借口，“司法审查所以必要，不只是由于保障个人权益的需要，也是为了统一法律适用的需要”①。与此同时，起诉资格也大大降低了，在“监督”目的之下，行政诉讼的原告不再拘泥于与自身利益相关的个人，为了维护公共利益，实现和恢复法律秩序，公民可以对与自己利益无关的行政行为提起诉讼。这样的诉讼称为客观诉讼，日本行政诉讼法上的民众诉讼②即属于此类。在我国的行政诉讼中引入客观诉讼，最佳的思想资源就是“监督”目的。此

① 王名扬：《美国行政法》，中国法制出版社1995年版，第566页。

② 《日本行政案件诉讼法》（2004年6月9日修订版）第5条规定：“本法所称的民众诉讼，是指请求纠正国家或公共团体机关的不合法行为的诉讼，是不以选举人资格以及其他涉及个人利益为条件而提起的诉讼。”

外，对于规章以下的规范性文件的审查权的设置，同样是以监督目的为出发点的。

其次，“监督”目的有利于增进司法审查强度。既然行政诉讼的运作体现为一种司法审查活动，就面临着司法审查的强度问题。行政诉讼的司法审查强度是指法院在多大程度上对受攻击的行政行为进行审查，解决的是法院对行政行为所作出认定的介入和干预程度。[①] 原《行政诉讼法》第5条确立的合法性审查原则实现了对行政权和司法权作用领域的首次划分，将法院对行政行为的介入程度限定在行政行为的合法性问题之内，而合理性问题原则上属于行政权的自主领域。由于我国的法治建设尚处于初级阶段，司法权的运作不可避免地带有形式主义和机械主义的色彩，法律条文直接、明确的规定往往成为法官明哲保身的稻草，诉诸法律的原则和精神、运用法治思维解决问题的做法在司法实践中明显不足。可以说，我国《行政诉讼法》中对行政行为合法性审查的笼统规定，缩小了法院的审查权力，影响了司法审查监督作用的充分发挥。

而“监督”目的之确立为增进审查强度提供了依据。在形式法治主义阶段，增进司法审查强度首要的是明确合法性的本质内涵，增加对于法律原则和精神的要求，将对行政行为的合法性审查引申为合目的性审查，从而实现由形式合法审查向实质合法审查的跃迁。此外，与立法上强调行政行为遵循法律原则、合目的性相应，作为体现司法审查结果的履行判决和变更判决更多地涉及司法权对行政权的干预程度，也应当从发挥司法审查的监督功能出发，合理确定适用的规则。新《行政诉讼法》在这些方面仍有进一步完善的空间。

总之，“监督”作为行政诉讼目的之独立性，可以从三个方面说明。第一，从世界范围看，行政诉讼目的呈现多元化趋势，保护主观公权利和维护客观法秩序均是各国行政诉讼法追求的目标。第二，从我国的司法实践来分析，司法权监督行政权的功能没有完全发挥，法院作为监督者的角色有待进一步强化。第三，“监督”目的不仅具有独特的法律价值追求，还为行政法律制度完善提供了根据。因此，“监督”不仅是作为行政诉讼目的之一写入行政诉讼法的，而且还是行政诉讼制度运作的重要目标和相关制度完善的基本动力。

---

① 参见杨伟东：《权力结构中的行政诉讼》，北京大学出版社 2008 年版，第 173 页。

（二）“维护”目的之扬弃与“维护法制统一”目的之引入

在行政诉讼目的诸多观点中，“维护说”也是其中之一，但是对于该观点，学界认同者少、批判者多，这就直接导致了在新《行政诉讼法》第1条中“维护”二字不见踪影。实际上，不论是认同者还是批判者的理解，都与立法者最初的本义存在着偏差，“维护”目的从司法权与行政权的关系来分析，另有其义。

1. “维护说”及其批判

“维护说”认为，行政诉讼的宗旨和目的是支持和维护行政机关行使职权，是行政执法的司法保障。[①] 关于“维护说”的争论主要集中于，在行政诉讼的诸多目的中，“维护行政”是否属于行政诉讼目的之一，而“维护”目的一元论则没有太多市场。

“维护说”的理由主要有两个方面。一是虽然根据行政行为的公定力理论，行政行为一经作出就推定有效，但行政行为的正当性并不能直接取得，对于有争议的行政行为，需要通过行政复议或者行政诉讼制度来确认。二是从实践上来看，行政执法中行政机关遇到诸多阻力，需要行政诉讼来克服和排除，法院的维持判决具有执行力，能够保障行政机关依法行使职权。对“维护说”的批判来自于持“控权论”观点的学者，基于对行政权力的高度警惕，他们认为在行政诉讼中“维护行政机关依法行使职权这一目的是不存在的”，“行政职权是国家权力，它本身就是一种可以强制他人服从的力量，就是一种可以自我保障的力量，无须再由其他国家权力加以维护和保障”。[②]“行政行为具有公定力的特性，行政行为一经作出通常便假定其合法有效，除非被国家有权机关依法撤销，否则效力始终存在。由是观之，行政行为的效力来自其自身而非法院的维持判决，法院只是可能在一定情形下否定行政行为的效力。”[③]

2. 立法者意图的探究

“维护说”的观点及其争议均源于原《行政诉讼法》第1条中维护行政机关依法行使职权的规定。客观地讲，不论是“维护说”还是对其的

---

① 参见张尚鷟主编：《走出低谷的中国行政法学：中国行政法学综述与评价》，中国政法大学出版社1991年版，第387—388页。

② 参见张树义：《冲突与选择——行政诉讼的理论与实践》，时事出版社1992年版，第16页。

③ 姜明安主编：《行政法与行政诉讼法》，法律出版社2003年版，第317页。

批评都有可取之处，尤其是从行政行为的强制性和效力出发来论证行政权力无须维护无疑是非常正确的，但是双方对于“维护”的理解均与立法者的意图相去甚远。

对于立法者的本意，可以从《行政诉讼法》起草者的讲话中管窥。全国人大常委会法制工作委员会原主任顾昂然在介绍《行政诉讼法》起草情况时说：“建立行政诉讼制度，法院对行政机关具体行政行为是否合法进行监督，但又要使行政机关能够有效充分地行使行政管理职权，对在法律、法规范围内的行政行为，法院不要干预，更不要代替行政机关行使行政管理职权。法院不仅监督，而且要维护行政机关依法行使行政管理权。”① 从这段话可以看出，立法者所称的“维护”并不是说只有经过法院审查后行政行为才发生效力，才能得到实施，即法律效果意义上审查程序完结后的一种状态，它指的是法院对法律规定的行政权力范围内的行政行为不干预。所以，立法者通过“维护”真正想要传达的意思是司法权应当恪守自己的领地，不得越界，所引述这段话的标题也正是“正确处理好司法权与行政权的关系”。因此，在立法者那里，“维护”的真正含义是要求司法克制，不得逾越法律规定的权限，立法者自始至终都没有想过要从权力的特性和行为效力角度来表达“维护”的意义。虽然新《行政诉讼法》取消了“维护”二字，但是在全国人大常委会《关于〈中华人民共和国行政诉讼法修正案（草案）〉的说明》中依然指出，《行政诉讼法》的修改工作应当“坚持我国行政诉讼制度的基本原则，维护行政权依法行使和公民、法人和其他组织寻求救济渠道的平衡，保障法院依法独立行使审判权”②。由此观之，立法者的意图与行政诉讼立法之初是一脉相承的，维护依法行政、保护公民权益和监督行政权力之目的，并未因修法而在立法者心中消失。

3. “维护”与“监督”的关系

澄清了“维护”的本义，就不难理解“维护”与“监督”体现着司法权和行政权对立统一的关系，“维护”体现着司法权对行政权的尊重，这种尊重的背后实际上是对行政权力代表的公共利益和秩序的维护，也就

① 顾昂然：《行政诉讼法起草情况和主要精神》，载最高人民法院《行政诉讼法》培训班编《行政诉讼法专题讲座》，人民法院出版社1989年版，第12页。

② 《关于〈中华人民共和国行政诉讼法修正案（草案）〉的说明》，http://www.npc.gov.cn/npc/lfzt/2014/2013-12/31/content_1822189.htm，2015年1月22日。

是说，“维护”同样是以秩序为主要价值取向的。“监督”意在约束行政权力，它的另一面就是“维护”，维护要求司法受限，不得干预法律授权范围内的行政自主权。对于正确处理“维护”和“监督”的关系，最高人民法院一直是两点论者，最高人民法院原副院长曹建明在纪念行政诉讼法颁布十五周年座谈会上曾经指出，“维护”与“监督”并举是人民法院行政审判的宝贵经验，是正确贯彻行政诉讼法的重要前提，只有坚持“维护”与“监督”并举、“支持”与“制约”并重的指导思想，注意体现和把握行政诉讼的特点，按照行政诉讼法规定的特有原则和审判程序规范诉讼行为，才能使行政诉讼法的贯彻实施沿着正确的方向前进。[①] 由此看来，最高人民法院实际上参透了立法者的意图，并不折不扣地执行。

问题在于，原《行政诉讼法》将“维护”放在了“监督”之前，二者在立法者心目中的轻重不言自明，这种安排在很大程度上加剧了学界对“维护”本义的误解，以至于“维护”成为众矢之的，立法机关不得不在新《行政诉讼法》中取消“维护”的表述。从“监督”与“维护”的关系来看，“监督”和“维护”虽然可以统一于法律之下，即依法监督和依法维护，但是二者毕竟是相互对立的，两点论中应当有“重点”。一方面，前已述及，“监督”与“保护”是密切联系的，二者以手段和目的的关系结合在一起，而“权益保障是所有国家司法能动的前锋，越强调人权、权利保护，司法监督的力度就会越大。相反，维护要求司法尽量做自己分内的事，中规中矩”[②]。从我国行政法治发展情况来看，公民权益得不到有效保护和救济是不争的客观事实，行政诉讼法“保护”和“监督”的功能有待加强。另一方面，“维护”不仅包含司法受限的思想，在现实中往往成为维护社会稳定、注重法律效果和社会效果统一的口实。在这种情况下，“监督”显然应当成为立法者强调的重点，使得司法权在应当积极作为的领域，例如涉及公民基本权利的案件中进行及时严格的司法审查，保障公民权益免遭贬损的危险。因此，从立法技术上看，取消“维护”的提法在学界基本形成共识。但问题在于，“维护”本身所具有的强调司法克制的合理成分是司法权与行政权关系的重要方面，应当体现在行政诉讼目的以及相应的行政诉

---

① 参见曹建明：《在纪念行政诉讼法颁布十五周年座谈会上的讲话》，载最高人民法院行政审判庭编《行政审判指导》2004 年第 1 辑，人民法院出版社 2004 年版，第 3 页。

② 白雅丽：《司法的角色——行政诉讼视角的考察》，博士学位论文，中国政法大学，2007 年，第 40 页。

讼制度中。此外，从我国行政法治发展的实际出发，在保障法律统一实施、实现法的秩序价值方面，行政诉讼法之目的仍有进一步拓展的空间和必要性。基于这样的考虑，在行政诉讼法目的体系中，应当引入新的概念，使行政诉讼制度既承载司法克制的需求，又增强维护秩序的功能。

4. “维护法制统一”目的之必要性

本书认为，在行政诉讼法中引入“维护法制统一”的概念，将其作为行政诉讼法目的之一，是解决上述问题的有效途径。“维护法制统一”作为行政诉讼法目的，是指行政诉讼法应当保障法律在行政活动中得到统一贯彻实施和普遍遵守。具体来讲，“维护法制统一”目的之必要性可以从以下三个方面说明。

首先，“维护法制统一”是维护客观法秩序的应有之义。行政诉讼目的并非一成不变，在不同国家、不同历史时期，由于面临的问题和国情不同，对行政诉讼法目的之设定都会有各种选择或考虑，但无论各种观点如何，都可以归结为维护客观法秩序或保护主观公权利这两种行政诉讼目的。维护客观法秩序一方面表现为法院在个案中监督行政机关依法行使职权，审查被诉行政行为的合法性，另一方面表现为通过行政诉讼来实现行政行为整体裁量尺度的统一，保障法律在未来行政活动中适用的统一。也就是说，“维护法制统一”是维护客观法秩序所包含的重要内容。

其次，“维护法制统一”是司法权自我克制的重要根据。司法权自我克制，就是要对行政权予以尊重。从国外的情况来看，两大法系主要国家的法院在司法审查过程中，均表现出了对行政权力在一定程度上的尊重，这种司法理念和法律现象被称为“司法谦抑”，代表国家为美国。虽然英美法系的法官较之大陆法系的法官拥有更多的司法自由裁量权，但是前者却表现出了更多的“司法谦抑”。在美国，“司法谦抑”理念和制度的产生不仅基于分权制衡原则和民主制度，更主要地在于现代行政的专业知识、经验和行政自由裁量权普遍存在。① 美国法院在司法审查中，将案件区分为事实问题和法律问题，并采取不同的审查强度，在事实问题上不轻易用自己的判断代替行政机关的判断；在判决形式上，美国法院一般不会作出变更判决。②可以说，“司法谦抑”的理念和制度已经融入美国的整

① 参见黄先雄：《司法谦抑论——以美国司法审查为视角》，法律出版社2008年版，第78—79页。

② 参见黄先雄：《司法谦抑论——以美国司法审查为视角》，法律出版社2008年版，第142—144页。

个司法审查运行之中，而在我国行政诉讼法中确立“维护法制统一”目的，与此有着异曲同工之处，从“维护法制统一”目的出发，同样可以得出司法权需要自我克制的结论。随着我国经济社会的发展，行政机关的社会管理职能得到了加强，政府在解决社会纠纷方面具有更多的资源和优势，在社会福利、环境保护、质量技术监督、证券监管等新兴领域，行政机关往往拥有更多的专业知识和经验。法院的自我克制，体现了对行政裁量空间的尊重，有利于形成统一的行政规则和执法尺度，保障法律适用的实质平等，促使相对人形成合理的预期和信赖，从而有利于行政机关实现其维护社会秩序和发展经济的职能。

最后，“维护法制统一”是解决行政立法冲突的客观要求。法制统一意味着一切立法活动必须以宪法为基础和依据，下位法不得违反上位法。在行政立法过程中，由于受到地方保护主义和部门利益的影响，行政立法与法律之间，以及行政立法之间相互冲突的现象依然存在，对社会主义法治建设和国家法制统一造成了不利的影响。为维护我国法制统一，除了立法机关健全行政立法备案审查制度，行政机关自身积极开展规范性文件清理工作以外，司法机关在维护法制统一方面的作用应当进一步拓展。行政诉讼中法院对待行政立法的态度，从表面上看是法院的审查对象和裁判依据问题，但本质上涉及司法权对行政权的制衡，关乎中央与地方立法权限的界分，直接决定了公民对法律的信心，不仅在行政诉讼中具有重要地位，而且关乎国家法制的统一。与立法机关的备案审查、行政机关的文件清理相比，通过行政诉讼维护法制统一有着独特的优势：从启动程序上看，公民、法人或者其他组织只要按照法律的规定提起行政诉讼，司法审查程序就必须开始；司法机关依法独立行使审判权，司法的中立性更有利于维护法制统一。虽然新《行政诉讼法》中规定了对规章以下规范性文件的审查程序，客观上有维护法制统一的制度功能，但是由于“维护法制统一”并未作为行政诉讼法目的提出，行政诉讼法对待行政立法的态度必然保守，与之相应的行政诉讼制度必然薄弱和不足。将“维护法制统一”作为行政诉讼法目的，就是要强化行政诉讼维护法制统一的功能，为法院审查行政立法提供制度依据。

5. “维护法制统一”目的之制度体现

“维护法制统一”目的总体上体现在审查范围和审查强度两个方面。首先，在审查范围上，应当增强法院为维护法制统一应有的司法审查权，这是实现“维护法制统一”目的之主要体现。为此，应当扩展抽象行政行为接受司法审查的范围，并明确法院审查抽象行政行为的程序和方法，在受案范围、管辖制度、当事人制度、审查方式、裁判方式等方面进行相应的修改和完善。从长远来看，随着我国行政法治的发展，所有类型的抽象行政行为均应纳入司法审查的范围。其次，在司法审查强度方面，“维护法制统一”目的要求对于涉及行政机关专业性、技术性的问题，法院对行政机关的判断应当予以尊重，对于行政机关在裁量范围内作出的决定，除非明显不合理也应当予以尊重。相应地，适时使用驳回诉讼请求判决，合理使用变更判决和履行判决，为行政机关自行纠错、修正留下空间。

（三）“争议解决”目的与“监督”目的之平衡

为了追求行政诉讼制度的效率性和判决的实效性，达到通过行政诉讼定纷止争的理想，有必要将“争议解决”作为行政诉讼的目的在立法上确立，以便为相关纠纷解决机制的建立奠定基础。新《行政诉讼法》在立法目的中增加了“解决行政争议”的规定，旨在进一步强化通过行政诉讼化解行政纠纷的作用。[①] 但是，“争议解决”与“监督”目的之间存在价值冲突，为避免由此导致对行政诉讼立法和实践造成不利影响，需要在理论上合理界定二者的相互关系和作用领域，从而实现彼此间的平衡。

1. 解决争议的需求与“争议解决”目的之引入

在“监督”目的之下，诉讼程序的设计以对行政权力的合法性判断为指向，对行政行为的合法性审查是不可动摇的理论，行政行为违法与否的单一判断模式成为实现行政诉讼目的之形式要求。这种制度设计是司法权力本位观念在诉讼制度中的反映，是司法权与行政权二者关系在行政诉讼中的典型表现。然而，这种单一的权力监督模式，并非不存在局限性。

在行政审判发展十余年之后，随着转型期社会矛盾激增，大量的行政争议涌入法院，这不得不要求法院在提高司法效率方面做出努力，通过简化诉讼案件的处理程序，节约有限的司法资源，从而取得比严格适用法律的方式更为高效的纠纷处理结果。同时，法院还应当在增强纠纷解决的实效性上努力，以满足行政机关、公民对审理结果的实质公平性和实际有效性的需求。但是，在“监督”目的之下，在追求行政行为合法性判断的

① 参见信春鹰主编：《中华人民共和国行政诉讼法释义》，法律出版社 2014 年版，第 4 页。

诉讼程序中，行政纠纷被一次性解决的希望能够在多大程度上实现呢？行政诉讼在追求权力监督的过程中，是否能够为诉讼制度的效率性和裁判结果的实效性留下足够的空间呢？事实是，对行政行为合法性非此即彼的判断与行政争议解决之间存在内在的紧张关系甚至是冲突。

案例1：河南滑县某村，由于村民组之间对于土地权属存在争议，村民组便向县政府提出确权申请。滑县政府于2002年12月作出决定，尊重了“划大方”“四固定”的说法，认为土地归第10、第16村民组所有。第12村民组不服该决定，在复议失败后向滑县人民法院提起行政诉讼。2003年10月，滑县人民法院判决维持县政府的确权决定。第12村民组上诉至安阳市中级人民法院后，2004年3月，市中级人民法院判决撤销原判决和原确权决定，责令滑县人民政府再作确权。2005年8月，滑县人民政府在原证据的基础上，重新调查后再次作出确权决定：这块地仍归第10、第16村民组。第12村民组复议失败后再次诉至滑县人民法院，要求撤销确权决定。2006年5月，滑县人民法院作出判决：撤销确权决定，责令滑县人民政府再作确权。2006年11月，这一判决得到安阳市中级人民法院终审判决的支持。如此循环往复，五年间，事关这片林地的四份决定、四份判决导致了“循环诉讼”的产生，争议的土地也被撂荒多年。[①]

这本来是一起并不复杂的案件，但是由于行政诉讼只能采取形式性审查，单一的合法或违法的判断关注于行政行为的结果，导致了对行政行为作出的过程、原因和争议实质的忽略，这就限制了法院在审判过程中解决争议意识的发挥，从而产生了合法性审查的形式性阻碍判决效果的实效性的缺陷，新一轮的行政争议和循环诉讼就不可避免了。这样看来，“监督”目的之下行政诉讼判决固有的局限性，导致了其在争议解决能力上的不足，行政诉讼过分依赖形式审查导致了判决实效性的缺陷。因此，单纯强调司法权对行政权的监督，实际上对争议解决机制发展造成了障碍，不利于行政诉讼制度的发展与完善，在行政诉讼中引入“争议解决”目的，应当成为寻求有效解决行政争议的合理手段和创造多元化争议解决形

① 参见《河南滑县：“循环诉讼”撂荒75亩耕地》，《大河报》2007年3月13日。

式的根据和出发点。

2. 两个目的间的冲突与衔接

从价值层面看，“争议解决”同样有维护行政法律秩序的价值取向，旨在使被行政争议破坏的法律秩序得以修复，从这个意义上说，“争议解决”与“监督”目的具有内在的一致性。但是，二者之间也存在价值的冲突和扭曲，并影响到行政诉讼的理论和实践。“监督”目的强调对行政行为的合法性审查，在合法性审查贯穿的诉讼过程中，司法机关去关注争议的实质性解决，必然会对传统审判方式的内在逻辑造成干扰。过分强调“争议解决”目的，有可能降低法律程序严格性的保障，从而妨碍、限制“监督”目的实现。因此，如何协调二者的关系，并使之成为并行不悖的诉讼目的，就成为构建相关行政诉讼制度的前提条件。

具体而言，二者主要作用的领域应当有所不同。既然“争议解决”目的是对发展变化的社会形势、对争议解决高效的回应，“争议解决”目的也主要是在解决新型、特定争议时，出现权力监督模式不能使争议实质性解决的情况下，才能有效发挥作用。在一般情况下和通常的审判结构中，应当主要适用“监督”目的来实现权力的制约功能，“争议解决”此时只发挥对“监督”目的之补充作用；在特殊的争议解决结构中，应当主要适用“争议解决”目的，但是也要注意与“监督”目的衔接。

体现在具体制度上，“争议解决”主要适用于构建行政诉讼和解制度以及其他诉讼争议解决机制的领域。这种争议解决机制表现为，法院更深入地介入行政机关与相对人的权利义务之中，法院促成争议实质性解决与“监督”目的合法性审查要求之间的矛盾如何缓和，就成为需要注意的问题，对具体制度的设计必须衡量“争议解决”与“监督”目的之间的关系。在行政诉讼和解制度中，首先，应当以“监督”目的限制和解的内容。虽然为了促进争议彻底解决可以将与行政争议有关的事项纳入和解范围一次性解决，但是法院要审查和解的内容是否符合实体法的规定，且不得损害公共利益和第三人合法权益。其次，从和解的限度来看，当事人抛弃的一部分实体和程序权益，必须在性质上可以成为让步的对象。特别是对行政机关而言，如果行政权力依据法律规定或职权的性质属于不宜通过合意处分的情况，那么行政机关就不得放弃该职权而达成和解。最后，对于和解协议，法院应当进行合法性审查，通过司法权的监督作用来防止因行政机关实力强大、经验丰富导致协商因素消退，从而实现“争议解决”

与“监督”目的的互动与平衡。此外，新《行政诉讼法》还规定在涉及行政许可、登记、征收、征用和行政机关对民事争议所作的裁决的行政诉讼中，当事人申请一并解决相关民事争议的，人民法院可以一并审理。这种诉讼程序设计既坚持了合法性审查，又避免了循环诉讼，节约了司法资源，提高了司法效率。同样，新《行政诉讼法》对简易程序的设计，也体现了对行政案件实现繁简分流的需要。

三　结论：行政诉讼法目的之体系

如前所述，理想状态的行政诉讼法目的应当包含和体现行政诉讼目的，这也是本书在研究过程中将行政诉讼目的与行政诉讼法目的等同使用的原因。除此之外，行政诉讼法也有自身独特的目的之所在。总结起来，行政诉讼法目的包括如下五个方面：一是保证人民法院公正、及时审理行政案件；二是维护公民、法人和其他组织合法权益；三是监督行政机关依法行政；四是维护国家法制统一；五是有效解决行政争议。其中，保证人民法院公正、及时审理行政案件是确保审判活动顺利进行的程序性、工具性目的，仅是行政诉讼法的目的，而非行政诉讼目的，其他四个方面则兼具行政诉讼法目的与行政诉讼目的双重身份。

行政诉讼法目的之间既相互独立又相互联系，形成一个统一的体系。首先，行政诉讼法目的之间相互区别。保证人民法院公正、及时审理案件虽然与“争议解决”目的都涉及诉讼经济的要求，有着对提高诉讼效率、降低诉讼成本的需求，但是前者属于程序性、工具性目的，侧重于强调司法判决形成的过程即程序正义，而后者的重点则在保证争议妥善解决，追求审判结果的实质正义。监督行政权力和保护公民权益也各有侧重，选择对行政权力的制约与选择权益的保护是两个不同的控制进路，“因为有时候对行政权的控制并不必然带来相对人权益的保护，或者对相对人权利的保护也不必然伴随着对政府权力的制约”①。其次，行政诉讼法目的之间相互联系。保证人民法院公正、及时审理案件和解决行政争议分别从程序上和实体上为保护公民权益、监督和维护依法行政提供了基础，是行政诉讼法的直接目的或称为初级目的，司法程序不完善和行政争议久拖不决，

① 张淑芳：《规范性文件行政复议制度》，《法学研究》2002 年第 4 期。

必然影响其他目的实现。此外，“争议解决”目的还对“监督”目的起到补充和衔接作用，而“监督”目的又反过来防止争议解决目的盲目扩张。“监督”目的体现的是行政诉讼的本质内容，它与“维护法制统一”目的为正确处理司法权与行政权的关系，实现司法能动与克制的良好结合，提供了基本标尺，是行政诉讼法的中级目的。“监督”目的除了自身作为独立的行政诉讼法目的之外，还是实现“权益保护”目的之手段，许多制度可以既看作“监督”目的之体现，又可以看作是达致“权益保护”的方法。一般来讲，只要能够较好地监督和维护行政机关依法行政，“权益保护”目的就会比较好地实现。权益保护是行政诉讼法的根本目的，在行政诉讼法目的体系中处于最高位阶，在《行政诉讼法》第 1 条中应当首先被提及和强调，然后才应当规定中级、初级目的。

四　本章小结

行政诉讼法目的是研究行政诉讼法具体制度问题的前提和基础性问题，以司法权与行政权的关系为视角来审视行政诉讼法目的，为分析解决行政诉讼法目的相关难点提供了工具和便利。

行政诉讼目的与行政诉讼法目的两者的区别，源于“行政诉讼”和“行政诉讼法”两个概念的界定。行政诉讼目的属于动态、运作意义上的目的，反映的是行政诉讼运作中各主体的主观愿望追求，而行政诉讼法目的则是相对静止的。行政诉讼法目的除了与行政诉讼目的有交叉重合之处外，也有自身特点和内涵。以司法权和行政权关系为分析工具，从行政诉讼目的多元化趋势以及我国法院的“监督”角色有待强化两方面分析，可以得出“监督”目的具有独立性的结论。将“监督”作为行政诉讼目的，为行政诉讼制度横向层面的受案范围和纵向层面的审查强度相关制度的构建提供了根据。“维护法制统一”目的为行政诉讼制度提出两方面的要求：一是在审查范围上，扩展司法审查的权力，增强行政诉讼解决行政立法冲突的功能；二是在审查强度上，要求司法权自我克制，不得超越法律规定的权限。为建立相关的纠纷解决机制，追求行政诉讼制度的效率性和判决的实效性，从而实现通过行政诉讼解决行政争议的理想，应当将“争议解决”作为行政诉讼的目的在立法上确立。理想状态的行政诉讼法目的包含和体现行政诉讼目的，各个行政诉讼法目的之间既相互区别又相互联系，形成一个统一的体系。

第二章　行政审判体制：司法权监督行政权的组织形态

行政审判体制是行政诉讼制度的重要组成部分，它既关系到司法权对行政权的监督应由普通法院还是特别法院进行，也关系到司法权监督行政权的运作机制问题。随着我国法治建设进程的推进和行政诉讼实践的深入，行政审判体制的弊端已经成为制约行政诉讼发展的根本性因素。虽然新《行政诉讼法》并未对行政审判体制作出实质性修改，但改革行政审判体制、建立独立行政法院的呼声并未就此平息。本书拟在梳理总结争议、反思相关研究成果的基础上，进一步探究在我国建立行政法院的理论和实践基础，并为行政法院制度的构建提出相应设想和对策建议。

一　共识与认可：改革现行行政审判体制

行政诉讼本是司法权监督行政权的制度，但是从近年来我国行政诉讼实践的情况来看，说行政审判面临严峻的形势、行政诉讼已经走入困境并不为过。从行政诉讼案件的审判指标来看，首先，行政案件占全部案件数量的比例大幅下降，由十年前的2%降低到近年的不足1.3%，行政案件受案数量出现下滑，2012年一审行政案件甚至比2011年减少6770件，下降幅度达到5%。在行政管理和公共服务领域不断拓宽的背景和行政行为数量激增的态势下，行政案件数量停滞甚至下滑说明相当数量的行政纠纷没有进入行政诉讼或者未能通过法定途径予以解决。其次，撤诉的案件越来越多，而且撤诉案件中原告主动撤诉的比例奇高。2012年，全国法院审理的行政案件中，撤诉的案件占到全部审结案件的49.84%，裁判的案件只占到34.42%；全国一审案件原告主动撤诉61595件，被告改变行政行为后撤诉的2509件，原告主动撤诉占全部撤诉案件的96.09%。实践中，原告撤诉大多是由法院动员撤诉，原告主动撤诉的数量极少。再次，裁定的比例越来越高，判决的比例越来越少。2012年，全国法院裁定不予受理和驳回起诉的案件占一审行政案件结案总数的7.7%，是民商事案件的7倍。案件受理难的问题表现得非常突出，很多地方公然实行不受理案件的“不受理、不立案、不收材料”的“三不”政策。最后，原告胜诉率持续走低，从早期的30%左右降到2012年的不足10%。原告胜诉率不断下降，不能不引起原告对法院公正性的质疑。此外，上诉率、申诉率不断攀升。2011年，行政案件的上诉率达到了创纪录的72.85%，分别是同期刑事和民事上诉率的6倍和2.4倍。申诉率则达到全部案件的8.5%，分别是刑事和民事申诉率的6倍和6.3倍。在有的地区，几乎所有一审案件都上诉，所有二审案件都申诉。[①]

上述数据已经充分表明，《行政诉讼法》实施二十多年，法院惨淡经营，行政诉讼出现了系统性功能障碍，从解决纠纷到保护公民合法权益、监督和维护依法行政的功能严重受挫。近年来，依法行政的强调、行政案件管辖制度的改革以及“和谐司法”的探索，都属于司法工作机制上的“技术操作性”变革，有着明显的局限性，没能给行政诉讼法的实施状况带来实质性改观。[②] 如果对这种不利状况听之任之，必将导致法院作为监督者的身份逐步丧失，并演化为行政诉讼的信任危机和生存危机，损害宪法、法律的权威。正是在这个意义上，有学者指出，行政诉讼法的修改，必须在司法体制上有所突破，“不然，修法没有多少意义”[③]。令人感到欣慰的是，从党的十五大报告指出“推进司法改革，从制度上保证司法机关依法独立公正地行使审判权和检察权”，到党的十八大报告指出“进一

---

① 参见耿宝建：《再谈中国是否应当设立行政法院》，《上海政法学院学报：法治论丛》2013年第3期，第72—73页。

② 强调依法行政的表现为：1999年，国务院颁布《关于全面推进依法行政的决定》；2004年，国务院颁布《全面推进依法行政实施纲要》；2010年，国务院出台《关于加强法治政府建设的意见》。行政案件管辖制度的改革主要表现为：2008年，最高人民法院出台《关于行政案件管辖若干问题的规定》；2013年，最高人民法院下发《关于开展行政案件相对集中管辖试点工作的通知》。“和谐司法”的探索主要表现为：2006年，中共中央办公厅、国务院办公厅印发《关于预防和化解行政争议健全行政争议解决机制的意见》；2008年，最高人民法院出台《关于行政诉讼撤诉若干问题的规定》以及各地法院行政诉讼协调和解指导意见的出台。

③ 何海波：《困顿的行政诉讼》，《华东政法大学学报》2012年第2期。

步深化司法体制改革，坚持和完善中国特色社会主义司法制度，确保审判机关、检察机关依法独立公正行使审判权、检察权”，均强调用深化改革的方式，解决司法体制面临的问题。可以说，国家领导者和学界已经达成了司法体制改革的共识，新一轮司法体制改革的启动必将为解决长期困扰行政诉讼的体制问题提供难得的重大机遇。

《中共中央关于全面推进依法治国若干重大问题的决定》中提出，要“完善行政诉讼体制机制，合理调整行政诉讼案件管辖制度，切实解决行政诉讼立案难、审理难、执行难等突出问题”。党的十八大以来的行政审判体制改革，正是主要集中在级别、地域管辖制度方面，新《行政诉讼法》也并未从根本上改变行政案件由普通法院审理的体制。在级别管辖改革方面，新《行政诉讼法》第15条吸收了《最高人民法院关于行政案件管辖若干问题的规定》关于中级人民法院管辖的第一审行政案件的规定，明确了对县级以上地方人民政府所作的行政行为提起诉讼的案件，由中级人民法院管辖。此外，新《行政诉讼法》第15条还新增了“其他法律规定由中级人民法院管辖的案件”的规定，这一规定属于衔接性规定。根据全国人大常委会《关于在北京、上海、广州设立知识产权法院的决定》，知识产权法院管辖部分一审知识产权案件，其地位相当于中级人民法院，新《行政诉讼法》新增的规定是为了给该项改革留出空间。[①]在地域管辖上，为落实《中共中央关于全面深化改革若干重大问题的决定》（以下简称《决定》）提出的探索建立与行政区划适当分离的司法管辖制度，以及《中共中央关于全面推进依法治国若干重大问题的决定》中提出的探索设立跨行政区划的人民法院的部署，并鉴于各地法院已经探索交叉管辖和相对集中管辖且效果较好，新《行政诉讼法》第18条确立了法院跨区域管辖行政案件的规定：“经最高人民法院批准，高级人民法院可以根据审判工作的实际情况，确定若干人民法院跨行政区域管辖行政案件。”同时，新《行政诉讼法》第18条也为将铁路运输法院作为跨区域管辖行政案件试点法院提供了法律依据。总之，虽然党的十八届三中、四中全会的关于改革行政审判体制的精神已经为设立专门的行政法院提供了政策空间，最高人民法院也在立法过程中提出了设立行政法院的建议，但是新《行政诉讼法》并未在行政审判体制上有根本性的突破。

---

① 参见信春鹰主编：《中华人民共和国行政诉讼法释义》，法律出版社2014年版，第52页。

二 动议与交锋：行政法院之必要性与可行性述评

之所以行政审判体制未能在修法过程中实现根本性变革，在很大程度上是因为改革行政审判体制的共识虽然已经达成，但是在具体改革方案上学术界依然存在争议。虽然设立行政法院的动议早在20世纪90年代就已有学者提出，并且伴随着行政诉讼法修改问题研究再次成为我国法治建设的热点，行政法院的方案似乎得到了越来越多学者的支持，① 但是反对的声音始终与支持的声音相伴随，② 从而形成了两种对立观点的交锋。厘清这些观点，是进一步深入研究在我国设立行政法院相关问题的基础。

（一）必要性的挑战

支持设立行政法院的观点，基本上是从行政诉讼实践的困境出发，指出设立行政法院有利于解决行政诉讼中存在的种种弊端，并进而成为我国司法体制改革的重大成果。具有代表性的观点是：首先，设立行政法院有利于提高司法权的权威性和公正性，从整体上逐步扭转司法权与行政权在国家权力中的地位对比，提高司法权的权威地位，并可以成为司法体制改革的突破口；其次，设立行政法院有利于增强行政审判的独立性，可以为法院行使司法监督权提供制度保障，从而使法院有能力拒绝行政机关的非

---

① 关于设立行政法院的相关论述有，陈有西：《我国行政法院设置及相关问题探讨》，《中国法学》1995年第1期；马怀德、解志勇：《行政诉讼案件执行难的现状及对策——兼论建立行政法院的必要性与可行性》，《法商研究》1999年第6期；陈红：《论建立我国行政法院体制的必要性和可行性》，《浙江学刊》2001年第4期；刘飞：《建立独立的行政法院可为实现司法独立之首要步骤——从德国行政法院之独立性谈起》，《行政法学研究》2002年第3期；马怀德主编：《行政诉讼原理》，法律出版社2003年版，第345—352页；马怀德：《行政审判体制重构与司法体制改革》，《国家行政学院学报》2004年第1期；江必新主编：《中国行政诉讼制度的完善：行政诉讼法修改问题实务研究》，法律出版社2005年版，第23—34页；马怀德：《行政审判体制改革：设立行政法院》，《北京日报》2013年8月19日；姜明安：《设置脱离地方行政区域的行政法院》，《法制日报》2013年9月4日；李后龙：《设立行政法院或可成为司法体制改革突破口》，《法制日报》2013年9月18日；等等。

② 反对设立行政法院的主要论述有，万永海、姜福先：《我国不宜单设行政法院——兼论我国行政审判解困之出路》，《法律适用》2003年第6期；尹华容：《设置行政法院：行政诉讼突围中的重大误区》，《甘肃政法学院学报》2006年第1期；王鹏：《独立行政法院否定化思考——兼论行政诉讼困境之解决理念》，《行政与法》2008年第1期；包骞：《行政法院在中国的不可行性分析》，《湖北师范学院学报（哲学社会科学版）》2008年第4期。此外，著名行政法学者杨建顺也反对设立行政法院，参见陈霄：《争议行政法院》，《法治周末》2013年8月6日。

法干预；最后，设立行政法院有利于处理专业性较强的行政争议。①

反对设立行政法院的观点也十分鲜明：造成行政诉讼困境的原因，主要是体制上的原因，在目前的司法体制下，独立设立的行政法院仅仅是外部载体，并没有解决司法体制的核心问题；行政诉讼是为了实现司法权对行政权的监督制约，如何规范和厘清二者的关系是一个不能回避的问题，这个问题仅在行政诉讼领域内寻找答案，无异于缘木求鱼；对现有行政诉讼制度进行改良或许可以获得与设置行政法院相当的理想效果；行政诉讼制度改革是整个司法系统司法改革乃至整体社会改革的一部分，行政诉讼制度改革的进程应当与国家政治民主发展进程大体合拍，否则，极可能是事倍功半。② 由此看来，虽然设立行政法院的动议向人们展示了解决行政诉讼困境的良好愿景，但是反对的声音却指出了行政审判体制背后的深层次问题，这构成了对行政法院模式存在价值的挑战。

（二）可行性的质疑

学界除了在设立行政法院的必要性上存在争议外，对于行政法院的可行性同样存在质疑。在学者们看来，设立行政法院的可行性主要有如下三个方面：一是设立行政法院有宪法上的依据。我国《宪法》第 124 条规定，“中华人民共和国设立最高人民法院、地方各级人民法院和军事法院等专门人民法院”。因此，行政法院的性质可以同军事法院、海事法院等专门人民法院一样，只需对《行政诉讼法》进行修改即可。二是设立行政法院的成本不会太大，行政法院的设立主要是整编和转移原有行政审判庭的人员，在编制上可能不升反降。三是我国自清末以来一直借鉴大陆法系的司法制度，设置行政法院在法律制度和文化方面有容纳的可能性，不会导致法律制度的错位和断裂。③

---

① 参见李后龙：《设立行政法院或可成为司法体制改革突破口》，《法制日报》2013 年 9 月 18 日；马怀德：《行政审判体制改革：设立行政法院》，《北京日报》2013 年 8 月 19 日。

② 参见万永海、姜福先：《我国不宜单设行政法院——兼论我国行政审判解困之出路》，《法律适用》2003 年第 6 期；尹华容：《设置行政法院：行政诉讼突围中的重大误区》，《甘肃政法学院学报》2006 年第 1 期；王鹏：《独立行政法院否定化思考——兼论行政诉讼困境之解决理念》，《行政与法》2008 年第 1 期。

③ 参见马怀德：《行政审判体制重构与司法体制改革》，《国家行政学院学报》2004 年第 1 期；江必新主编：《中国行政诉讼制度的完善：行政诉讼法修改问题实务研究》，法律出版社 2005 年版，第 23—26 页；马怀德：《行政审判体制改革：设立行政法院》，《北京日报》2013 年 8 月 19 日。

质疑者认为，首先，设立行政法院涉及修改宪法，行政法院毕竟不同于铁路、海事等专门法院，其设置数量、职权范围、社会影响是其他专门法院不可比拟的，即使不修改宪法，也应当制定专门的行政法院组织法。由此带来的问题是，频繁的变法与法治有着内在的紧张关系，行政法院的建立可能会对社会逐渐形成的行政诉讼的制度认同造成伤害，破坏公民的行为预期。其次，设立行政法院必然会增加机构编制和物质装备开支，这与中央精简机构的政策相悖。最后，社会实验具有不可逆性，今日重设行政法院的社会环境与清朝末期、民国时期区别较大，而且民国时期行政法院的运行也不能武断地认为就是成功的。[①]

由此可见，在可行性问题上，对立的双方各执一词、针锋相对，但客观地来看，似乎任何一方的论据都不具有压倒性的说服力。解决设立行政法院的可行性问题，有必要跳出既有的争论范围，寻找新的理由。

（三）何去何从

在设立行政法院的必要性方面，反对者最有力的武器是一针见血地指出，行政诉讼的困境根本上是由整个司法体制造成的，这突出地表现在，现有的司法保障体制下，法院的人、财、物由地方政府供给，导致了司法地方化。司法地方化不仅表现在行政诉讼中，而且也存在于民事诉讼、刑事诉讼中。因此，从整体上改革司法体制，保障法院独立行使司法权，就可以带来行政审判困境的相应解决。虽然支持者指出，设立行政法院也要相应地进行司法去地方化改革，并且在司法体制改革尚未有实质性推动的情况下，设立行政法院可以成为司法体制改革的突破口，但是从现实的情况来看，党的十八届三中全会已经彰显了领导者整体推进司法体制改革的决心。《中共中央关于全面深化改革若干重大问题的决定》中明确提出改革司法管理体制，推动省以下地方法院人财物统一管理，探索建立与行政区划适当分离的司法管辖制度，保证国家法律统一正确实施。这一改革措施直指司法地方化的弊端，意味着新一轮司法体制改革启动。中央政法委书记孟建柱也指出，“应该从现行宪法框架内着手，探索与行政区划适当

① 参见万永海、姜福先：《我国不宜单设行政法院——兼论我国行政审判解困之出路》，《法律适用》2003 年第 6 期；尹华容：《设置行政法院：行政诉讼突围中的重大误区》，《甘肃政法学院学报》2006 年第 1 期。

分离的司法管辖制度。通过提级管辖、集中管辖，审理行政案件或者跨地区民商事、环境保护案件”①。虽然“通过提级管辖、集中管辖，审理行政案件”的表述似乎为设立行政法院留下了空间，但是改革人财物管理制度和探索司法管辖区制度显然是更具有根本性的。由此看来，中央整体推进司法改革的决策使得行政法院作为司法体制改革突破口的意义已经不复存在，在现有改革方案下继续推动设立行政法院，就应当寻找更深层次的正当性根据。

至于可行性问题，实际上不是争议的主要焦点。改革意味着对旧制度的扬弃，必然会面临一系列的新问题和阻力。但是这并不妨碍根据改革的需要制定“一揽子”的解决方案进行统筹安排。从历史和国外司法体制发展的情况来看，对于是否单独设置行政法院的争议，最后都是由政治需求决定的。例如，我国清末至民国时期对于是否应当单独设置行政法院的争议，为当时的政治而不是法学理论作了最终的决定；② 第二次世界大战后的日本虽然继续保持了大陆法系的法律传统，却采用了在普通法院内部设立行政审判庭的体制，其决定性因素在于美国的占领。政治改革者选择的制度安排，背后实际上有其特定的价值取向，是基于政治理性计算决定的，③ 而反对者从自己的角度出发，自然认为不是最优选择。在改革的目标确定后，可行性问题只是政策的执行者需要思考和设计解决的问题。从这个意义上看，政治决策的可行性问题，不应成为改革的阻碍。

用通俗的话说，设立行政法院的动议更多的是出于借助行政法院的外壳，争取行政审判独立的动机。质疑之声或许不能动摇设立行政法院的动议，但是所提出的问题也暴露出了学者的仓促。在当前司法体制改革整体推进的决策下，行政法院已经无法从作为司法体制改革突破口处获得正当性，设立行政法院的动议要想获得成立，需要更具有说服力的理由。

---

① 孟建柱：《深化司法体制改革》，《人民日报》2013 年 11 月 25 日。

② 参见耿宝建：《再谈是否应当设立行政法院》，《上海政法学院学报》2013 年第 5 期。

③ 例如，有学者认为，司法审查制度从政治边缘走向政治中心，重要的原因就是基于一种风险管控的“保险”心态。也就是说，民主政治中，现在的多数难免会变成将来的少数，为了防止今日少数在将来的报复，司法审查可以成为确保自身利益的保险。参见耿宝建：《再谈是否应当设立行政法院》，《上海政法学院学报》2013 年第 5 期。

三　公法、私法分立：行政法院存在的理论前提

设立行政法院并不仅是司法体制的变革和建立一个新的法院系统而已，行政法院制度代表的是一种行政法模式和行政审判的形态，引入行政法院制度实际上意味着选择了一种新的行政法模式，必然带来行政审判形态的转变。行政法的模式包括行政法的“公法”模式与行政法的“私法”模式，[①] 这两种模式在行政机关的行为受到何种性质法律约束以及法院审查采取何种审判形态上存在区别。在行政公法模式下，法律是特殊的法律，即公法，公法构成与私法并列、独立的规则体系，行政审判形态属于行政国家主义型，专门设置与普通法院并驾齐驱的行政法院审理行政争议。在行政私法模式下，不存在公法、私法的划分，行政行为“合法性是一个单一的、一般性概念，政府及其官员服从于普通的法律程序，正像其他人必须受法律约束一样”[②]，行政审判形态属于私法国家主义型，行政争议与民事争议、刑事争议均由普通法院审理。虽然行政审判的形态并不决定两种行政法模式的内在区别，但是从行政法的发展历史来看，独立的行政法院存在与行政法的自成一体有着内在的直接联系。例如，专门的行政法院系统在法国存在，为行政法的发展创造了独特的条件，“行政法院并非在可利用的行政要求专门的执行机关的基础上创立的，事实正相反，‘对行政进行法律审查的机关缔造了其自身的主旨，即行政法’”[③]。虽然行政法院在历史上的产生是多种因素作用的结果，但是认可公法与私法的分立即公法的独特性是行政法院产生和运作的基础。因此，在我国设立行政法院同样需要探讨公法的独特性以及我国是否具备划分公法、私法的条件。

（一）公法的独特性

公法和私法是大陆法系的传统分类。最早提出公法、私法之分的是罗马法学家乌尔比安，之后查士丁尼的《法学总论》接受了这一划分，“公

---

① 参见［英］卡罗尔·哈洛、理查德·罗林斯：《法律与行政》，杨伟东等译，商务印书馆 2004 年版，第 40 页。

② ［英］马丁·洛克林：《公法与政治理论》，郑戈译，商务印书馆 2002 年版，第 1 页。

③ Jurgen Schwarze, *European Administrative Law*, trans. Brussels, London: Sweet and Maxwell, 1992, p. 102.

法涉及罗马帝国的政体，私法则涉及个人利益”[①]。古罗马关于公法、私法的宏观划分影响深远，“在19世纪的西欧大陆，公私法之分在广泛开展的法典编纂和法律改革中被普遍应用，并成为法律教育和法学研究的基础。对民法法系的法学家来说，公私法之分几乎成了一个自明的真理。这一现象是同当时经济领域的自由竞争以及与此相适应的个人自由主义不可分的”[②]。公法、私法划分不仅成为大陆法系国家构建法律体系的基础，而且大陆法系国家还据此建立了双重法院系统——普通法院和行政法院。可以说，公法、私法划分已经与大陆法系各国的法律文化融合在一起，成为大陆法系中的基本法律概念。

即使是在英美法系国家，公法、私法的内部结构仍然是存在的，只不过没有像大陆法系那样明确地指称罢了。19世纪以来，英美法系的法学家也意识到了这个问题：“在现代社会我们逐渐认识到法律的两个分离的领域：一个是私法，另一个是公法。私法调解臣民之间的事务。公法调解臣民与公共权力之间的事务。”[③] 在英美两国的制定法上也开始使用“公”和“私”的概念来确定法律所保护的权利以及用何种程序来保护该种权利，在法律实践中也开始更多地关心公法，“律师们在创立财产问题时，要花许多力气寻找是否在物的使用上强加了棘手的限制”[④]。随着经济全球化和两大法系的融合，英美法上公法、私法划分的特征将变得更为明显和重要。

需要说明的是，20世纪70年代以来，国家的衰落和社会组织等多元治埋权威的兴起使得简单以主权或命令服从关系作为解释国家独特性的传统模式已经过时，“国家不再是一种发布命令的主权权力。它是一群个人组成的机构，这些个人必须使用他们所拥有的力量来服务于公众需要”[⑤]。在这样的背景下，国家的独特性已经不再集中于担任社会首要管理者的角色，而转向充当社会的独特调节者，“公法的未来使命不仅在于对这一国

① ［罗马］查士丁尼：《法学总论》，张企泰译，商务印书馆1984年版，第6页。

② 沈宗灵：《比较法总论》，北京大学出版社1987年版，第96页。

③ ［英］丹宁勋爵：《最后的篇章》，刘庸安、李燕译，法律出版社2000年版，第21页。

④ ［英］F. H. 劳森、B. 拉登：《财产法》，施天涛等译，中国大百科全书出版社1998年版，第123页。

⑤ ［法］莱昂·狄骥：《公法的变迁 法律与国家》，郑戈、冷静译，辽海出版社、春风文艺出版社1999年版，第13页。

家独特性作出恰当的解释，更在于完善国家作为社会调节者的角色和功能"[1]。相应地，对公法的理解必须超越传统上从国家地位的独特性角度出发的方法，将对"公"与"私"的理解从机构标准转向职能标准。在职能标准下，公、私的分立不再是国家与个人的对立，而是社会或社会共同体与个人的对立，公与私的区分不再一成不变，而是要根据具体的背景情况来确定。当然，无论公法的内容如何变化，它的一些基本方面仍然是确定的，公法仍然与权力的干预相适应，其调整的力量是自上而下的，公法的价值侧重于社会秩序的维护，实现的是分配的正义，主要关注于社会资源的再分配。[2]

有学者指出，随着国家参与经济生活和其他领域的社会活动，盛行于19世纪西方国家的个人本位主义逐渐让位于20世纪以来的社会本位，国家对传统私法领域施加了产业政策、社会保障等社会性干预，出现了"私法的公法化"；与此同时，国家对社会经济生活的参与，以私法手段扩大了国家对经济活动的介入，传统的私法调整方式被部分地或间接地引入公法领域，出现了"公法的私法化"。公法和私法相互渗透，导致传统公法、私法分立出现了危机，形成了既不属于公法又不属于私法的社会法新领域：经济法和劳动法。[3] 但是，不论是"私法的公法化"还是"公法的私法化"，均是法律调整社会生活的两种基本方法，即"集中""管"的方法和"非集中""放"的方法在不同领域中以不同方式和不同比例结合的表现，这种结合是以公法原则和私法原则相互独立为前提的，并不能彻底否定公法、私法的划分。至于社会法的出现，只是表明法律调整的两种方法已经达到了高度融合的程度，而高度的融合并不意味着各自独立性的消失，相反，没有公法、私法二者的划分，就不存在二者融合的前提。因此，社会法的出现也不能成为否定公法、私法划分的理由。"总的来说，公法与私法两大部门的划分依然有很大的重要性，两者之间的界限依然比较清楚，大量的具体问题和当事人的利益仍可以毫不费力地归入公法和私法的范畴中去。"[4]

总之，"公私法的划分是一个国家和地区法律的内部结构问题，一个

---

① 杨伟东：《权力结构中的行政诉讼》，北京大学出版社2008年版，第113页。

② 参见孙国华、杨思斌：《公私法的划分与法的内在结构》，《法制与社会发展》2004年第4期。

③ 参见陈俊：《公私法之分与合的理论思考》，《法学家》2007年第2期。

④ J. H. Merryman, *The Civil Law Tradition* , Stanford: Stanford University Press, 1985, p. 94.

国家或地区的法律不管其外在表现形式（即法的形式渊源）多么零乱，它的内部结构总是会分为有内在联系的不同部分，这种不同的部分最基本的就是分为相互联系的两个群体：公法和私法"①。

（二）公法、私法在我国划分的可能性

虽然我国的法律传统整体上属于大陆法系，但是公法、私法的生成并不直接来自于大陆法系中公法、私法划分的传统。由于长期以来受到以苏联为代表的社会主义传统法律理论的影响，加上在新中国成立初期计划经济模式的影响，"新中国成立以后，我国法学界一直不承认有关公法与私法划分的理论，否认民法是私法的观点自新中国成立开始一直在我国的法学研究中占据主要地位"②。从时间上看，真正开展对公法、私法的研究以及是否存在公法、私法划分的争议是20世纪90年代之后的事情，孕育于我国建立社会主义市场经济体制目标的提出和依法治国方略取得共识之后。因此，在我国研究公法、私法之分，需要从我国当代经济政治的发展状况出发，做出时代性的思考。首先，我国建立社会主义市场经济体制，必然会涉及政府与市场、自由竞争与国家干预的问题。现代市场经济体制既要求充分发挥市场在资源配置中的基础性地位，又要求发挥政府这支"看不见的手"来弥补市场机制的缺陷，这种客观经济规律反映在上层建筑领域，必然要求将法律的内部结构区分为私法和公法两个部分，两者在调整对象、方式、原则和理念上的区别，为市场经济的横向自治调整和纵向权力规制提供了工具和手段。其次，我国社会主义民主政治的发展也在根本上契合了公法、私法之分的理念和原则。高度集权政治体制的解体使人的主体性得到确认，国家和个人利益的差异要求国家尊重公民个人的权益和意思自治，国家权力介入经济活动以适度的社会调节、促进公平正义为限度。依法治国方略被写入宪法意味着政府的权力应当受到制约，完善权力的监督和制约机制，保护公民的合法权益不被公权力侵害成为现代公法的使命。

随着我国市场经济的发展和行政管理体制改革的推进，作为社会经济

---

① 孙国华、杨思斌：《公私法的划分与法的内在结构》，《法制与社会发展》2004年第4期。

② 刘瀚：《中国法学基础理论》，载罗豪才、孙琬钟主编《与时俱进的中国法学》，中国法制出版社2001年版，第21页。

活动的主体，除了传统的个人和国家之外，介于二者之间的社会组织，如工会、行业协会、基金会等逐渐兴起，他们承担起了部分社会管理和服务的职能，公法、私法的划分不能再简单地以主体为标准划分；在政府向社会放权的同时，国家的宏观调控职能进一步强化，个人本位主义开始让位于社会本位，国家开始运用市场手段提供公共服务，体现出了行政管理的私法化；此外，经济法在我国作为一个部门法已然崛起，模糊了公法、私法的界限。因此，在当代我国划分公法、私法，还应当找到合适的划分根据。前已述及，集中和非集中是法律调整的两种基本方法，可以成为划分公法、私法的直接根据，这样就可以得出清晰的结论：在我国，宪法、刑法、行政法等法律部门一般采用集中调整的方法，体现了权力对权利的干预和界限，也划定了个人权利自由的边界；而民法、商法等部门通常采用非集中的调整方法，体现了人的主体性和意思自治，确认和保障了个人的权利和自由。当然，现代社会纯粹的公法和私法已经不存在，公法、私法的融合成为趋势，但是“管”和“放”的手段依然是在相互区别的基础上相互联系、相互配合的。

由上可知，公法、私法的划分实际上是对法律调整的社会关系的种类和性质的区分，这种区分决定了法律调整方法的不同。当然，法律毕竟是主观见之于客观的东西，在一定历史条件下，采用何种法律调整方法更具有直接性。因此，如果将行政法院制度看作是一种调整公法关系的法律方法的话，其是否能够被立法者采纳，一方面受到调整对象的性质等一般规律的影响，另一方面也体现了立法者的智慧和技术水平的高低，以及政治上留给立法创新空间的大小。但是，无论立法者是否会选择行政法院模式，都不能改变在我国建立行政法院已经存在公法、私法划分的理论和现实基础的事实。从完善中国特色社会主义法律体系的角度看，我国还存在公法制度缺失、法治精神匮乏等不尽如人意的地方，而行政法院发展的历史经验告诉我们，设立行政法院不仅本身能够成为公法上的制度创新，而且必然会反过来强化公法、私法的划分，促进公法相关制度和法律体系的完善，进而在社会中提倡保护权利、制约权力的公法精神。

四　专业性的强化：行政法院模式的优势所在

法院解决行政争议始终面临着专业性与独立性的矛盾。为了解决好行政争议，法院必须了解争议的内容和当事人的情况，必须具有一定的专业性；但是为了避免受到一方的不当干预或证据的迷惑，法院又必须保持足够的独立性，以防止不当的偏见。[①] 从根本上说，专业性与独立性的矛盾，实际上体现的是公正与效率价值的关系，独立性是司法公正的保障，而专业性是司法效率的体现。因此，是否设立行政法院，就是要看行政法院在解决公正与效率二者的关系上是否更有优势。应当说，就行政审判组织的独立性而言，不论是代表英美法系普通法院模式的英国和美国，还是代表大陆法系行政法院模式的法国和德国并没有区别和高下之分，二者产生的理论基础都是自由主义、行政法治和三权分立学说等西方政治法律思想，[②] 均强调司法独立和权力制约。但是，在行政纠纷解决的专业性方面，行政法院却表现出了自身的优越性，也就是说，行政法院模式与普通法院模式相比，在解决行政纠纷方面更有效率。

（一）大陆法系行政法院专业性的实现

从法国行政法院产生和发展的历史来看，其解决行政纠纷具有天然的优势。法国行政法院的法官兼具司法和行政的双重性质，虽然行政法官受到该职务特别法的支配，在职业保障方面，比一般行政官员优越，[③] 但是从机构上看，行政法院应被视为行政机关的组成部门，这使其在逐步保障和强化独立性的同时，又实现了专业性的保持，赢得了行政机关的尊重和认同。法国最高行政法院的成员既是行政法官又是行政机关的法律顾问，这种双重职能不仅不会被认为制造利益冲突，反而被认为丰富了行政审判经验，保障最高法院在审理行政诉讼案件时对公共行政规律有正确的认识，使得行政法院对行政审判所必需的行政专业背景保持清楚的认识，将自己的判决建立在稳定的客观现实基础上。同样，德国行政法院的发展过程中也长期与行政机关存在密切联系，19 世纪时期的行政法院相当于行政司法，“被视为通过财政机关、执政内阁，以及——照搬法国模式的——枢密顾问和国务参事等进行的行政自我监督”[④]，从事行政工作自然是被任命为行政法官的前提条件，担任行政法官的通常是具有较高行政

① 参见杨伟东：《权力结构中的行政诉讼》，北京大学出版社 2008 年版，第 124 页。

② 参见李亚玲：《德国行政法院制度研究》，硕士学位论文，山东大学，2012 年，第 5 页。

③ 参见王名扬：《法国行政法》，中国政法大学出版社 1989 年版，第 609 页。

④ ［德］弗里德赫尔穆·胡芬：《行政诉讼法》，莫光华译，法律出版社 2003 年版，第 23 页。

职务的国家行政官员。虽然第二次世界大战以后随着德国基本法和行政法院法的颁布，行政法院获得了独立性，实现了与行政机关分离，但是具有行政管理经验对于行政法官依然具有重要意义。在德国的各级行政法院中，许多行政法官都具有在行政机关或部门中长期工作的经历，年轻的行政法官在三年的试用期内，均有在行政机关进行实习的机会。有的地方把在行政机关实习作为强制性要求，否则不能被任命为终身法官。①

虽然法国和德国行政法院的发展有其特有的、无法复制的路径，但是他们表现出来的独立性和专业性的恰当融合却不容忽视。特别是行政法院在解决行政争议专业性方面的优势，还引发了英美法系国家对普通法院模式的反思和对行政法院模式的效仿。

（二）英美法系行政审判专业化的靠拢

与大陆法系行政法官作为中立局内人的角色相比，英美法系的法官完全是局外人。英美国家的司法审查更偏重于独立性，将专业性问题交给具有专业性的行政裁判机构或专业人员处理。英美国家专业性裁判机构的盛行和不断扩张，也为法院避免陷入专业性问题提供了制度依据。这种处理专业性问题上的区别从根本上决定了两大法系司法审查中法院对事实问题审查强度的差异，对于专业技术性问题，英美法系的法官更倾向于尊重行政机关的事实认定。但是，19 世纪末以来，随着行政的触角日益深入社会生活的方方面面，行政权力潜藏着失控的危险，人们对于通过司法审查保护个人权益的需求增加，英美国家普通法院解决行政争议缺乏专业性的批评和改革的呼声也随之而起。

随着美国垄断资本主义的发展，政府的职能也随之增加，这导致司法机关在处理政府管制的细节问题时显得无能为力。虽然独立管制委员会将行政管理与解决争议合二为一，具有了快速和高效的优势，但是这种机构也造成了对传统权力制衡机制的冲击，从而招致公众对行政活动的不信任和敌对。在这样的背景下，设置行政法院成为解决这一问题的理想出路。自 1929 年以来，有关设置行政法院的建议和议案就从未停止过。在行政法院的倡议者看来，行政法院不仅能够保证解决争议的司法性，而且更能

① 参见［德］韩内持：《德国的行政司法》，载宋冰编《程序、正义与现代化——外国法学家在华演讲录》，中国政法大学出版社 1998 年版，第 61 页。

够适应专业性的要求。1949 年，美国参议员麦卡伦向国会提出了设立行政法院的议案。他认为，虽然法院的司法程序变得越来越现代化，但是司法制度显然没有适应专业化时代的要求。为了能够解决日益复杂的行政案件，司法机关需要增强其专业性。“在一个专业化时代，我们却没有给法院提供实现专业化的机会。我们一直需要法院的职权能够涵盖新、旧职能的要求。正如我们所知悉的，过去十五年间法院所需要的新职权就是处理极端复杂的问题。”因此，麦卡伦呼吁放弃“一套法院、一套诉讼和一套法律制度的理念”①。面对设立行政法院的要求，美国于 1972 年正式建立了行政法官制度，将原先参与行政机关内部决定的听审官（Hearing Examiner）更名为行政法官（Administrative Law Judge），并强化了该职务的客观性和独立性，以便解决简单进行行政内部分工导致的不足。但是，这种行政法官的司法性不足依然成为批评者的口实，它毕竟是设立行政法院的建议与现实情况之间妥协的产物。总之，虽然美国设立行政法院的努力至今依然未能实现，但是司法应当强化解决行政争议的专业性已经得到普遍的重视和认可。

在英国，与日益专业化的行政发展方向相应，社会需要新的迅速解决行政争议的方式，于是行政裁判所应运而生，其在 20 世纪初开始出现和发展，并成为英国行政法发展的重要标志和成就之一，以至于大陆法系的学者将其等同于行政法院。虽然行政裁判所的出现缓解了普通法院的压力，避免了普通法院被淹没于行政争议的喧嚣之中，但是对于普通法院在解决行政争议方面缺乏专业性的批判并未就此消失。1971 年，英国司法界提出报告，建议在高等法院内部成立一个专业性的行政庭专门审理司法审查案件。面对日益高涨的改革呼声和行政案件的增多，1981 年 6 月，英国高等法院王座法庭建立了皇家事务法官名录，要求所有的行政案件必须由名录中的法官审理。同年的奥莱利诉麦可曼案件中，也确立了公法争议只能通过司法审查程序审理的规则，并且由熟悉行政法的专门法官进行审理。1999 年 2 月，英国大法官任命的委员会对皇家事务法官名录运行情况进行了审查并提出了审查报告，该报告认为皇家事务法官名录中的法官任期应当更长，该名录应当成为更专业的法院并且更名为行政分庭。2000 年 6 月，英国大法官部采纳了审查报告的建议，将皇家事务法官名

① Pat McCarran, “Explanation of Court Bill”, *Administrative Law Bulletin*, Vol. 1. No. 3, 1949, p. 56.

录更名为行政分庭（Administrative Court），并颁布了司法审查案件的诉讼规则（Practice Direction）。[①]

由此可见，行政法院在司法审查专业性方面的优势在普通法国家也得到了认可，美国有关部门和议员要求设立行政法院的主张此起彼伏，英国虽然没有设立专门行政法院的提案，但却成立了专门的行政分庭，由具有较为丰富司法审查经验的法官来审理行政争议。虽然普通法系国家设立行政法院的尝试还没有成功的先例，但是日益专业化的行政要求行政审判相应地强化自身的专业性已经成为两大法系的共识。

（三）中国行政审判的专业化路径

从我国行政审判的发展情况来看，保证人民法院独立行使审判权早已成为改革共识和推进司法改革的方向，《中共中央关于全面深化改革若干重大问题的决定》也对此作了确认和部署。问题在于，我国行政审判的改革在强化独立性的同时，应当如何兼顾和强化行政审判的专业性呢？或者说，现有的行政审判体制及其相关改革措施是否适应行政审判专业性需求呢？虽然可以认为法院设置的行政审判庭具有一定的专业性，但此种专业性是否足够呢？

我国没有根据案件性质设置独立的、特殊的法院系统，各级人民法院对刑事、民事、行政等类别案件实行分庭审理，人民法院设行政审判庭审理行政案件。不可否认，这样的行政审判体制本身就有提升法院审理案件的专业性，进而促进司法效率的考虑。但是在我国，以法院内部审判业务庭的分工来实现行政审判的专业性并未得到现有司法体制和运作机制的支持。我国法院在实际运作过程中表现出的较强的行政化倾向，使得法院的审判职能以及作为支持和辅助审判职能的行政管理制度呈现出了相互交错甚至主次颠倒的混合状态。

中国的法院并不是一个由平等的法官组成的机构，而是一个内部呈现出金字塔式层级结构的单位。虽然法院的院长、副院长、审判委员会委员、庭长、副庭长、审判员和助理审判员都是法官，但是他们之间有着明显的行政级别之分，这种体制在现阶段将长期存在。在这样的法院内部结构中，法官的待遇同行政级别、职务挂钩，法官为了获得与行政级别对应

① 参见杨伟东：《权力结构中的行政诉讼》，北京大学出版社 2008 年版，第 103—104 页。

的物质和非物质收益，必然要将“升迁”作为工作动力和竞争目标。但是，作为法院内部的一个审判庭，行政庭所能提供的政治资源是极为有限的。一个行政审判庭一般是配备一名庭长以及人数有限的副庭长和审判长，如果行政审判庭想要吸引法院中的高素质人才从事行政审判的话，必须给行政审判法官另行提供相应的激励机制。在现实中，普遍存在的做法是通过不同审判业务庭之间的人员交流来为优秀法官提供晋升空间。例如，法院党组决定提拔一名行政审判庭法官，但是行政审判庭的副庭长职务并未出现空缺，这位法官就有可能会被交流到刑事审判庭或民事审判庭任副庭长，或者到非审判业务部门担任部门副职。也就是说，行政审判庭的法官只要表现出色，就有可能离开行政审判庭去担任更高行政级别的职务，专业能力强的法官却被培养成为法院的行政管理人员。即使是从行政审判庭内部来看，也是如此。行政审判庭的庭长可能是从行政审判的资深法官中选拔出来的，但是一旦法官完成了“审而优则仕”的转身，他的主要工作就不再是办理行政案件，而是主要负责行政审判庭内部的行政管理工作。这无疑造成了专业化行政审判资源的浪费。不可否认，在目前的法院体制下，依然可以有许多资深的专家型法官，但是与刑事审判或民事审判相比，行政审判方面的专家型法官的数量明显要少于前两者。这与行政审判部门在法院内部地位低、属于“小部门”且不受重视有很大关系，行政审判部门的人员流动性也相对大于其他业务部门，有的单位还把一些业务能力相对较弱的法官调整到行政审判部门。甚至在法院内部都有一部门人认为，行政审判没有什么专业性可言，只要把案件摆平就行了。因此，行政审判的专业性受影响的程度，明显要高于刑事审判和民事审判。由此可见，法院行政化管理的内部结构和现行的法院工作人员流动方式导致了专业化的悖论，实际上表现出了我国现行司法体制对司法专业化知识获得和积累的漠视，从而造成了行政审判庭保持和提升自身专业性的困难和障碍。

虽然在上海、广东等地开展的司法改革试点中，法院工作人员分类管理机制的建立和法官单独序列的尝试有助于提高法官的专业化水平，但是法院内部审判庭的划分依然存在，法院不同部门、不同种类工作人员之间依然存在流动的可能性，此外，法官和庭长、院长之间的关系也有待进一步厘清。因此，改革试验的重点实际上主要集中在去行政化方面，且去行政化的效果依然有待观察，而审判专业化并非改革的重点，其效果也并不明显，加上这种改革并不是专门针对行政审判的，行政审判的专业性可能依然无法得到重视。在目前大多数法院依然是行政化的司法体系下，把职级待遇作为激励行政审判法官工作的方式不可避免，造成行政审判人员流动性过大，难免影响行政审判的效率。随着经济社会的发展和政府法治化程度的提升，法院要处理的行政纠纷会随之同步增长，特别是在现代行政管理日益专业化的趋势下，各种新型的、涉及专业性事实的行政纠纷也可能在短期内集中涌现，如果在行政争议解决机制层面缺乏有效的应对和化解措施的话，那么司法反而有可能起到加剧社会稳定风险的负面效应。这就需要从职能分工的有效性出发来对行政审判体制进行重新设计，以强化法院在案件数量增长和案情复杂性提升的情况下的专业性特质，以便通过更有效率的方式实现对行政争议案件的公正审理。鉴于行政审判庭式的行政审判体制对专业化的内在性忽视，在一般法院之外设置一个由相对固定法官群体组成的专业性行政法院，在提高行政审判的工作效率方面明显是符合“比较优势”这一经济学原理的。而且，在我国的司法体系中已经出现了海事法院、铁路运输法院等专业性审判组织，党的十八届三中全会通过的《中共中央关于全面深化改革若干重大问题的决定》中也提出探索建立知识产权法院的要求，设置专业性行政法院的设想已经具备了现实的可能性。当然，设置行政法院并不是期待行政法院的法官都成为某一行政领域的专家，而是希望通过专业化的分工来降低法官的学习成本，从而促进审判效率提升。

有必要指出的是，在设置行政法院后，虽然减少了现行法院行政化管理模式对行政审判专业性的影响，但是离开了科层式的激励机制，也意味着法官失去了原有的升迁动力，同样会造成普遍性的低工作效率，这显然与设立行政法院的初衷背道而驰。因此，在解决行政审判专业性不足的同时，还应当完善有别于普通公务员的法官职业权益保障机制，避免因法官激励机制不足带来的新的低效率。这就需要在改革行政审判体制和设置行政法院时进行科学设计，统筹安排。

五　顺势而为：行政审判体制重构的设想与策略

从国外的司法实践来看，设置行政法院的优势在于实现专业性与独立性的恰当融合，专业性是社会分工不断细化的必然要求，而独立性是司法公正的基本保障。在西方三权分立政体下，行政审判的独立性问题已经获得政治理论和制度的支持，不论是大陆法系还是普通法系国家都不是关注的重点，普通法系国家设立行政法院的努力主要在于提升行政审判的专业性。而在我国设立行政法院绝不仅是为提升行政审判的专业化水平，虽然《宪法》上有“人民法院依照法律规定独立行使审判权，不受行政机关、社会团体和个人的干涉”的规定，但是中国行政审判在现实中面临着独立性不足的困境。因此，通过行政审判体制改革实现独立性和专业性的统筹兼顾、协调统一，实现以独立性为专业性创造条件，以专业性强化行政审判独立性的良性互动，应当是构建行政法院制度的基本努力方向。主要的设想如下。

（一）行政法院的组织体系和管辖

取消各级人民法院内设的行政审判庭，设立四级行政法院体系。在中央设最高行政法院，隶属于最高人民法院。在地方层面审级由高到低设立高级行政法院、中级行政法院和行政法院。中级行政法院和行政法院与所在的地级市、县的行政区划相分离，在全省设置若干中级行政法院，每一个中级行政法院辖区根据需要设置2个至3个行政法院。原来由各级人民法院管辖的行政案件相应地由对应的各级行政法院管辖。各级行政法院审理行政争议，可以基于当事人的申请对相关民事争议一并作出处理，对于行政裁决案件，行政法院可以直接对民事争议作出处理。当事人已经就相关民事争议提起民事诉讼的，应区别以下情况处理：行政诉讼以民事裁判为依据的，裁定中止诉讼；民事诉讼以行政诉讼为前提的，行政诉讼可以继续进行。[①]

根据《中华人民共和国人民法院组织法》（以下简称《人民法院组织法》）第2条规定，人民法院由地方各级人民法院、专门人民法院和最高人民法院构成。最高行政法院隶属于最高人民法院，不会违反《人民法院组织法》的规定。各级行政法院属于专门人民法院，根据《人民法院组织法》第29条，专门人民法院的组织和职权由全国人大常委会另行规定，这就为设置各级行政法院提供了空间，行政法院的组织体系完全可以

① 参见李广宇、王振宇、梁凤云：《行政诉讼法修改应关注十大问题》，《法律适用》2013年第3期。

通过修改《行政诉讼法》得以确定。中级行政法院和行政法院不按照行政区划设置符合《决定》中“探索建立与行政区划适当分离的司法管辖制度”的要求，顺应了司法改革的趋势，有利于克服司法地方化和行政干预，实现行政审判资源的合理配置。正确处理民事和行政交叉案件有利于提升行政审判的效率，符合解决行政纠纷的诉讼目的。

（二）行政法院的管理体制

最高行政法院作为最高人民法院的内设法院，接受最高人民法院的指导和监督，最高行政法院院长、副院长、法官由全国人大常委会任命，高级行政法院、中级行政法院和行政法院院长、副院长、法官由省人大常委会任命并向省人民代表大会汇报工作。最高行政法院的经费和物质保障由中央财政列支，高级行政法院、中级行政法院、行政法院的财物由省级财政保障和拨付。

解决法院的独立性问题应当从法院的人财物管理制度改革入手，将法院的人事管理和财政保障与地方分离。考虑到我国的情况，改革难以一步到位，由最高人民法院统一管理行政法院的人财物存在困难，所以将法官任免、人员编制、人事管理提高到省一级统管，经费保障纳入省级和国家财政预算是合适的选择，可以在根本上改变法院受制于地方的现状。[①] 这样的改革方案不仅契合了《决定》中“改革司法管理体制，推动省以下地方法院、检察院人财物统一管理”的要求，而且可以实现将行政审判体制改革作为司法改革的突破口，对我国司法体制改革的全面推动起到示范效应。当然，早有学者指出，这样的管理体制虽然实现了法院系统的对外独立性，但是也有使下级法院失去其对上级法院独立性的危险。不过在目前的情况下，实现高级法院以下的人财物统一管理却是符合中央司法改革既定方案的最好选择，但是在具体操作上要扬长避短。这就需要在基本管理体制框架基础上进一步细化设计方案，完善行政法院的内部运作机制，实现行政法院独立性和专业性的统一。

（三）行政法院的内部运作机制

各级行政法院实行法官员额制，根据当地经济社会发展情况合理确定

① 参见贺小荣：《掀开司法改革的历史新篇章》，《人民法院报》2013年11月16日。

法官员额。每位法官配备一定数量的法官助理和书记员等司法辅助人员。行政法院的法官可以从行政机关或者高等院校、科研机构专家中选任，高校毕业生任行政法官的，应当经过国家行政学院培训并有在行政机关实习的经历。行政案件由合议庭作出判决，取消案件审批制，重大案件由法官组成的法官会议讨论决定如何处理。法院内部设置审判管理、司法政务、人事监察等部门，负责处理法院内部的各项行政管理事务。

行政法院的内部运作机制强化行政审判的专业性，法官与行政管理部门分离并配备司法辅助人员不仅符合《决定》中“建立符合职业特点的司法人员管理制度”的规定，也使得法官从繁杂的程序性事务中解放出来，专心研究行政审判事务，提高行政审判水平。取消案件审批制，由合议庭作出判断，实现了《决定》中“让审理者裁判、由裁判者负责”的要求，实现以法官的独立性强化和保障行政审判的专业性，避免法院内部行政化造成的不当干预。行政法官的选择条件保证了行政法官都是有丰富行政审判和行政管理经验、背景知识的行家。

从设置行政法院的策略来看，首先，《决定》明确了深化我国司法体制改革的具体要求，细化了确保法院依法独立公正行使审判权、健全司法权力运行机制的改革措施，应当成为行政审判体制改革的基本纲领。其次，当前，深化司法体制改革已经在中央的统一部署下有序开展，地方法院进行的司法改革的有益探索、境内外有关法院设置和司法改革的成果都为设置行政法院提供了可供吸收借鉴的先进经验，从而为探索设置行政法院提供了有利的条件。再次，对行政法院的制度设计应当充分考虑我国国情，实现配套改革同步推进，特别是在司法管理体制改革、司法人员分类管理和法官选任制度完善等方面，应进行大胆探索和详细制度设计，使之体现当前司法改革最新成果并做出增量性改革贡献，这应当成为设置行政法院的基本思路。最后，改革应当在法治的框架下进行，先由全国人大通过设置行政法院试点的相关决议，并由最高人民法院组织实施。待试点经验成熟后，再修改《行政诉讼法》，将其中“人民法院设行政审判庭，审理行政案件”的规定，改为“设立行政法院审理行政案件”，从而消除设置行政法院的法律障碍，并进而通过修改《人民法院组织法》进一步明确行政法院的性质、地位、职权、组织等事项。

六 本章小结

行政诉讼是司法权监督行政权的制度，从我国近年的行政诉讼实践来看，行政审判形势严峻，行政诉讼已经走入困境。令人欣慰的是，国家领导人和学界已经就司法体制改革达成共识，新一轮司法体制改革启动，必将为解决长期困扰行政诉讼的体制问题提供难得的重大机遇。

改革行政审判体制的共识虽然已经达成，但是对具体改革方案依然存在争议。支持设立行政法院的观点是从行政诉讼实践的困境出发，指出设立行政法院有利于解决行政诉讼中存在的弊端，并进而成为我国司法体制改革的重大成果。反对设立行政法院的观点认为，造成行政诉讼困境的主要原因是体制上的原因，即在当前司法体制下，独立设立的行政法院仅仅是外部载体，没有解决司法体制的核心问题，行政诉讼制度改革的进程应当与国家政治民主发展进程大体合拍。

实际上，设立行政法院不仅是司法体制的变革和一个新法院系统的建立，其代表的是一种行政法模式和行政审判形态。行政法的模式包括行政法的“公法”模式与“私法”模式，认可公法与私法的分立即公法的独特性是行政法院产生和运作的基础，而在我国设立行政法院的这一基础已经具备。在行政纠纷解决的专业性方面，从两大法系的情况来看，行政法院表现出了自身的优越性，也就是说，行政法院模式与普通法院模式相比，在解决行政纠纷方面更有效率。在我国，以法院内部审判业务庭的分工来实现行政审判的专业性并未得到现有司法体制和运作机制的支持。我国法院在实际运作过程中表现出的较强的行政化倾向，使得法院的审判职能和作为支持和辅助审判职能的行政管理制度呈现出相互交错甚至主次颠倒的混合状态。因此，通过行政审判体制改革实现独立性和专业性二者的统筹与协调，实现以独立性为专业性创造条件，以专业性强化行政审判独立性的良性互动，应当是构建行政法院制度的努力方向。

在具体制度设计上主要包括行政法院的组织体系和管辖，行政法院的管理体制，行政法院的内部运作机制三个方面。在推动设置行政法院的策略上，应当以《决定》为纲领，吸收借鉴国内外的司法改革优秀成果，充分考虑我国国情，实现配套改革同步推进，并在法治的框架下进行，当试点经验成熟后，适时修改《行政诉讼法》和《人民法院组织法》。

第三章 受案范围：司法权介入行政权的外在界限

受案范围是行政诉讼的特有问题，也是《行政诉讼法》修改过程中争议的焦点。扩大受案范围不仅在学术界和司法实务部门中达成普遍共识，“基于种种考虑，目前包括行政相对人、行政机关甚至党政领导人都主张扩大行政诉讼受案范围”①。受案范围是司法权介入行政权的外在界限，由于我国司法权和行政权之间缺乏良性互动，法院受到的行政干预较大，导致在受案范围的问题上，法院不能保持足够的能动空间和开放态度。在司法过程中，法院往往固守法律条文的具体规定，并倾向于作出限缩解释。有的法院对个案是否应当受理摇摆不定，频频请示上级法院，有的法院甚至基于各种考虑，对明显应当受理的案件不予受理。

在这样的司法权与行政权关系现实场景下，新《行政诉讼法》从三个方面扩大了受案范围：一是将受案范围的标准从“具体行政行为”修改为“行政行为”，完善了受案范围的概括性规定；二是将属于受案范围的情形由旧《行政诉讼法》明确列举的七项增加到十一项；三是完善受案范围的兜底条款，将人身权、财产权以外的合法权益纳入行政诉讼的保护范围。虽然在法律文本上扩大行政诉讼受案范围并不能从根本上解决问题，但是修改《行政诉讼法》受案范围的规定依然具有理论和现实意义。从理论上看，虽然实现司法权和行政权的良性互动，并不能消除两者之间的内在冲突，依然无法摆脱受案范围是竖立在行政诉讼入口处一道闸门的状况，但是司法权介入行政争议必然存在一个度上的限

---

① 江必新：《完善行政诉讼制度的宏观思考》，中国行政法学研究会2012年年会论文，上海，2012年10月，第230页。

制，受案范围起到划分司法权和行政权疆域的作用。从司法实践的角度来看，完善行政诉讼受案范围的意义在于，让那些具有法治精神的法官更容易获得受理案件的根据，而不必再冒扩大解释的法律风险；让那些倾向于保守的法官在因是否受案左右权衡的时候，最终将天平的砝码放在受案范围的托盘，从而更好地对抗来自行政权的压力，满足公民日益增长的权利保护要求。需要指出的是，新《行政诉讼法》对受案范围的规定，在制度和理念上仍有继续完善的空间，司法权介入行政权的理想界限，有待进一步探索和厘定。

一　行政诉讼受案范围的发展与现状

行政诉讼受案范围是指人民法院受理行政案件的范围，它规定着人民法院对行政机关的哪些行为拥有审查的权力。行政诉讼受案范围过窄，司法权对行政权的监督作用无法有效发挥，公民的合法权益得不到有效救济。行政诉讼受案范围太宽，造成法院代替行政机关决定行政问题，不仅会严重妨碍行政效率，而且会导致行政权与司法权的对抗，从而降低诉讼效益并给司法权的良性运行带来负面影响。[①] 因此，确定行政诉讼的受案范围应当处理好必要性和可行性的关系，实现司法权对行政权的适度干预。我国行政诉讼受案范围的发展与行政诉讼制度的发展同步进行，成为立法和司法解释试图重点解决的问题。回顾我国行政诉讼受案范围的发展历史，分析行政诉讼受案范围制度的运行现状，有助于正确把握行政诉讼受案范围制度完善的方向。

（一）行政诉讼受案范围立法史

从世界范围来看，各国行政诉讼受案范围的发展均经历了一个由窄变宽的过程，我国行政诉讼受案范围的确立和发展的历史，也是一个受案范围不断渐进积累、逐步扩大的过程。

我国行政诉讼制度最早是通过1982年的《中华人民共和国民事诉讼法（试行）》建立起来的，该法第3条第2款规定："法律规定由人民法院审理的行政案件，适用本法规定。"也就是说，这一时期行政诉讼的受

① 参见陈宏光、尚华：《行政诉讼受案范围动态分析与现实思考》，《政法论坛》2002年第1期。

案范围是单行法律规定的集合。到制定《行政诉讼法》时，我国大约已有 130 多部法律、法规明确规定，行政相对人对行政行为不服的，可以向人民法院提起行政诉讼。其中影响较大的法律、法规有《中华人民共和国食品卫生法》《中华人民共和国土地管理法》《中华人民共和国治安管理处罚条例》等。在司法实践中，最高人民法院也发布了不少关于行政诉讼受案范围的司法解释，逐步厘清了受案范围的轮廓，为人民法院受理行政案件提供了重要依据。①

在制定《行政诉讼法》的过程中，受案范围成为讨论最多的问题，最终确立了在《中华人民共和国民事诉讼法（试行）》基础上随着我国经济社会发展逐步扩大受案范围的思路。时任全国人大常委会副委员长的王汉斌指出，“考虑我国目前的实际情况，行政法还不完备，人民法院行政审判庭还不够健全，行政诉讼法规定民可以告官，有观念更新问题，有不习惯、不适应的问题，也有承受力的问题，因此对受案范围现在还不宜规定太宽，而应逐步扩大，以利于行政诉讼制度的推行”②。按照这样的立法思路，1989 年通过的《行政诉讼法》在集合上百部法律、法规规定和行政审判经验的基础上，对行政诉讼受案范围重新作出界定。关于受案范围的规定体现在旧《行政诉讼法》的第 2 条、第 11 条和第 12 条，概括这三条的规定可以认为，凡是行政机关作出的影响相对人人身权、财产权的具体行政行为，均属于人民法院的受案范围。③《行政诉讼法》的规定突破了由单行法律、法规界定受案范围的做法，只要行政机关的行政行为属于行政诉讼法规定的情形，相对人不服均得提起行政诉讼。在规定涉及人身权、财产权的案件属于受案范围的同时，旧《行政诉讼法》还规定人民法院受理法律、法规规定可以提起行政诉讼的其他行政案件，这样的规定一方面把受案范围主要限制在涉及人身权、财产权的案件，另一方面也为受案范围的拓展留下了余地。正如有的学者评价，行政相对人在诸如环保、卫生、社会福利、教育文化、宗教信仰等方面的权益，大都暂时未被列入受案范围，这样的规定反映出我国确定行政诉讼受案范围

---

① 参见江必新、梁凤云：《行政诉讼法理论与实务》，北京大学出版社 2009 年版，第 117 页。

② 王汉斌：《关于〈中华人民共和国行政诉讼法（草案）〉的说明——1989 年 3 月 28 日在第七届全国人民代表大会上》，《中华人民共和国最高人民法院公报》1989 年第 2 期。

③ 参见罗豪才、应松年主编：《行政诉讼法学》，中国政法大学出版社 1990 年版，第 107 页。

采取的是逐渐发展的做法。[①]

《行政诉讼法》实施之后，我国行政诉讼受案范围制度正式确立起来，但由于司法权和行政权的良性互动关系未能建立起来，导致旧《行政诉讼法》对受案范围的规定随着社会经济的发展，在日益复杂的行政纠纷面前显得捉襟见肘，《行政诉讼法》中留下的拓展空间，并未在司法实践中有效地发挥和体现出来，甚至有些属于涉及人身权、财产权的案件由于未能在《行政诉讼法》中明确列举而被法院拒之门外。在这样的背景下，最高人民法院于1991年颁布了《关于贯彻执行〈中华人民共和国行政诉讼法〉若干问题的意见（试行）》，除了对具体行政行为作出界定外，还明确规定劳动教养、收容审查、计划生育处罚、行政赔偿裁决、强制补偿决定、自然资源权属争议的行政裁决属于人民法院受案范围，进一步厘定并在事实上扩展了司法实践中的受案范围。

但是事实证明，通过界定具体行政行为概念和列举可诉行政行为种类不仅未完全解决《行政诉讼法》受案范围的不确定性和适用上的困难，而且还在客观上限制了受案范围，许多新型行政纠纷被排除在受案范围之外。于是，最高人民法院于2000年颁布了新的司法解释，即《若干解释》，立足于恢复《行政诉讼法》和《中华人民共和国国家赔偿法》规定的受案范围，并在《行政诉讼法》规定的范围内尽可能扩大行政诉讼受案范围，《若干解释》第1条第1款明确规定："公民、法人或其他组织对具有国家行政职权的机关和组织及其工作人员的行政行为不服，依法提起诉讼的，属于人民法院行政诉讼受案范围。"然后又通过列举的方式排除了不属于行政诉讼受案范围的具体事项。根据《若干解释》的精神，行政诉讼受案范围的理论本质上可以归纳为：所有行政行为原则上都应当被纳入行政诉讼受案范围，除非该行政行为具有高度的政治性或政策性，法院无法找到适当的标准去评判、衡量，或者该行政行为事实上不可能给相对人的合法权益造成损害。[②] 在今天看来，《若干解释》对受案范围的界定无论在理念上还是在形式上都契合了行政诉讼目的，依然是先进的。但是在《行政诉讼法》修改过程中，立法机关仍坚持认为，扩大受案范围不能一步到位，而是要循序渐进、逐步扩大，通过列举明确受案范围，

---

① 参见王名扬：《评行政诉讼法草案》，《政法论坛》1989年第1期。

② 参见江必新：《司法解释对行政法学理论的发展》，《中国法学》2001年第4期。

是一种谨慎、稳妥的方式。[①] 因此，新《行政诉讼法》维持了现行的列举方式，保持了“适度超前”“留有余地”的状态。[②]

（二）受案范围的困惑与争论

虽然我国行政诉讼的受案范围经历了一个逐步扩大的发展历程，但是法院的行政庭门可罗雀的状况在近十年来未发生质的改变。2001 年，全国平均每个法院的行政案件受案数量只有 33 件，有的法院全年没有一起行政案件。[③] 2012 年，全国法院共审结一审行政案件 13.6 万件，虽然从绝对数量上较往年有了较大增幅，但是 2012 年全国法院审结的一审民商事案件已达 662.5 万件，是行政诉讼受案数量的近 49 倍。[④] 行政诉讼案件少有，原因诸多，除了不少行政相对人“信访不信法”，不愿找法院，有的行政机关想方设法阻止相对人向法院起诉，有的法院受各种影响对依法应当受理的案件不受理等原因外，[⑤] 一个重要的原因是行政诉讼受案范围依然狭窄，不仅导致许多行政案件进不了法院，而且还经常让法院难以确定案件是否属于行政诉讼受案范围。2013 年的一项学者调查结果如图 3－1、图 3－2 显示，

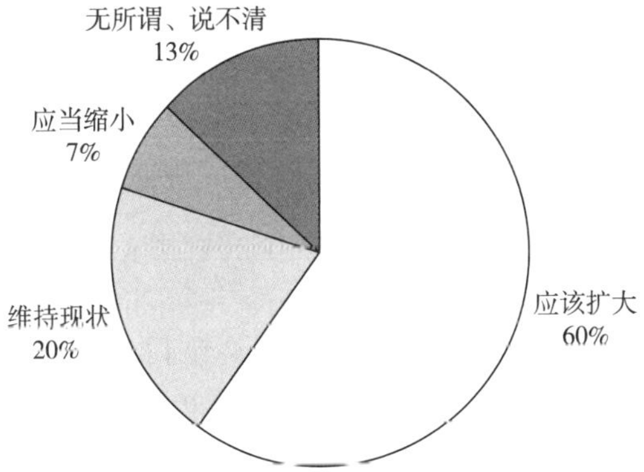

图 3－1　法官群体对扩大行政诉讼受案范围的态度统计图

① 参见信春鹰主编：《中华人民共和国行政诉讼法释义》，法律出版社 2014 年版，第 36 页。
② 参见江必新、邵长茂：《新行政诉讼法修改条文理解与适用》，中国法制出版社 2015 年版，第 49 页。
③ 参见应松年：《修改行政诉讼法势在必行》，《法制日报》2002 年 3 月 3 日。
④ 参见《中华人民共和国最高人民法院公报》2012 年第 4 期。
⑤ 参见姜明安：《扩大受案范围是行政诉讼法修改的重头戏》，《广东社会科学》2013 年第 1 期。

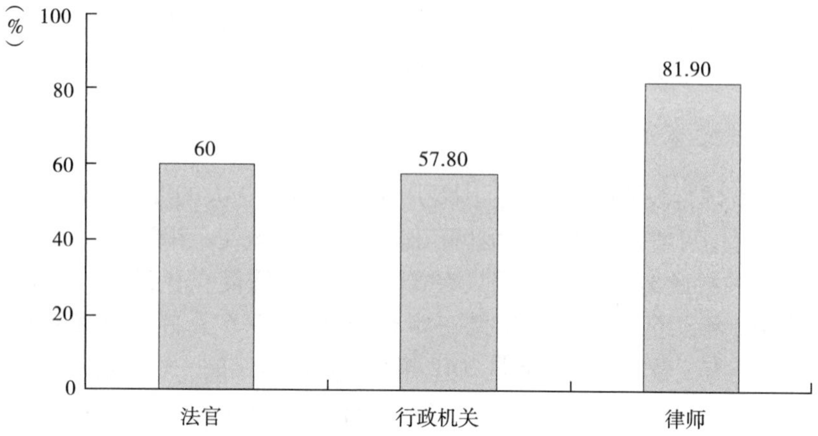

图 3－2　法官、行政机关、律师群体认为应当扩大行政诉讼受案范围比较图

不论是法官还是行政机关、律师群体均认为应当扩大行政诉讼受案范围，并且这种需求在律师群体中表现得更为明显，而法官和行政机关受到执法条件、能力与环境等因素的影响，这两个群体认为应当扩大受案范围的比例较为接近，比较客观地反映了行政诉讼受案范围制度的运行状况。① 另外，"在审判实践中，各方面提出的问题，主要集中在受案范围问题上"②，据统计，从 1989 年至 2010 年，最高人民法院就受案范围问题作出的复函、答复共有 36 个，③ 这说明对于一起案件是否应当受理，是法院在司法实践中经常遇到的疑难问题。新《行政诉讼法》对受案范围肯定性列举的扩展，有助于减少司法实践中的疑惑，但依然不能足够充分地解决问题。

由此可见，随着我国经济社会发展与公民权利要求日益增长，行政诉讼受案范围的拓展问题也日益得到关注。20 世纪 90 年代以来，学界已不满足于围绕行政诉讼法律条文的字面含义来研究分析受案范围，转而以批

① 图 3－1、图 3－2 数据来源于林莉红、宋国涛：《中国行政审判法官的知与行——〈行政诉讼法〉实施状况调查报告·法官卷》（中荷合作项目"中国行政诉讼改革的理论与实践"的阶段性成果调查报告），《行政法学研究》2013 年第 2 期。

② 江必新：《是恢复、不是扩大——谈〈若干解释〉对行政诉讼受案范围的规定》，《法律适用》2000 年第 7 期。

③ 参见江必新主编：《最高人民法院最新行政诉讼司法解释汇编》，中国法制出版社 2012 年版，第 273—344 页。

判的眼光分析行政诉讼受案范围的缺陷。[①] 在司法实践中，学者通过媒体发表见解、向法官提供咨询意见、参与代理案件等途径发挥影响作用，对刘燕文诉北京大学案、乔占祥诉铁道部案等给予了充分关注。随着实践中行政诉讼受案范围的实际扩大和学者研究的深入，从完善行政诉讼制度的目标出发，全面扩大受案范围成为学界的一致主张，以概括式肯定和列举式排除的方式界定受案范围，成为学界的基本共识。但是，在具体设计上，对于应当扩大哪些行政行为和事项，以及应当扩大到什么程度，学界并未达成共识。总体来说，合理界定行政诉讼受案范围不仅关系到行政诉讼的基础理论也涉及行政诉讼的立法技术，还需要适应我国国情和司法实践的发展，在我国现阶段，《行政诉讼法》规定的受案范围应当扩大，但是也不能无限扩大。以下，本书将具体展开对相关问题的研究，在总结现有学者研究成果的基础上，以《行政诉讼法》相关的规定为研究样本，就完善行政诉讼受案范围提出见解和法律修改建议。

二　行政诉讼受案范围标准之确定

在确定行政诉讼受案范围时，旧《行政诉讼法》使用了“具体行政行为”概念，新《行政诉讼法》在修改过程中采纳了《若干解释》中的“行政行为”概念来代替“具体行政行为”概念。由于这两个概念均属于行政法学理论上的概念，并且自身存在理论上的争议和缺陷，将其作为法律文本中的概念，不仅带来了法律概念界定的难题，而且在司法实践中容易造成对受案范围的限制，因此，有必要使用“行政争议”来取代这两个概念作为确定受案范围的肯定性概括标准。

（一）具体行政行为标准的缺陷

由于在旧《行政诉讼法》中使用了具体行政行为概念作为行政诉讼的标的，具体行政行为的概念直接关系到了行政诉讼受案范围的宽窄。1991 年施行的最高人民法院《关于贯彻执行〈中华人民共和国行政诉讼

① 例如，有学者认为，目前行政诉讼法上受案范围规定的缺陷在于，受案范围的确定方式不严密、保护的权益范围有限以及针对的行政行为范围过窄等。参见方世荣：《论我国行政诉讼受案范围的局限性及其改进》，《行政法学研究》2012 年第 2 期。

法〉若干问题的意见（试行）》对具体行政行为的概念作出了规定："'具体行政行为'是指国家行政机关和行政机关工作人员、法律法规授权的组织、行政机关委托的组织或者个人在行政管理活动中行使行政职权，针对特定的公民、法人或者其他组织，就特定的具体事项，作出的有关该公民、法人或者其他组织权利义务的单方行为。"可以说，在《行政诉讼法》实施之初，将行政诉讼标的限定为具体行政行为，符合渐进式的立法思路，有利于行政诉讼制度的顺利建立，"如果把所有的行政行为及法规命令纳入案件的受理范围，恐怕不会产生今天的行政诉讼法"[①]。但是，在理论和司法实践中，具体行政行为作为诉讼标的的缺陷已经暴露出来。

1. 具体行政行为概念本身在理论上存在不足

在传统行政法学理论上，通常将行政行为分为具体行政行为与抽象行政行为，这一对概念并不能将所有的行政行为均纳入进来，作为对行政行为的一种分类是不周延的。对于具体行政行为的概念，有的学者也提出了批评："第一，该定义仅对外部具体行政行为进行解释，忽视了内部具体行政行为的存在；第二，将具体行政行为仅视为行政主体行使职权所作的行为，忽略了行政主体履行职责所作的行为和未履行职责的不作为行为也是具体行政行为；第三，把具体行政行为的对象限于两个（人和事）同时具备的特定性是不准确的；第四，限于单方行为，将行政合同排除在外。"[②] 从世界范围来看，对二者区别的讨论仅仅停留在学术层面，绝大多数国家并未将区分二者作为是否纳入行政诉讼受案范围的标准。

2. 理论上的不成熟导致了行政诉讼实践中的一系列不良后果

首先，本来抽象行政行为和具体行政行为在理论上的划分只是为了学术研究的需要，但是，旧《行政诉讼法》却采用了这样一种本身就不成熟、存在争议的理论作为确定行政诉讼受案范围的标准，导致司法实践中大量本该受理的行政案件被置于法院之外，抽象行政行为在客观上为行政机关逃避司法审查、滥用行政权力制造了某种合法借口，法治行政的基本原则无法获得落实。其次，具体行政行为具有职权性特征，以产生特定的法律效果为目的，那些虽然行政机关在行为时没有产生法律效果意思表

① 肖峋：《我国行政诉讼法实施周年笔谈》，中国政法大学出版社 1991 年版，第 116 页。
② 方世荣：《论具体行政行为》，武汉大学出版社 1996 年版，第 12 页。

示，但实际上产生法律效果的事实行为，因不符合具体行政行为的特征而被排除在受案范围之外，典型就是行政机关工作人员采取的殴打等暴力行为、强行掠走财物的行为。根据《国家赔偿法》第3条、第4条和第9条的规定，对于行政机关的事实行为造成的损害，赔偿请求人要求赔偿，可以在提起行政诉讼时一并提出。但是，旧《行政诉讼法》的规定却将事实行为排除在受案范围之外，造成了两部法律规定衔接不畅。最后，虽然《最高人民法院关于规范行政案件案由的通知》（法发〔2004〕2号）中明确将“行政合同”作为案由之一，并且在该通知中有“诉××（行政主体）不履行行政合同义务”的表述，显然是将行政合同纳入了受案范围，但是具体行政行为的单方性特征，依然能够将行政合同排除在受案范围之外，从而造成了立法与实践的冲突。

为了解决将具体行政行为作为确定受案范围的标准带来的弊端，最高人民法院2000年颁布的《若干解释》和新《行政诉讼法》中使用了行政行为概念来代替具体行政行为概念。根据司法解释起草者的解释，“从内容上看，行政行为不仅包括法律行为，而且包括事实行为；不仅包括单方行为而且包括双方行为”，对行政行为作了广义解释。然而，“行政行为”概念能否作为行政诉讼受案标准也值得进一步推敲和探讨。

（二）行政行为标准不能承受之重

行政行为最早在我国是作为一个行政管理上的概念来使用的，在我国出版第一本行政法学教材——王珉灿主编的《行政法概要》上，首次将行政行为作为行政法学上的概念使用。随着我国行政法学研究的发展，行政行为作为行政法的一个核心概念在我国得到了广泛使用，由此也产生了对如何界定行政行为概念的争议，相关的论文不胜枚举。主流的观点对行政行为的概念进行狭义上的界定，认为“行政行为是指行政主体依法行使国家行政权，针对具体事项或事实，对外部采取的能够产生直接法律效果使具体事实规则化的行为”[①]。这样的界定基本上承袭了德国行政法上的行政行为概念，[②] 与日本和我国台湾地区行政处分概念基本一致，并为学界沿用多年，强调的是“具体性”“外部性”“单方性”以及“产生法律

① 杨建顺：《关于行政行为理论与问题的研究》，《行政法学研究》1995年第3期。

② 参见［德］哈特穆特·毛雷尔：《行政法学总论》，高家伟译，法律出版社2000年版，第183页。

效果”。狭义概念上的行政行为与其他行为的关系可以用图3-3表示。

近年来，为了适应行政领域的扩张和发展变化，使行政行为的概念更好地满足行政诉讼实践的需要，学者提出了重构行政行为概念的设想，开始尝试从广义上对行政行为进行重新界定。比较有代表性的观点有：“行政行为是行政主体为实现行政目的或基于公共行政的需要，所实施的一切行为或采取的一切措施、手段或方法”和“行政行为是行政主体履行行政职责、运用行政职权而对内或对外实施行政管理或提供行政服务的行为”等。[2] 虽然当前学界开始逐步认可对行政行为从广义上界定的科学性，但是最终形成共识尚待时日，而且广义上的行政行为概念也并未在司法实务中被普遍接受，学理上的概念和实务上的概念存在着背离。在这样的情况下，将行政行为作为受案范围的标准，难免会带来适用上的争议和困难，甚至可能因为对行政行为概念理解的扭曲而导致受案范围被人为限缩，使得行政行为概念难免有不能承受之重。

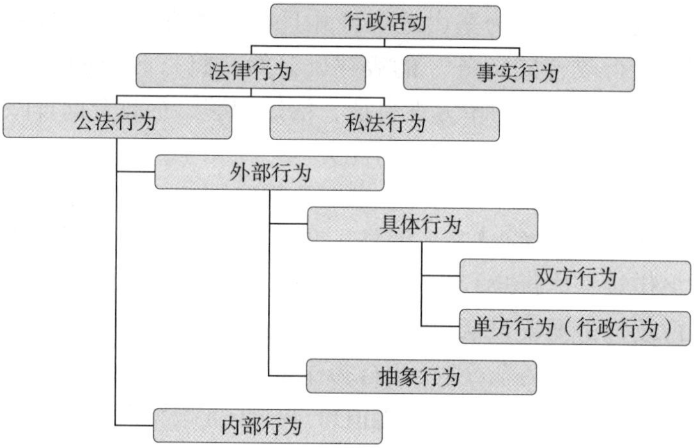

图3-3　行政活动与行政行为关系层级结构图[1]

究其根源，行政行为本是一个行政实体性概念，适用于行政管理领域，起着影响相对人行政法上权利义务的作用，有其特殊的含义和适用领

① 相关观点参见王振宇：《行政诉讼制度研究》，中国人民大学出版社2012年版，第18页。

② 参见江必新、李春燕：《统一行政行为概念的必要性及其路径选择》，《法律适用》2006年第1—2期；杨海坤、蔡翔：《行政行为概念的考证分析和重新建构》，《山东大学学报（哲学社会科学版）》2013年第1期。

域。虽然行政活动大多数表现为“行为”，但随着行政领域的日益扩展和作用方式的多样化，行政案件并非都是由行政机关的某个“行为”引起，也可能因某种“关系”产生，立足于有形的“行为”，便容易忽视在无行政行为时的责任分担，“行为”标准显然不能适应公共行政发展对责任政府的要求，将其作为确定行政诉讼受案范围的标准削弱了司法的应变能力，使法院在面对新情况、新问题时难以能动地应付，[①] 导致司法权对行政权监督的滞后。因此，在《行政诉讼法》中使用行政行为概念界定受案范围，并不是扩大行政诉讼受案范围的最佳出路。应当为行政行为去除作为“争讼性”概念的负担，回归其本来的含义、功能和作用领域，再另行寻找行政诉讼受案范围的标准。

（三）行政争议标准的提出

“具体行政行为”和“行政行为”标准的使用是我国行政法学理论和行政诉讼实践发展状况使然，造成了司法权监督行政权的功能和行政诉讼权利救济能力有限。发展行政诉讼制度，必须对受案范围标准进行重新界定，即用“行政争议”标准代替“行政行为”标准。

以“争议”而非“行为”作为确定受案范围的标准在德国和我国台湾地区已有先例，例如台湾地区“行政诉讼法”第2条规定：“公法上之争议，除法律别有规定外，得依本法提起行政诉讼。”由于在我国公法与私法的划分尚停留在理论研究阶段，所以使用“行政争议”的概念更符合我国的国情。具体来讲，使用“行政争议”作为界定受案范围的概括性标准具有如下优点。

一是有利于理顺司法权与行政权的关系，促进行政诉讼目的实现。行政争议标准实际上使法院获得了对行政机关进行监督的概括性授权，凡是因行政机关行使公共管理职能而引发的争议，原则上法院都有权管辖，法院不必再纠结于是否存在一个“行为”以及该“行为”是否属于受案范围，也不用担心因自己的判断标准与行政机关相左而招致行政机关的不当干预。相对于行政行为标准而言，对行政争议标准的理解，法院和行政机关之间更容易达成一致，从而明显减少行政权力的抵制和对抗，促使行政诉讼程序更顺利启动，以便发挥司法权对行政权的监督功能。

---

① 参见莫于川：《关于修改我国行政诉讼法的若干建议》，《检察日报》2011年10月10日。

二是有利于拓展行政诉讼的制度结构，增强行政诉讼的开放性。行政纠纷既可以包括涉及权利的纠纷，也可以包括有关利益的纠纷，为实现尊重和保障人权的宪法价值提供制度保障；既可以防止行政机关对公民权益的直接损害，也可以防止行政机关损害公共利益，为放宽行政诉讼起诉资格奠定基础；既可以严格按照司法审查程序作出合法性、正当性判断，也可以依法尊重当事人的意思自治进行和解，为多元化纠纷解决机制留下理念和制度空间。

三是有利于扩大行政诉讼的审查对象，增加行政诉讼的包容性。首先，行政争议的概念绕过了对行政行为概念界定的争议，判断受案范围不再以“具体性”为标准，对行政机关的决定不必在“具体”和“抽象”的判断之间徘徊，部分抽象性的规范性文件也应当接受司法审查；不再以“外部性”为标准，只要对合法权益造成重大影响的，公民都可以寻求司法救济；不再以“单方性”为标准，包含行政机关和公民之间合意的行政合同法律关系当然可以得到法院的确认；不再以“产生法律效果”为标准，实践中存在的对公民权益造成损害的事实行为毫无理论阻碍地纳入行政诉讼受案范围，也协调了《行政诉讼法》与《国家赔偿法》的程序衔接。其次，行政争议的概念让人们将目光集中于对行政疆域的界定这一司法审查的本质问题。从世界范围看，对行政的界定有两个重要趋势：从形式标准向实质标准转化，从权力因素向公共因素转化。[①] 在英国学者看来，确定某一个行为或活动是否应当接受司法审查，既不是由实施该行为或活动的机关的身份和地位决定的，也不是取决于权力的来源，而是取决于该职能的性质。[②] 从我国的情况来看，随着政府职能转变和机构改革，众多社会组织成长、发展起来，因此，应当超越单纯从国家权力角度界定行政的方法，以“公共事务管理职能”取代“法律、法规授权”的形式要求，以便在更宽泛的实质意义上界定行政的疆域。在《行政诉讼法》上使用“行政争议”的概念，为将公共组织、私人团体的行为纳入受案范围提供了制度基础，也为法院在司法实践中适时发挥司法能动性拓展受案范围提供了灵活的余地。总之，以“行政争议”作为行政诉讼受案范围的概括性标准，不仅能够承载新《行政诉讼法》中“行政行为”概念

---

① 参见杨伟东：《权力结构中的行政诉讼》，北京大学出版社2008年版，第170页。

② 参见 Peter Cane, *Administrative Law*, Oxford: Oxford University Press, 2004, p. 35.

所欲实现的立法功能，而且也有利于在更大程度上实现行政诉讼目的。

三　肯定性列举的废除

囿于立法当时行政诉讼理论成果不足和立法操作上的不严谨，旧《行政诉讼法》第 11 条对受案范围事项的列举，在理论上和实践中均限制了受案范围的拓展，新《行政诉讼法》延续了该立法方式。从立法方式科学化的角度考虑，废除肯定性列举应是修改《行政诉讼法》的优化选择。

（一）新《行政诉讼法》对受案范围的完善

不可否认，肯定性列举式立法方式的采用，是考虑到行政诉讼立法之初，行政法学研究尚处于起步阶段，不论是法院还是行政诉讼当事人对行政诉讼还不太熟悉，其初衷是为了使行政诉讼受案范围更加明了，方便法律适用。但是，由于我国法院缺少足够的能动空间和开放式态度，导致了行政诉讼法在实践中被消极实施，以司法的能动性来弥合立法的不足更是举步维艰，这使得受案范围与实践发展需要之间的差距变得更加明显。

在 20 世纪 90 年代初期，就有学者指出，“从内容上看，我国行政诉讼法明确列举的行政案件有八类，至于其他单行法律、法规规定可以提起行政诉讼的行政案件已属有限。就所划定的行政诉讼范围与行政机关实际所从事的活动并不协调。”① 随着我国经济社会发展和公民权利意识增强，行政诉讼受案范围狭窄的问题变得更加突出。在司法实践中，法院习惯于作茧自缚，拘泥于文字表面含义，将受案范围限定在人身权、财产权范畴之内，对不属于八类情形的非典型案件，如果没有法律、法规的明确规定，往往倾向于不受理，行政诉讼受案范围在实践中的拓展步伐缓慢。对于近年来出现的涉及劳动权、资格资质、受教育权、知情权等权利的案件，法院未能迅速而有效地回应社会需求。事实上，在 2000 年之前，有些地方的法院不受理有关养老金的确定或者企业改制过程中的职工待遇等涉及劳动权的案件，主要原因就是没有明确的法律依据，而且此类案件政策性较强，法院的疑虑也较多，随着劳动和社会保障方面法制的完善，这一状况才得到改善。虽然旧《行政诉讼法》第 11 条第 4 项规定了行政机

① 张树义：《冲突与选择——行政诉讼的理论与实践》，时事出版社 1992 年版，第 87 页。

关拒绝颁发许可证和执照的，相对人可以提起行政诉讼，但是像律师、医师等职业资格、资质类的案件能否受理，一直存有争议，直到2003年《中华人民共和国行政许可法》（以下简称《行政许可法》）出台，才统一到属于行政诉讼受案范围的观点。[①] 同样，对于涉及受教育权的案件，在旧《行政诉讼法》实施之初，各地法院基本不予受理。在著名的刘燕文诉北京大学拒绝颁发博士学位案中，刘燕文于1997年就曾向法院提起诉讼，当时法院以不属于行政诉讼受案范围为由不予受理。直到与该案同类的田永诉北京科技大学案被最高人民法院作为典型案例在《中华人民共和国最高人民法院公报》1999年第4期刊登后，在司法政策导向的作用下，刘燕文于1999年再次起诉，法院才受理案件。在是否受理涉及知情权案件上，法院的态度也不够明朗。虽然《行政许可法》规定公众可以查阅行政许可决定和行政许可监督检查记录，政府信息公开条例又将知情权的范围扩展到了所有政府信息，但是单纯的知情权是否属于行政诉讼保护的利益，仍然不够明确。也就是说，只要是公众申请公开政府信息遭到拒绝就可以提起诉讼，还是说仅有涉及申请人生产生活需要的特定信息的公开行为才属于受案范围，在实践中尚存在分歧。例如，在刘某诉罗定市城乡建设规划局、国土资源局案中，刘某要求公开城市规划设计、报建、审批等手续信息，法院以刘某没有证据证明其与要求公开的信息具有法律上的利害关系为由，裁定不予受理；[②] 而在吴某诉广东省卫计委案中，吴某要求公开2012年度广东省征收社会抚养费的相关情况和审计报告，法院不仅受理了该案，而且判决撤销广东省卫计委作出的《不予公开告知书》，并责令在判决发生法律效力之日起15个工作日内，对吴某的政府信息公开申请重新作出处理。[③]

针对实践中受案范围过窄的问题，新《行政诉讼法》通过对列举式规定的补充和完善，及时作出了回应。例如，针对有的地方法院不受理有关养老金的案件，新《行政诉讼法》在受案范围明确了“社会保险待遇”的可诉性。针对司法实践中对旧《行政诉讼法》上“许可证和执照”的限缩解释，新《行政诉讼法》明确使用了“行政许可”的概念，从而解

① 参见王振宇:《行政诉讼制度研究》，中国人民大学出版社2012年版，第28页。

② 参见《没有法律上的利害关系“公益性质”行政诉讼不予受理》，http://www.luoding.gov.cn/govmach/srd/html/266389_0.htm，2014年4月2日。

③ 参见《拒公开社会抚养费案 广东省卫计委败诉》，《长江日报》2014年4月2日。

除了资格类、资质类案件能否受理的疑惑。此外，旧《行政诉讼法》上“认为行政机关侵犯其他人身权、财产权的”规定，从文义上理解意味着将前几项列举的情形均纳入“人身权、财产权”的范畴，从而在内容上对受案范围进行了限制，针对该问题，新《行政诉讼法》将这一规定修改为“认为行政机关侵犯其他人身权、财产权等合法权益的”。这样一来，不仅将没有明确列举的其他人身权、财产权纳入受案范围，还将受案范围扩展到人身权、财产权之外的其他合法权益，如选举权和被选举权、集会游行示威权、劳动权、休息权、受教育权、宗教信仰自由等宪法上的基本权利，以及了解权、参与权、表达权、发展权等新型权利都被纳入行政诉讼保护的范围。可以说，新《行政诉讼法》在列举式的框架下，对受案范围进行了大幅扩展，基本适应了我国目前的政治、经济和社会发展状况。

（二）增容还是废除

对《行政诉讼法》中受案范围的改进，应当使公民的任何合法权益在受到行政机关影响时，都可以向法院提起诉讼，以便为公民提供司法救济。实际上，对《行政诉讼法》受案范围的肯定性列举规定如何修改，存在保留列举并增容和彻底废除列举两种思路。从国外的情况来看，对行政诉讼受案范围的规定既有列举式也有概括式。列举式的情形例如，原《波兰最高行政法院法》中列举了建设与城市规划、身份证和国籍、住房和土地资源、教育文化艺术活动、农业、劳动和社会服务等领域总计二十种可以向最高行政法院提起诉讼的行政决定。[①] 澳大利亚1977年制定的《行政决定（司法审查）法》第5条列举了九种个人可以就行政决定向法院申请审查令的情形：该决定的作出违反自然公正原则的；该决定的作出违反法定程序的；作出该决定的公务员无权作出该决定的；该决定不属于法律授权范围的；作出该决定属滥用职权的；该决定具有法律上的错误，是否错误在该决定的卷宗上很明显的；该决定系因欺诈行为引起或者受欺诈行为影响的；该决定系证据不足的；该决定具有其他违法情形的。[②] 从主要大陆法系国家的情况来看，普遍采用概括式规定来界定受案范围。例

---

① 参见［荷］威廉·B·西蒙斯：《波兰最高行政法院法》，孙晓民译，载熊先觉、方昕主编《行政诉讼参考资料荟编》，中国政法大学出版社1988年版，第311页。

② 参见叶必丰译《澳大利亚1977年行政决定（司法审查）法》，《行政法学研究》1996年第1期。

如，《联邦德国行政法院法》第40条规定，发生非宪法性质的公法争议且不依联邦法由其他法院明确主管的，可提起行政诉讼。日本、韩国和我国台湾地区的行政诉讼受案范围制度亦属此类。

新《行政诉讼法》采取了保留列举并增容的思路。但是，这种立法方式最直接的问题是导致列举受案范围的条文之间相互矛盾，难以发现统一的列举标准。第12条第1项、第2项、第3项、第5项是以行政行为性质为标准，将受案范围列举为行政处罚、行政强制、行政许可、行政征收、行政征用；而第4项、第7项、第12项则是以行政行为侵犯的权利类型为标准，将受案范围列举为使用权、经营自主权、承包经营权等权利；第6项、第10项属于行政不作为的情形，实际上又使用了与行政作为相对应的行政行为分类方式；此外，第9项“认为行政机关违法要求履行其他义务”和第1项行政处罚、第2项行政强制在外延上也存在重合。可以说，第12条的各项之间在逻辑范畴上交错混用，不能不说是立法技术上的缺憾，对受案范围的界定应当更加周密和严谨。在《行政诉讼法》修改过程中，有学者提出了保留肯定列举方式并增容的修改思路，即以抽象化的行政处罚、行政裁决、行政确认、行政合同等行政行为种类作为列举受案范围的表现形式，实现行政诉讼受案范围的内在增容。例如，可以将旧《行政诉讼法》11条第1项“对拘留、罚款、吊销许可证和执照、责令停产停业、没收财物等行政处罚不服的”修改为“对行政处罚不服的”。同时，扩大权利保护范围，将第8项这一兜底条款在原来的“人身权、财产权”基础上，增加“受教育权、劳动权、社会保障权、知情权”四项权利。① 这种修改思路的优点是清晰、明确无误，虽然可以在一定程度上缓解列举标准多样的问题，却无法根本解决列举式规定具有封闭性、无法囊括和穷尽同类项目的内在不足。

废除肯定性列举的思路是学界的主流观点，认为对受案范围的规定适宜以概括的方式而不是列举的方式作出规定。一般来说，在行政诉讼制度的初创或者起始阶段，由于受案范围涉及司法权和行政权界限的划分，各国均对此十分慎重，考虑到列举式具有有限性的特点，立法上往往倾向于采用此种方式。德国在历史上也是如此，19世纪中叶各邦国对行政诉讼

① 参见李广宇、王振宇、梁凤云：《行政诉讼法修改应关注十大问题》，《法律适用》2013年第3期。

受案范围的规定通行的是采取列举原则。采用列举原则，行政诉讼对公民的保护只能针对特定的行政行为，这种方式虽然对整个行政诉讼制度的开启具有重要意义，但是从发展的眼光来看，对于保护公民的基本权利则是极为不利的。[①] 固然，列举式的优点在于受案范围明确、易于操作，但是列举其一即意味着排除其他，列举式的制度设计再精巧，也无法避免“挂一漏万”的缺陷。概括式的优点主要是对行政诉讼受案范围的界定比较宽泛，能够适应现代行政发展的需要，因而成为世界各国的主流做法。有学者指出，采用概括式规定需要法院具有足够的权威、司法人员具备相应的素质，在没有这些相应的配套保障机制的情况下，法院可能以此为由限制行政诉讼受案范围，“恐怕无法避免在恶意限缩解释之下走向‘看起来很美’的窘境”[②]。从我国的情况来看，行政诉讼的实践表明，受案范围狭窄反而是由于列举式规定造成的，严格遵循法律上列举的情形，为力量对比中处于劣势的法院限缩解释受案范围提供了表面上合法的借口。虽然我国法院目前地位较低、司法人员素质参差不齐，但是概括式的规定恰恰可以在很大程度上减轻法院是否受理行政案件的纠结。可以说，概括式的规定代表了行政诉讼受案范围的发展方向，列举式增容的修改思路与行政诉讼发展方向不符，至于司法权威、司法能力的问题也应当通过发展的方法解决，不能因噎废食。

四　可诉事项的扩张

受案范围涉及司法权与行政权的关系，是对司法审查干预行政权力外在界限的规定，这意味着并非所有行政权力的行使都应当受到司法权的审查。因此，在废除肯定性列举采用概括式规定受案范围的同时，还应当明确列举不属于行政诉讼受案范围的情形，也就是说，《行政诉讼法》对受案范围的规定应当采用肯定概括式和否定列举式相结合的方式。新《行政诉讼法》对受案范围的否定性列举，并未作实质变更，只是按照法律的整体修改方案，将“具体行政行为”调整为“行政行为”。新《行政诉

---

① 参见［德］弗里德赫尔穆·胡芬：《行政诉讼法》，莫光华译，法律出版社 2003 年版，第 26—27 页。

② 李广宇、王振宇、梁凤云：《行政诉讼法修改应关注十大问题》，《法律适用》2013 年第 3 期。

讼法》第 13 条规定，国家行为、抽象行政行为、内部行政行为、行政最终裁决行为不属于行政诉讼受案范围。对于国家行为，基于其属于政治问题，法院缺乏审查标准和能力的考虑，世界各国一般都规定不得提起诉讼。然而，将抽象行政行为、内部行政行为和行政最终裁决行为完全排除受案范围的规定不适当地限缩了受案范围，有必要从我国实际出发，适度扩大司法审查的范围。

（一）部分抽象行政行为纳入受案范围

将抽象行政行为纳入行政诉讼受案范围有其正当性，但是从我国的国情和可行性上看，也应当有一定的限度，并非所有的抽象行政行为都适合接受司法审查；对于司法审查的方式国外有不同的立法例，应当从我国实际出发进行制度设计。

1. 共识的达成

行政法治原则、保护公民合法权益、司法机关的性质等固然可以成为将抽象行政行为纳入受案范围的理由，但是这些理由都无法回应在《宪法》中法院并无此项权力的质疑。我国实行人民代表大会制度，行政机关和司法机关都由其产生，并在各自权限范围内活动，“在行政诉讼中，人民法院之所以能够对行政机关的行政活动进行审查、监督，是来自于法律的授权”[①]。司法权对行政权的审查范围也必然应当遵循法律的规定，受这些法律的限制。而根据宪法和相关组织法的规定，确认抽象行政行为是否合法，是否予以撤销、改变的权力属于国家权力机关和上级行政机关，人民法院无此权力。可以说，在人民代表大会制度这一根本政治制度下，人民代表大会构成了整个国家机构的核心，由于它以民主（表现为人民当家做主）为正当性基础，因而在职权方面具有广泛性和无限性的特点，理论上讲，只要全国人大认为应该由自己行使的权力都可以行使。在代议机关主导的国家权力结构和政治传统下，对行政权力的监督不论在观念上还是在制度上都主要落在了代议机关身上，“立法机关的大部分时间，并不致力于法律的制定，它最重要的功能之一，即是批评行政机关”[②]，法律赋予司法监督行政的权力必然是狭小的，法院要想扩展司法

① 应松年主编：《行政诉讼法学》，中国政法大学出版社 2002 年版，第 43 页。
② 李林：《立法机关》，载李步云主编《宪法比较研究》，法律出版社 1998 年版，第 755 页。

审查的权力，尤其是在涉及司法进入行政领域“门槛”的受案范围问题上，难以从正义、自由之属的理由中获得有力的正当性基础。

虽然人大监督是最高层次的监督，但是却不代表它是最有效的监督。从世界范围来看，随着国家行政作用的扩张，相应地带来了代议机关地位的衰落，这种情况下，由法院填补议会留下的监督空缺，成为现代行政法发展的重要方向。我国与西方国家同样面临着经济社会快速发展和行政作用大幅度扩张的现实，许多抽象的行政规范性文件在起草时有意授予行政机关宽泛的自由裁量权，法出多门、相互冲突、违反上位法的现象损害法制的统一，急需治理。而长期以来人大“立法成绩很大，监督工作不力”[①] 的情况提醒我们，要解决对行政权力的外在控制问题，人大也许会孤掌难鸣，必须从强化司法作用方面入手，建立监督行政权力的新机制。而修改《行政诉讼法》中司法权和行政权的关系结构，让司法权更多地干预行政权的行使，应当成为法律共同体的共识。这种基于现实发展而形成的共识就能够“提供一种新的视角来理解司法审查力量的根源和局限”[②]，以避免遭遇正义、自由之属理由在法律实证主义上的缺陷。当然，正义、自由这些理由本身作为一种观念也有助于共识的达成，虽然他们不具有基础性和决定性。于是，法院就可以利用这种法律共同体共识的力量，来谋求扩展司法审查的权力，为审查抽象行政行为提供正当性基础。至于这种审查的权力扩展到何种程度，其在内容和形式上如何表现，同样也需要法律共同体共识的支持和限制。总之，在代议制民主政体下，特别是在我国司法审查缺乏明确宪法依据的条件下，法院单纯从正义、自由的角度来寻求司法审查抽象行政行为的正当性，容易陷入法官造法的自我陶醉，被立法机关指责染指立法权，被行政机关嘲笑不自量力；但是，如果随着社会的发展，人大监督的局限性成为法律共同体的共识，进而共同体对自由、正义的追求获得立法者的认可和行政权的尊重，那么法院就可以借助这种共识的力量推动人大的授权，通过民主的中介，获得司法审查正当性的基础。

2. 纳入的限度

延续上面的思路，研究将抽象行政行为纳入司法审查的限度，需要进

---

① 程湘清：《人大监督制度和监督工作中的若干问题》，载全国人大常委会办公厅编《人民代表大会制度论丛（第一辑）》，中国民主法制出版社 1992 年版，第 105 页。

② 何海波：《司法审查的合法性基础——英国话题》，中国政法大学出版社 2007 年版，第 163 页。

一步考虑如何分配立法机关和司法机关在监督抽象行政行为中的角色。根据《宪法》《中华人民共和国地方各级人民代表大会和地方各级人民政府组织法》和《中华人民共和国立法法》相关规定，立法机关已经具有对抽象行政行为进行监督的权力，之所以要将监督权授予司法机关，是考虑到了当今行政权独大，要解决对行政权的外在控制问题，必须从发挥人大和司法作用两方面入手，在立法机关监督相对薄弱的环节，授予司法机关相应的监督权，从而强化对行政权力的监督。这样的思路不仅符合我国人民代表大会制度的政体，也符合我国渐进式的立法思路，与人民法院的司法能力相适应。在人大授权的限度内，司法审查获得了正当性基础，捍卫公民自由成为法院的使命所在。

具体来讲，抽象行政行为主要包括行政法规、行政规章和规章以下的其他规范性文件。虽然随着民主和法治的发展，将所有的抽象行政行为纳入司法审查范围是应然的理想状态，但是在当前的代议制民主政体发展水平下，将规章及其以下的抽象行政行为纳入司法审查范围，更容易在法律共同体中形成共识，这种共识在立法过程中体现为立法机关、司法机关和行政机关三者对新的权力关系结构的认可。首先，行政法规具有较强的外部监督机制，《立法法》第 96 条、第 97 条、第 99 条、第 100 条规定了全国人大对行政法规的撤销权和监督程序。在我国法律制度尚不健全的情况下，国务院根据立法机关授权制定的行政法规起到了填补法律空白的作用，司法机关挑战此类授权立法，在我国体制下尚未生成正当性基础和共识，对立法权和行政权给予应有的尊重更符合我国的民主观念。[①] 其次，立法机关对规章的监督机制缺乏，《立法法》仅规定了地方人大常委会有权撤销地方规章。虽然根据《立法法》的规定国务院有权改变或者撤销不适当的部门规章和地方政府规章，但是基于任何人不得做自己案件法官的正当程序原则，内部的监督往往不具有外部监督的正当性，需要司法审查来弥补监督的缺位。据统计，截至 2012 年 7 月，我国现行有效规章达 12298 件，[②] 数量十分庞大，规章尤其是地方政府规章违反上位法的现象严重，侵犯公民合法权益的可能性也比行政法规大

---

① 即使在司法审查制度发达的美国也是如此，对行政机关解释性法规审查受到的限制要比对立法性法规审查受到的限制少，因为前者没有法律授权。参见王名扬：《美国行政法》，中国法制出版社 1995 年版，第 718—723 页。

② 参见《中国法治建设年度报告（2011）》，《法制日报》2012 年 7 月 18 日。

得多，但是没有一个有效的监督启动程序来有效遏制部门利益和地方保护主义的盛行。同样，规章以下的规范性文件数量大、主体多、级别低，其形成的民主化程度较低，不规范、不统一、违反上位法的现象更加突出，这也正是在抽象行政行为监督方面需要重点解决的问题。最后，从法院的角度来看，行政诉讼法明确规定人民法院审理行政案件参照规章，通过多年的行政诉讼实践，法院事实上已经确立了对规章的司法审查权，因为审查是参照的前提条件，不经审查，法院无以确定是否参照。[①] 同样，法院对规章以下的规范性文件享有司法审查权也是逻辑上的必然结果。因此，法院对规章和规章以下的规范性文件进行审查不但已经积累了较多的经验，而且也事实上获得了行政机关的承认，法院完全可以胜任该项职责。基于上述理由，应当将新《行政诉讼法》中规定的法院审查抽象行政行为的范围从其他规范性文件扩大至规章，同时取消人民法院审理行政案件参照规章的规定。

3. 审查的方式

对抽象行政行为进行司法审查的方式可以分为直接审查和附带审查两种。

（1）直接审查。所谓直接审查，就是将抽象行政行为作为诉讼标的，由法院根据原告的起诉，通过对抗式的诉讼程序，对抽象行政行为进行审查并作出裁判的方式。直接司法审查方式是各国普遍采用的抽象行政行为审查方式之一。英国法院可以利用越权原则对抽象行政行为进行司法审查；美国的司法审查也包含了对行政法规的审查；[②] 法国行政法院可以受理利害关系人对条例提起的越权之诉；[③] 德国行政法院可以直接受理申请对法规、规章进行审查的案件，不必等到法规、规章实施过程中产生纠纷再审查。[④]

（2）附带审查。所谓附带审查，是法院在审查其他行政行为的案件中，一并对被诉行政行为所依据的抽象行政行为进行审查。除直接审查之外，附带审查也是一种重要的审查方式。在德国，各种法院均有权在其审理的案件中自行审查裁判所依据的法规命令是否与基本法或州的法规相抵触。在日本，抽象法令的直接审查权不属于司法机关，要将法令的合法性付诸司法审查，

① 参见张树义：《冲突与选择——行政诉讼的理论与实践》，时事出版社 1992 年版，第 189 页。

② 参见王名扬：《美国行政法》，中国法制出版社 1995 年版，第 717 页。

③ 参见王名扬：《法国行政法》，中国政法大学出版社 1988 年版，第 145 页。

④ 参见［德］弗里德赫尔穆·胡芬：《行政诉讼法》，莫光华译，法律出版社 2003 年版，第 339 页。

必须将该法令适用于具体案件，法令本身不能成为抗告诉讼的标的。[①]

附带审查的局限性在于，如果没有相应的行政行为存在，即使权益受到规范性文件的侵害，相对人也无法提起诉讼。但是考虑到我国的国情、政治体制，新《行政诉讼法》并未针对抽象行政行为创设一种单独提请审查之诉。[②] 如前所述，根据我国《宪法》和《中华人民共和国地方各地人民代表大会和地方各级人民政府组织法》以及《立法法》的规定，对于抽象行政行为的监督既有立法机关的监督又有上级行政机关的监督，司法机关的监督属于抽象行政行为控制体系中的一个组成部分。对于司法机关来说，虽然监督行政行为也是行政诉讼的功能，但是就我国目前司法机关的地位和能力来看，适宜将主要目标集中在更好地保护相对人合法权益方面，将司法监督职能作为立法机关监督的必要补充。考虑到抽象行政行为对公民合法权益的损害通常具有间接性，需要在具体适用过程中才能体现出来，在一般情况下，采用附带审查的方式即可以达到维护公民合法权益同时实现对抽象行政行为审查的效果，新《行政诉讼法》第53条确立了附带审查制度。当然，如果抽象行政行为一经作出就造成了对公民合法权益的损害，公民可以直接对该行政行为提起诉讼。例如，虽然日本行政诉讼中对抽象行政行为的审查属于附带审查方式，但是日本法院的判例中“对于具体性的判断并不是形式性判断，而是根据该行为是否在实质上影响特定人的权利权益。因此，即使在形式上属于行政立法行为，但如果该行政法规在实质上影响特定个人的权利利益，即认为其具有个别具体性”[③]，公民即可以对其提起撤销诉讼。

基于以上认识，抽象行政行为原则上不属于行政诉讼受案范围，但是抽象行政行为一经发布即对公民合法权益造成损害的，公民可以直接对其提起诉讼。公民在提起行政诉讼时，可以申请法院对作为行政行为依据的规章及其以下的抽象行政行为进行附带审查。法院经审查认为该抽象行政行为违法的，应当在案件中拒绝适用，不将其作为认定行政行为合法的依据，但是不能直接撤销、变更该抽象行政行为，因为它不是行政案件的诉讼标的，法院不具有完整的司法审查权。法院可以发出司法建议，建议有

① 参见杨建顺：《日本行政法通论》，中国法制出版社1998年版，第356页。

② 参见江必新、邵长茂：《新行政诉讼法修改条文理解与适用》，中国法制出版社2015年版，第198页。

③ 江利红：《日本行政诉讼法》，知识产权出版社2008年版，第222页。

权机关根据《立法法》等法律的相关规定处理。2015 年《最高人民法院关于适用〈中华人民共和国行政诉讼法〉若干问题的解释》（以下简称新《若干解释》）第 21 条即采用了这种处理方式。

（二）部分内部行政行为纳入受案范围

根据新《行政诉讼法》第 13 条第 3 项的规定，行政机关对行政机关工作人员的奖惩、任免等决定不属于行政诉讼受案范围，这是将内部行政行为排除受案范围的规定。按照立法原意，所谓的“奖惩、任免等决定”，根据立法当时的有关法律、法规是指行政机关对其所属工作人员作出的警告、记过、撤职、留用察看、开除等纪律处分以及停职检查或者任免措施等，[①]可以说，行政机关作出的涉及该行政机关工作人员的权利义务的决定都排除在受案范围之外。根据立法机关的解释，上述行为属于内部行政行为，只影响行政机关内部，对外部不发生权利义务关系，法院不应过问、干预，行政机关工作人员对奖惩、任免决定不服，可以根据有关规定向人事、监察机关提出申诉。[②] 在新《行政诉讼法》出台过程中，立法机关认为，“当前我国公务员流动性不够，因开除、辞退公务员引起的纠纷情况不多，即使有，现行的制度能够解决。因此，没有必要对原法的规定作出修改”[③]。

值得注意的是，支持内部行政行为不可诉的重要理由是所谓的“特别权力关系”理论。该理论起源于 19 世纪君主立宪制时期的德国，在大陆法系国家和地区产生了广泛的影响。根据特别权力关系理论，“基于维护行政之功能和目的以及国家或营造物的特别依存关系，个体在进入国家或营造物时，就必须放弃其个人的自由权利”[④]，公务员与国家的关系，就属于特别权力关系的范围。根据该理论，国家对公务员的任免、升降等事项，享有绝对的决定权，并可随时根据内部规范来限制公务员的权利，不需要法律授权，也不用接受司法审查。但是，自 20 世纪以来，特别权力关系开始逐渐失去市场，在其发源地德国和深受其影响的日本、中国台湾地区，该种理论早已被抛弃，基于对公民在宪法中基本权利的保护，对

---

① 参见胡康生主编：《行政诉讼法释义》，北京师范学院出版社 1989 年版，第 27 页。

② 参见中华人民共和国司法部宣传司编审：《中华人民共和国行政诉讼法讲话》，法律出版社 1990 年版，第 100 页。

③ 信春鹰主编：《中华人民共和国行政诉讼法释义》，法律出版社 2014 年版，第 48 页。

④ 蔡震荣：《行政法理论与基本人权之保障》，五南图书出版公司 1999 年版，第 9 页。

内部行政行为进行适度审查已成为世界各国的通例。

第二次世界大战以后，在德国行政诉讼法中，对于涉及公务员法的诉讼中，曾有“基本关系”和“经营关系”的区分，也就是“自身权利范围”和“纯内部业务性指示关系”的区分。根据这种区分，是否对公职人员提供法律保护取决于公职人员自身在法律上的基本身份是否受到了侵害。根据德国法院的判例，对公职人员的任命、解雇、委派和调动等就属于触及基本关系、并由此触及自身法律地位的具有对外效力的行政行为，而岗位更换、业务上的评定等既不涉及公职人员身份意义上的职务，也不涉及个人权利范围，都是没有外部效力的措施。[①] 此外，由德国联邦宪法法院通过判例发展出的“重要性”理论也认为，凡涉及基本权利的重要事项，即使在内部行政领域（如公务员关系，学校、监狱、军队及其他公共营造物关系），也应当受到法律的规范和司法的保护。法国在行政行为和那些被认为只是维护行政机关内部秩序的措施之间进行了区分，这些“内部秩序规则”是纯粹的行政机关内部组织措施，通常不接受司法审查。但是，因为行政措施产生重要影响，以至于有了制裁的性质，它也可能成为需要接受司法审查的行政行为。例如，根据法国行政法院的判例，一名学生被专断地从国立学校开除，学校的行为就变得极其严重，不再属于维护内部行政秩序的措施，而是成为行政法官审理范围内的行政行为。[②] 从英美法系国家的情况来看，不仅理论上不存在内部行为与外部行为的区分，而且在英国的判例中，所谓的内部行为同样受到法院的审查。[③] 由此可见，两大法系行政法的发展都表明了法院干预传统内部行政行为的意愿，将内部行政行为纳入受案范围已经是比较普遍的做法。

因此，从保障行政机关工作人员的基本权利和保证行政管理效率的平衡出发，内部行政行为应该部分而不是完全被纳入行政诉讼受案范围。[④] 一方面，不能将内部行政行为一概排除在司法审查范围之外，如果某种内

---

① 参见［德］弗里德赫尔穆·胡芬：《行政诉讼法》，莫光华译，法律出版社 2003 年版，第 230—231 页。

② 参见［英］L·赖维乐·布朗、约翰·S·贝尔：《法国行政法》，高秦伟、王锴译，中国人民大学出版社 2006 年版，第 151 页。

③ 参见［1954］2 All Er 118 中关于消防服务中的纪律制裁；［1954］1 QB 61 中关于制服的学校纪律。

④ 参见姜明安：《扩大受案范围是行政诉讼法修改的重头戏》，《广东社会科学》2013 年第 1 期。

部行政行为具有了外部性，行政行为指向的对象就从公职人员转化为普通公民，从而使公职人员不会因其具有公职身份而无法获得作为公民的行政诉讼保护。[①] 对于行政机关工作人员的录用、辞退、开除等事项，涉及公民在宪法上的法律地位，必须通过行政诉讼予以保护。此外，对于行政机关应当做广义的理解，将其理解为行政主体，从而将根据法律、法规授权行使公共管理职能的组织，诸如企业事业单位、社会团体等实施的涉及其工作人员重要权利的外部化的行为纳入受案范围。例如，学校对其教师的开除决定就涉及教师的基本权利，应当被认为是可诉的行政行为。[②] 另一方面，如果内部行政行为属于纯粹的内部管理事项，往往具有一定的政策性和专业性，而且与行政机关工作人员的合法权益并无多大关系，为了保证行政机关内部管理的有效性，就不宜被纳入司法审查的范围。在我国，政治考核在公务员考核中占有重要地位，如果法院对人事奖惩、考核、调职等一律进行审查，可能使法院卷入专业性知识的迷宫和政治的漩涡，反而造成司法独立性和权威的减损。

（三）取消行政终局裁决不受理的规定

新《行政诉讼法》第13条第4项规定的“法律规定由行政机关最终裁决的行政行为”在学理上被称为行政终局裁决。根据我国目前的法律规定，行政机关对某些争议拥有最终裁决权，即由行政机关依法作出最终决定，相对人不服的，只能向行政机关提出申诉而不能向人民法院提起诉讼。属于行政终局裁决的情形主要规定在《中华人民共和国行政复议法》《中华人民共和国出入境管理法》等法律规定之中。此外，修改之前的《中华人民共和国商标法》和《中华人民共和国专利法》中也有关于行政终局裁决的规定。这些设定行政终局裁决的法律基本是在20世纪末、改革开放之初制定的，当时社会中普遍存在着对行政机关的依赖和尊崇，行政

---

① 参见江必新、梁凤云：《行政诉讼法理论与实务》，北京大学出版社2009年版，第256页。

② 2014年年初，华南理工大学副教授蔡智奇因被校方认定超生而遭开除，蔡智奇向广州市天河区法院提起诉讼，状告学校。2014年2月14日，天河区法院作出“不予受理”的裁定，认为华南理工大学开除蔡智奇的行为属于单位给予的内部行政处分，不属于劳动争议，不能提起民事诉讼。同时法官也告知，开除行为也不属于行政机关作出的具体行政行为，因此蔡智奇也不能提起行政诉讼。这不能不说是我国《行政诉讼法》对公民权益保护上的不足。参见《副教授因生二胎被开除后起诉高校 法院不受理》，《南方都市报》2014年2月18日。

机关也很自觉地承担起社会管理的责任，行政终局裁决在当时也获得了总体上的认可。但是随着社会主义市场经济的发展和我国加入世界贸易组织，以及依法治国方略的提出，行政终局裁决制度受到了学界的普遍质疑。

行政终局裁决制度存在的理由概括起来主要有如下几个方面：涉及国家重要机密，一旦进入诉讼程序，将损害国家利益；不可能或者极少可能侵犯公民权益；专业性强而且复杂，不适宜司法审查；已有严格的行政程序作为保障，能够确保公民获得公正的救济；不可抗力（如战争）使司法救济成为不可能；有利于提高行政效率，方便当事人；上级行政机关的层次较高、工作人员素质也较高，能够依法作出决定；避免诉讼量过大，超过法院承受能力。① 这些理由中，涉及国家机密、发生不可抗力（如战争）的理由，实际上可归属于新《行政诉讼法》第 13 条第 1 项中的“国防、外交等国家行为”，而其他理由实际上反映的是我国行政权事实上主导国家治理的状况，行政权的专横和立法权、司法权的退让显而易见。在此权力格局背景下，行政权必然会在立法的博弈过程中处于优势地位，从而导致立法的非理性和随意性，以至于学界认为法律上行政终局裁决的规定“很难从理论上进行解释，实际上并无这样做的必要”②。

对于行政终局裁决行为的弊端，学界从违反法治原则、自然正义原则、与 WTO 规则相冲突等方面进行了论证，③ 而需要解决的根本问题在于，立法权、行政权和司法权三者中，哪个主体应当享有对纠纷裁决的最终权力。所谓最终权力，是说任何其他国家机关、组织或个人无权否定、撤销该主体的裁决，如果法院对于立法机关的立法无权审查，立法权就是最终的；如果法院不能审查行政行为，行政权就是最终的。从西方国家法治、宪政思想和实践发展情况来看，司法被认为是社会正义的最后一道防线，司法最终原则已经被毫无疑问地普遍确立，“国家与其成员或公民间产生的纠纷只能诉诸国家法庭。任何其他方案均既不合理，违反惯例，而亦不得体”④。

---

① 参见柴发邦：《行政诉讼法教程》，中国人民公安大学出版社 1990 年版，第 167 页；王雪梅：《司法最终原则——从行政最终裁决谈起》，《行政法学研究》2001 年第 4 期；《全国人大法律委员会关于〈中华人民共和国行政复议法（草案）〉修改情况的汇报》，1998 年 12 月 21 日。

② 应松年、刘莘主编：《中华人民共和国行政复议法讲话》，中国方正出版社 1999 年版，第 13 页。

③ 参见王雪梅：《司法最终原则——从行政最终裁决谈起》，《行政法学研究》2001 年第 4 期。

④ ［美］汉密尔顿、杰伊、麦迪逊：《联邦党人文集》，程逢如、在汉、舒逊译，商务印书馆 1980 年版，第 400 页。

根据司法最终原则，除了极少数例外，一切因适用宪法和法律而引起的法律纠纷和相应的违法行为应当由法院进行最终裁决。议会立法要适用并服从宪法，政府行使行政权要执行宪法和法律，他们有可能违反宪法和法律并侵犯他人权利引起法律纠纷，① 而行政纠纷也属于法律纠纷，由行政机关对行政法律关系作出最终裁决，行政裁决的公正性就会受到质疑。

虽然我国的政体是人民代表大会制度，但是司法最终原则下行政纠纷最终裁决权的安排依然对我国《行政诉讼法》的完善具有借鉴意义，为在立法上调整司法权与行政权的关系提供了指引。根据传统行政法上的分类，行政终局裁决理论上属于具体行政行为，如果说法院对抽象行政行为审查权的有限性是由于立法机关监督机制相对健全的话，那么对于具体行政行为的监督，立法机关的监督则缺乏相应的法律程序。尽管从我国宪法规定来看，立法机关可以撤销同级人民政府的决定和命令，但是没有明确规定可以撤销政府部门的决定和命令，即使是立法机关对同级人民政府决定、命令的撤销权，事实上也因为缺乏相应的程序而未真正使用过。根据西方国家的司法最终原则，对具体个案中的行政纠纷是由法院来处理的，司法程序的严格性和公正性使得对行政权力在个案中进行监督变得可行和可信。无论是出于实际需要，还是由于借鉴了他国经验，《行政诉讼法》的实施标志着我国选择了由法院通过司法程序解决行政纠纷的方案，从而让这种以司法权监督行政权的安排成为现实。从表面上看，这只是一个解决对行政权力监督的方法问题，而事实上却意味着传统上相互平行的政府和法院之间产生了新型关系：法院可以审查行政机关的行政行为。这样一来，行政机关的裁决就不再是“最终”的了，司法最终原则的存在和现实意义开始被人们意识到。而司法“最终”和行政“最终”必然是相互排斥的，根据司法最终原则，在我国法律上规定的行政终局裁决就失去了存在的正当性，无论行政机关对“最终”权力多么留恋，不受制约的行政权力在建设社会主义法治国家的背景下，已变得不合时宜，行政诉讼制度中司法权与行政权的关系还需要更进一步的调整。

根据《立法法》第8条规定，诉讼制度只能制定法律，行政终局裁决意味着对诉讼程序的排除，必须由法律规定，如果由行政法规、规章来设

① 参见宋炉安：《司法最终权——行政诉讼引发的思考》，《行政法学研究》1999年第4期。

定行政终局裁决权，行政机关就可能拒绝任何监督和制约。在立法上清理和逐步缩小行政终局裁决范围的同时，《行政诉讼法》应当删除人民法院不受理对行政机关最终裁决的行政行为起诉的规定，与此同时，法院在司法实践中可以对现行法律中的行政终局裁决权作限缩解释。例如，在英国，尽管有些行政裁判所可以作出对所有当事人都具有约束力的、终局性的不得上诉的裁决，但是法院可以其并非依法作出为由进行审查。[①] 美国的一些法律虽然规定，在特定的情况下，行政裁决应当是终局的，但是美国法院认为，通常法律中有关“最终决定”的措辞是指行政程序的最终而言，并不包括司法程序在内，特别是当行政行为涉及当事人重大利益时，法院不会放弃司法审查的职责。[②] 也就是说，除非法律中有明确排除司法审查的条款，法律中的“最终裁决”“最终决定”不应当排除法院的审查。《行政诉讼法》关于受案范围的规定和其他法律中明确排除司法审查的规定二者之间的关系，可以根据《立法法》的规定适用特别法与一般法的关系处理。

五　可审查假定的确立

我国《行政诉讼法》及其相关司法解释对受案范围采取了肯定性和否定性并行的列举方式，这对于司法审查制度处于初创阶段的国家来说是必要的。与研究肯定性规定的方式形成鲜明对比的是，对于受案范围的否定性列举却少有关注。受案范围的否定性列举除了在《行政诉讼法》中规定外，主要集中于最高人民法院的相关司法解释中，新《行政诉讼法》实施后，这些司法解释目前并未被废止，在司法实践中依然对司法机关具有约束力。通过梳理司法解释中的否定性列举可以发现，司法解释对受案范围的理解已经超出了受案范围的题中之意，一些本不属于受案范围范畴的问题被作为受案范围来规定，表现出了制度逻辑上的混乱。不仅如此，司法解释对受案范围的否定性列举还在无形中传递出了司法保守主义的信号。逻辑的混乱、理念的保守使得法院在受案范围的审查上有了更大的恣意空间，从而进一步加剧了行政诉讼“立案难”。从行政诉讼理念和制度上消减受案范围否定性列举生存的空间，促使受案范围回归其本来面目和

---

① 参见王名扬：《英国行政法》，中国政法大学出版社 1987 年版，第 146 页。
② 参见王名扬：《美国行政法》，中国法制出版社 1995 年版，第 606 页。

制度功能，在新《行政诉讼法》实施后，仍然是需要关注并解决的问题。

（一）切入点：十项否定性列举的审视

在最高人民法院发布的诸多行政诉讼司法解释中，关于受案范围的内容是其中的重头戏，经查阅和统计，[①] 自1989年以来，涉及受案范围的司法解释共有40个，其中专门针对受案范围的个案性答复就有36个。最高人民法院充分运用司法解释权，在《行政诉讼法》规定的受案范围的基础上，通过“解释”“规定”“批复”等多种形式的司法解释指导各级人民法院积极受理行政案件，努力拓展受案范围，有效保护了相对人的合法权益。与此同时，出于各种考虑，最高人民法院的司法解释在《行政诉讼法》规定情形的基础上，又列举出不属于受案范围的20余种情形。概括这些情形，司法解释实际上将如下10项行政机关的行为（见表3－1）排除在受案范围之外。

表3－1　司法解释对受案范围的排除情形及理由

排除内容	司法解释名称	理由说明
刑事司法行为	1999年《关于执行〈中华人民共和国行政诉讼法〉若干问题的解释》（下称《若干解释》）第一条第二款第（二）项；《关于对公安机关采取监视居住行为不服提起诉讼法院应否受理问题的电话答复》；《关于公安机关未具法定立案搜查手续对公民进行住宅人身搜查被搜查人提起诉讼人民法院可否按行政案件受理问题的电话答复》	在目前体制下，检察机关承担相关监督责任，且刑事司法水平有待进一步提高，通过行政诉讼监督刑事司法行为的时机还不够成熟[②]
内部管理行为	《关于企业经营者依企业承包经营合同要求保护其合法权益的起诉人民法院应否受理的批复》；《对人事争议仲裁委员会的仲裁行为是否可诉问题的答复》	国有企业经营者被政府免去或变更厂长职务，行政机关、事业单位与其工作人员之间纠纷属人事任免争议

① 本书中使用的司法解释文本资料来源于江必新主编的《最高人民法院最新行政诉讼司法解释汇编》（中国法制出版社2012年版）一书，以及最高人民法院官方网站。

② 参见江必新、梁凤云：《行政诉讼法理论与实务》，北京大学出版社2009年版，第268页。

续表 3-1

排除内容	司法解释名称	理由说明
行政调解、仲裁行为	《若干解释》第一条第二款第（三）项；《关于劳动仲裁委员会逾期不作出仲裁裁决或者作出不予受理通知的劳动争议案件，人民法院应否受理的批复》	对行政调解不服可以通过民事诉讼解决纠纷；仲裁裁决民事争议，劳动争议经劳动仲裁是提起诉讼的必经程序①
协助执行行为	《关于行政机关根据法院的协助执行通知书实施的行政行为是否属于人民法院行政诉讼受案范围的批复》；《关于审理房屋登记案件若干问题的规定》第二条；《关于审理涉及农村集体土地行政案件若干问题的规定》第二条	属于行政机关必须履行的法定协助义务，没有体现行政机关的独立意志②
鉴定结论	《关于地质矿产主管部门作出的非法采矿及破坏性采矿鉴定结论是否属于人民法院受案范围问题的答复》；《关于对医疗事故争议案件人民法院应否受理问题的复函》	当事人可以依照有关规定要求重新鉴定
行政过程行为	《关于审理行政许可案件若干问题的规定》第三条；《关于审理政府信息公开行政案件若干问题的规定》第二条第一款第（一）项、第（四）项	属于行政程序的中间行为，对申请人的权利义务不产生实际影响③起诉这些行为的时机不成熟④
重复处理行为	《若干解释》第一条第二款第（五）项	未创设新的权利义务，避免当事人规避起诉期限⑤
行政指导行为	《若干解释》第一条第二款第（四）项	柔性行政活动，行政机关没有形成行政法律关系的意思⑥

① 参见江必新、梁凤云：《行政诉讼法理论与实务》，北京大学出版社 2009 年版，第 273—274 页。

② 刘万金：《行政机关能撤销其先前作出的协助法院执行行为吗？》，载中华人民共和国最高人民法院行政审判庭编《行政执法与行政审判》（2010 年第 6 集），中国法制出版社 2011 年版，第 121 页。

③ 江必新主编：《最高人民法院关于审理政府信息公开行政案件若干问题的规定理解与适用》，中国法制出版社 2011 年版，第 38 页。

④ 赵大光、杨临萍、王振宇：《关于审理行政许可案件若干问题的规定的理解与适用》，《人民法院报》2010 年 1 月 6 日。

⑤ 江必新：《中国行政诉讼制度之发展——行政诉讼司法解释解读》，金城出版社 2001 年版，第 61 页。

⑥ 江必新、梁凤云：《行政诉讼法理论与实务》，北京大学出版社 2009 年版，第 279 页。

续表 3-1

排除内容	司法解释名称	理由说明
对相对人权利义务不产生实际影响的行为	《若干解释》第一条第二款第（六）项	不产生法律上效果，没有事实根据①
拒绝相对人不合理要求的行为	《关于审理政府信息公开行政案件若干问题的规定》第二条第一款第（二）项、第（三）项	拒绝提供公开出版物因其含有政府信息内容，行政机关已经履行主动公开义务。② 制作加工政府信息不属于行政机关法定职责③

为进一步了解表 3-1 中受案范围否定性列举条款在个案中的适用情况，本书检索到以上述条款作为裁判依据的样本案例 80 个，[④] 统计出法院的裁判方式比例如图 3-4 所示。

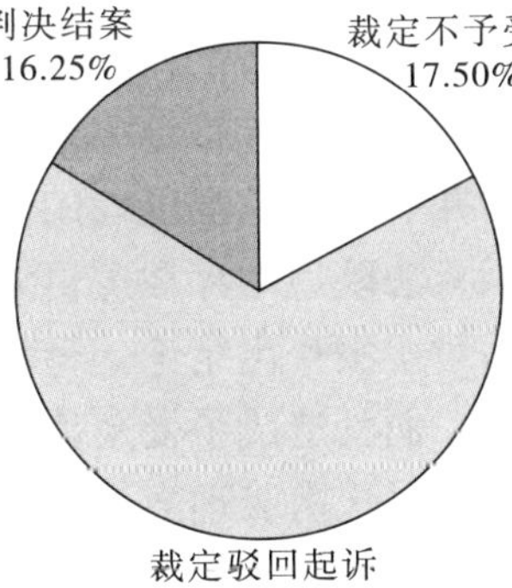

图 3-4　适用受案范围否定性列举条款案件裁判方式比例图

---

① 甘文：《行政诉讼法司法解释之评论——理由、观点与问题》，中国法制出版社 2000 年版，第 28 页。

② 江必新主编：《最高人民法院关于审理政府信息公开行政案件若干问题的规定理解与适用》，中国法制出版社 2011 年版，第 42 页。

③ 同上书，第 43 页。

④ 适用《若干解释》相关条款的案例来源于中国知网中国法律知识资源总库案例库，以相关条款的核心词句为关键词检索到案例 69 个，适用其他《规定》相关条款的案例来源于北大法宝司法案例库，以相关条款的核心词句为关键词检索到案例 11 个。

通过分析以上材料，对司法解释中受案范围的否定性列举可以合理地产生两方面的疑问。首先，根据《行政诉讼法》相关规定，属于人民法院受案范围是提起诉讼应当符合的必要条件之一，如果不符合起诉条件，人民法院应当裁定不予受理。但是，在适用否定性规定条款的案件中，法院裁定不予受理的比例仅有 17.5%，绝大部分案件是以裁定驳回起诉的方式结案，有的甚至以判决方式结案。这意味着在起诉阶段，法院往往不能判定案件是否属于受案范围，通常是在受理案件并进行实质审查后才能得出相应结论。为什么受案范围的否定性列举会造成司法实践与行政诉讼制度安排的冲突，其背后的深层次原因何在值得反思。其次，虽然对受案范围的排除均有来自官方权威的理由说明，但在实践中本已存在行政诉讼"立案难"的情境下，司法解释中的否定性列举实际上缩小了行政诉讼的受案范围，意味着将有一大批行政纠纷不能顺利进入行政诉讼程序并获得法院的最终判决。这种对受案范围的排除是否会加剧提起诉讼的难度，从而阻碍行政诉讼目实现，不能不引起合理的怀疑。

（二）症结：司法解释制度逻辑与功能的错位

受案范围本是行政诉讼制度中特有的概念，为了最大限度保护公民合法权益，对受案范围的理解与适用自应审慎为之。但司法解释并未深究受案范围的内涵和外延，许多并非受案范围范畴的情形被以受案范围之名不予受理，颇有张冠李戴之嫌，法院适用存在逻辑混乱的受案范围条款，自然难以不经实质审查而轻易对个案作出结论。行政诉讼司法解释对受案范围的理解不仅在逻辑上错位，而且造成了受案范围功能上错位，给消极司法披上了合法化的外衣，抬高了法院受理案件的门槛，很大程度上加剧了行政诉讼"立案难"。

1. "混合型"受案范围引发实质审查需求

行政诉讼受案范围在宏观上体现的是司法权与行政权关系的横向维度，解决的是何种行政行为可以被纳入行政审判范围之列，哪些行政行为不能进入司法监督的范围之中。[①] 因此，在个案中界定行政诉讼受案范围，厘定何谓"行政""行政争议""行政行为"应当成为法院关注的基本问题。除此以外，相对人的要求是否合理，是否属于重复处理行为，是

① 参见杨伟东：《行政诉讼受案范围分析》，《行政法学研究》2004 年第 3 期。

否对权益产生实际影响等均属于司法权与行政权关系的纵向维度，需要法院进行不同程度的审查才能确定，不是受案范围制度要解决的问题。从表 3－1 中司法解释对受案范围排除的理由来看，法院考虑的问题远不止行政与司法疆域的划分。总体来看，被司法解释排除受案范围的内容实际上分属三类不同的情形，根据样本案例统计结果显示，法院对每一类情形的审查均以裁定不予受理为主要结案方式。

（1）确属受案范围调整的内容未发挥起诉条件的作用。表 3－1 中的刑事司法行为即属此类。虽然在西方国家刑事司法行为被纳入司法审查范围之中，我国《行政诉讼法》亦未排除刑事司法行为，但是司法解释排除刑事司法行为划定了司法权介入行政权的界限，以不属于受案范围之名对刑事司法行为不予受理并未背离受案范围的题中之意。但问题在于，是否属于刑事司法行为仍然需要法院启动诉讼程序并进行实质审查后才能确定。在本书检索出的适用排除刑事司法行为条款的 16 个案例中，仅有 2 件以裁定不予受理方式结案，只占该类案件的 12.5%。由此看来，在绝大多数情况下，符合受案范围本义的条款并未有效发挥其作为起诉条件的过滤作用。

（2）不具有一般法律保护需要的判断需要正当程序支持。一般法律保护需要是大陆法系国家诉讼法上的概念，原告的主张需要给予一般法律保护，依赖于“原告确实需要法院帮助其实现权利，而且法律保护需要未被滥用”[①]，其作用在于标记多余或者滥用的诉讼，从而为法院进一步审理实体争议并作出判决创造条件。是否具有一般法律保护需要，需要在受理案件后经过实质审查确定，在必要时还应当通过庭审程序听取当事人的意见。在最高人民法院的司法解释中，行政调解及仲裁行为、协助执行行为、行政过程行为、重复处理行为均属于不具有一般法律保护需要的情形。在适用司法解释相应条款以受案范围的名义排除一般法律保护需要的 20 个案例中，以裁定不予受理方式结案的有 7 件，占该类案件的 35%，而在这 7 件案件中，当事人上诉的案件有 6 件，上诉率达 85.7%，明显远高于行政诉讼案件的整体上诉率。这在很大程度上说明了对此类案件进行开庭审理和法庭调查的必要性，而该必要性也高度契合了大陆法系国家对此类问题审查的实际运行状况。由此观之，该部分司法解释的相

---

① ［德］弗里德赫尔穆·胡芬：《行政诉讼法》，莫光华译，法律出版社 2003 年版，第 386 页。

关规定有受案范围之名而无受案范围之实，自然难以发挥起诉条件的作用。

（3）属于案件实体审理的内容本应在开庭审理后得出结论。从逻辑上讲，行政机关的行为是否属于柔性的行政指导，是否对相对人权利义务产生影响，相对人的要求是否合理，只有在法院受理案件并经审查确认该起诉具有一般法律保护需要，从而使案件进入实体审理阶段后，才能由法院通过实体判决得出结论。换句话说，当事人的起诉是否具有事实根据和法律依据，既不属于受案范围解决的问题，也不属于一般法律保护需要考虑的范畴，司法解释将这些情形作为受案范围问题事先排除，实际上混淆了受案范围与案件实体审理内容的区别。在适用司法解释相应条款的44个案例中，裁定不予受理的仅有6件，并且其中3件为信访案件，由于此类案件通常属于社会敏感案件，法院对其不予受理往往受到司法政策的影响而非法律技术操作的结果，故可以将其排除在统计范围之外。据此统计，法院对此类案件适用裁定不予受理的比例仅为7.3%，远低于图3-4中的案件整体比例。

由此看来，司法解释对受案范围的理解已经超出了受案范围的题中之意，一些本不属于受案范围范畴的问题被作为受案范围来规定，表现出了制度逻辑上的混乱。将上述三类情形均排除在行政诉讼大门之外，实际上是对受案范围理解的错位，导致受案范围、一般法律保护需要、案件实体审理三个本应相互独立的诉讼制度，在司法解释这里却出现了不应有的交集（见图3-5）。而案例样本的统计分析也表明，法院对于这种“混合型”受案范围的审查往往并不能在起诉阶段就轻易给出正确结论，先受理后审查成为法院更倾向的做法，司法解释将三类情形作为起诉条件的安排，与相关条款内容的本质和应有地位相去甚远。制度安排与司法实践的冲突，催生制度再造的需求。

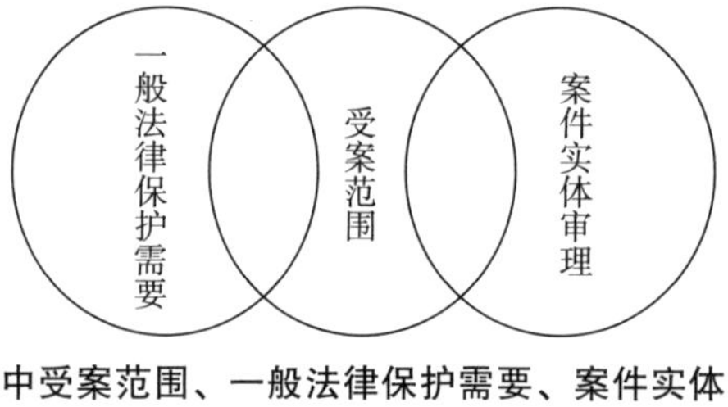

图3-5 司法解释中受案范围、一般法律保护需要、案件实体审理三者关系图

2. “高阶化”起诉条件沦为政策性工具

在行政诉讼中，法院、行政机关、相对人三者之间的利益权衡、博弈贯穿全程，行政机关的威势不仅远胜相对人，甚至掣肘法院，法院受理案件的复杂性和不确定性远超刑事诉讼和民事诉讼，[①] 不仅相对人不愿告、不敢告，甚至不少地方法院也不愿受理、不敢受理。而司法解释对受案范围界定的错位则使受理案件从法院必须依法履行的义务变成了自由裁量的权力，加剧了行政诉讼“立案难”，这显然与行政诉讼法修改的方向相悖。

受案范围被认为是行政争议进入行政诉讼的门槛，司法解释混淆受案范围与一般法律保护需要以及法院实体审理的内容混淆，将这些问题作为起诉条件一并处理，进一步加剧了起诉条件的“高阶化”。虽然起诉条件“高阶化”问题在民事诉讼中也同样存在，但是行政诉讼中权力和权利之间错综复杂的关系使得法院受理行政案件的难度进一步提高。行政诉讼起诉条件的“高阶化”突出表现为法院对“混合型”受案范围的审查从简单的形式审查变成了提前进行的实质审查，而这种立案阶段的实质审查由于缺乏听取意见和当事人抗辩的程序保障，变成了一块不受约束的“灰色地带”，这意味着法院拥有了更多的自由裁量权，只要是法院不想受理的案件，法院均可以理直气壮地以不属于受案范围为由拒绝受理。需要说明的是，图 3－4 中裁定不予受理的比例较低、裁定驳回起诉的比例较高并不代表法院更愿意受理案件。相反，绝大部分案件实际上是法院以口头方式告知当事人不予受理的，“肯定有问题的先退回去，基本没问题的予以立案审查”[②]，从而防止案件受理后难以脱身。如此一来，法院是否受理案件不再受到《行政诉讼法》规定的受案范围约束，而是可以根据一定时期的司法政策进行弹性调整。前文图 1－1 中历年行政诉讼受案数量的变化，基本都是政策影响和推动的结果。在《行政诉讼法》实施之初，为解决行政诉讼受案数量不足的问题，最高人民法院在 1993 年 10 月的全国行政审判工作会议上，要求各地各级法院“积极大胆地依法受案”，受案数量有了明显增加，从 1994 年的 35083 件一跃升至 1995 年的 52596 件。此后，行政诉讼受案数量增长缓慢，2009 年上半年，全国一审行政案件受案数量同比下滑超过 10%，为扭转颓势，最高人民法院下发了《关于

① 参见王振宇：《行政诉讼制度研究》，中国人民大学出版社 2012 年版，第 16 页。

② 引自杭州市中级人民法院某副院长在 2011 年全市法院行政审判培训班上的讲话。

依法保护行政诉讼当事人诉权的意见》，[①] 要求“不得随意限缩受案范围、违法增设受理条件”。在最高人民法院政策的推动下，最终实现了全年受案数量反增10%，并保持了连续三年的增长态势。由此可见，在当前的司法环境下，“混合型”受案范围不仅表现出制度逻辑上的错位，还变成了法院自主掌握开合的阀门和控制受理案件数量的工具，如果没有最高人民法院一再强调要积极大胆地增加受案数量，司法解释中受案范围界定更会变成消极司法的口实，严重阻碍行政诉讼受案数量增长。因此，有必要分析这种“混合型”受案范围的根本成因，并在此基础上找出使受案范围在制度上和实践中回归本义的路径。

（三）溯因：受案范围界定背后的难言之隐

最高人民法院司法解释的权威性决定了其对受案范围的界定在司法实践中产生的影响无疑是巨大的，不仅司法解释的具体内容会直接指导法院如何受理案件，司法解释中透露出的司法信号对法院的影响也是潜移默化的。而司法解释之所以对受案范围如此理解，受到法院在国家权力结构中所处地位和宏观司法政策的影响，同时也是面对我国行政诉讼制度本身缺陷时的无奈选择。

1. 权力划分功能的过分倚重

司法权与行政权的关系贯穿于行政诉讼制度运行的始终，而受案范围作为行政纠纷进入行政诉讼程序的“关口”，起到了划分司法权与行政权二者界限的功能。在权力分立的国家，司法权往往是最为弱小的权力。“司法部门既无军权、又无财权，不能支配社会的力量与财富，不能采取任何主动的行动。故可正确断言：司法部门既无强制、又无意志，而只有判断；而且为实施其判断亦需借助于行政部门的力量。”[②] 我国虽然实行人民代表大会制度，不同于西方的“三权分立”，但是司法机关的弱势地位是相似的，行政权高于司法权的观念根深蒂固，法院的人财物受制于行政机关更是直接造成了“司法地方化”的后果。在这种权力博弈的现实格局下，如果司法过度介入行政权的领地，必然是“贪多嚼不烂”，反而

---

① 参见王振宇：《行政诉讼制度研究》，中国人民大学出版社2012年版，第16页。

② ［美］汉密尔顿、杰伊、麦迪逊：《联邦党人文集》，程逢如、在汉、舒逊译，商务印书馆1980年版，第391页。

有损司法权威。因此，虽然最高人民法院十分在意受案数量，却也是关心行政诉讼制度和行政审判的生存资源使然，将前述10项行政机关的行为以受案范围之名加以排除则透露出了最高人民法院整体上的消极态度，而地方法院对司法解释的解读无疑会倾向于更加保守。受案范围是司法权介入行政权的外在界限，自然会变成法院避免遭受行政权激烈对抗的“挡箭牌”，承受了不应承受之重。

2. 受案范围界定标准的弊端

不同于其他国家从“行政争议”角度界定受案范围，在《行政诉讼法》修改之前，我国行政诉讼受案范围的界定标准是“具体行政行为”。比较而言，我国的行政诉讼受案范围是非常狭窄的，不仅导致将许多类型的行政活动排除在外，还使法院经常难以确定案件是否属于受案范围，对于一些复杂的案件，法院自然倾向于先受理案件再作出是否属于受案范围的判断。虽然《若干解释》早就以“行政行为”为标准扩大行政诉讼受案范围，但由于我国司法权和行政权之间缺乏良性互动，法院不能保持足够的能动空间和开放态度，《行政诉讼法》在实践中依然被消极实施，以司法的能动性来弥合立法的不足更是举步维艰，这使得受案范围界定标准与实践发展需要之间的差距变得更加明显。因此，最高人民法院不得不对受案范围问题作出答复和解释，以指导各地法院的行政审判。在这一过程中，如果对受案范围的理解出现错位，就会将某些本应受理的行政争议案件以不属于受案范围为由排除。如表3－1中对相对人权利义务不产生实际影响的行为就因为不符合具体行政行为“处理性”特征而不被受理。

3. 审理程序二元构造的缺失

行政诉讼审理程序的构造脱胎于民事诉讼，我国民事诉讼程序的单一构造被移植行政诉讼之中，直接对行政诉讼审理程序构成了影响。从逻辑上讲，受案范围、管辖权、当事人是否适格、是否具有法律保护的必要等问题，应当是法院作出实体判决的前提，否则法院便没有权力作出判决或判决将不具有实际意义。这决定了民事诉讼的审理程序应当分为两个部分，一部分是解决法院是否能够和有必要作出判决，一部分是解决法院对争议作出何种判决，这就是民事诉讼审理的二元构造，即实体判决要件的审理和本案诉讼请求的审理。[①] 我国民事诉讼审理程序的问题在于没有把

① 参见张卫平：《起诉条件与实体判决要件》，《法学研究》2004年第6期。

实体判决要件审理纳入审理程序，而是将其放在了审理程序开始之前的立案审查阶段，从而形成了民事诉讼审理的单一构造，即只对案件争议实体问题的审理。这种诉讼程序的单一构造，同样体现在行政诉讼程序中。由于我国并没有实体判决要件的设置，为节约司法资源，司法解释不得不将实际上属于该要件范畴的情形，装进受案范围的“口袋”中，从而造成了受案范围内涵与功能的错位，本应作为实体判决要件审理的受案范围、一般法律保护需要等问题被作为起诉条件进行审查。而这种缺少审理程序支持的审查，必然难以得到当事人的信服，在裁定不予受理的 14 件样本案例中，12 件为上诉案件，占裁定不予受理案件的 85.7%。

（四）归位：再造行政诉讼理念及其制度空间

受案范围事关司法权与行政权的关系，成为最高人民法院司法解释关注的重点。而权力结构中的弱势和消极司法的姿态，又造成了地方法院对请示最高人民法院这一路径的依赖，导致最高人民法院频频对受案范围作出司法解释，如此循环往复，受案范围涉及的问题像滚雪球一样越来越多。“大容量”的受案范围进一步加剧了法院在个案中审查判断的难度，于是最高人民法院不得不继续解释答复，就形成了受案范围理解与适用中的怪圈。在这一过程中，对受案范围理解出现偏差，就会导致许多本应受理的案件无法进入行政诉讼程序。因此，要回归受案范围的本来面目，就应当最大限度降低司法解释的必要性，以消解这种循环解释的动力，而这需要诉讼理念的更新及相应的制度构建。

1. 可审查假定原则的确立

可审查假定（Resumption of Reviewability），既是一项法律原则，又是一种司法理念，它要求凡是行政争议原则上都假设可以接受司法审查而无须法律明文规定。可审查假定形成于英美法系国家，在美国联邦最高法院 1976 年的一个判决中，联邦最高法院指出：“只有根据明白的和令人信服的相反的法律规定，才能限制法院进行司法审查。”[①] 虽然大陆法系并未明确提出可审查假定的原则，但是《联邦德国行政法院法》第 40 条中“公法上之争议，非属宪法性质者，皆得向行政法院提起诉讼”的规定表明，“针对国家的行为或者停止作为所提供的法律保护，原则上不依赖于

① 王名扬：《美国行政法》，中国法制出版社 2005 年版，第 600—601 页。

该行为的法律形式。这是对传统列举原则的拒绝，是与宪法所要求的实施有效法律保护的精神相吻合的”①，体现的是同样的司法理念。

1999年最高人民法院《若干解释》第1条第1款明确规定：“公民、法人或者其他组织对具有国家行政职权的机关和组织及其工作人员的行政行为不服，依法提起诉讼的，属于人民法院行政诉讼的受案范围。”根据《若干解释》制定者的观点，所有行政行为原则上都应当纳入行政诉讼受案范围，②这实际上也体现了可审查假定的原则和理念。从我国的司法实践来看，不论是有意为之还是无心之举，可审查假定原则已经在有些案例中体现出来。

> 案例1：南京太极客运公司诉南京市民政局侵犯企业经营自主权案。南京中院审理认为：上诉人南京市民政局作为被上诉人实际投资单位和主管部门，针对太极客运公司在经营管理活动中存在的问题，在公司章程规定的法定代表人任职期满之后，作为主管部门作出的宁民办〔1998〕9号、75号文的行为属于内部管理行为，并不是针对被上诉人太极客运公司所作出的具体行政行为，不属于行政诉讼受案范围，原审法院认定事实不清，适用法律不当。③
>
> 案例2：黄梅县振华建材物资总公司不服黄石市公安局扣押财产及侵犯企业财产权行政上诉案。最高人民法院认为，上诉人黄石市公安局以张某涉嫌诈骗被收容审查，需进行刑事侦查为名，扣押了被上诉人振华建材物资总公司所购钢材，其行为无论从事实上或者从法律上，均不属于刑事诉讼法所规定的侦查措施。上诉人在对张某收容审查的同时，以同一事实和理由扣押被上诉人财产，被上诉人对扣押财产不服依法提起行政诉讼，符合《中华人民共和国行政诉讼法》第11条第1款第2项规定的受案范围。④

在案例1中，南京市民政局的发文是否属于行政诉讼受案范围是争议的焦点。二审法院并未简单地以争议不属于受案范围为依据，不经审理径行裁定驳回起诉，而是受理上诉并进行了开庭审理，充分听取双方当事人

---

① ［德］弗里德赫尔穆·胡芬：《行政诉讼法》，莫光华译，法律出版社2003年版，第203页。

② 参见江必新：《司法解释对行政法学理论的发展》，《中国法学》2001年第4期。

③ 参见最高人民法院中国应用法学研究所编：《人民法院案例选》1999年第2辑（总第28辑），时事出版社1999年版，第365—369页。

④ 参见《中华人民共和国最高人民法院公报》1996年第1期。

意见，在确认诉讼标的为内部管理行为后，即对该行为不再进行实体审查，遂撤销了一审判决，并判决驳回太极客运公司的诉讼请求。① 在案例2中，法院受理案件时，并未考虑该案是否属于刑事侦查行为，而是对案件先予以受理，经审理确认属于刑事侦查行为的，法院将不再进行实体审查，如果不属于刑事侦查行为，法院就可以进一步进行合法性审查，这种做法体现了可审查假定的要求，从而有效保护了当事人的合法权益。

可审查假定原则在行政诉讼中的提倡，包含了对法院由消极保守向能动开放姿态转变的要求，其意义在于，尽可能使所有的行政行为都纳入受案范围，从而降低当事人启动并进入司法审查程序的难度。至于是否确属受案范围，则由法院受理后通过审理得出结论。如果法院经审理认为不属于行政诉讼受案范围，则不再继续进行案件实体审理。这样一来，就将受案范围之争转化为实体审查之争，避免法院因受案范围认识上的偏差和制度的模糊而规避受理行政案件。② 确立可审查假定原则意味着受案范围划分权力界限功能的弱化，不论是对受案范围的肯定性还是否定性列举原则上均失去了存在的必要性，确实需要列举的，则应当严格遵循从权力划分的“横向维度”来界定受案范围。也就是说，在表3－1列举的情形中，除了刑事司法行为、内部管理行为之外，其他均不应规定在受案范围的司法解释中。

2. 实体判决要件的设置

与我国长期以来起诉条件的“高阶化”形成明显对比的是，大多数国家的法院实行的都是立案登记制，起诉条件通常只是需要提交合法的起诉状和缴纳必要的诉讼费用，至于当事人、法院和诉讼标的方面的问题，则是在诉讼程序启动后作为实体判决要件进行审查。所谓的实体判决要件也称为诉讼要件，是指法院对本案实体权利义务争议问题继续进行审理并作出实体判决的条件。③ 例如，德国行政诉讼制度中的实体判决要件主要包括法院具有管辖权、诉讼参加人具有权利能力和诉讼能力、有适当的诉的种类、具有权利侵害的可能性、经过复议程序、符合起诉期限、具有一般法律保护需要。④ 又如，法国行政法院在作出判决之前需要满足如下条

① 本案作出驳回起诉的判决更合适，将在下文中详述。

② 参见刘善春：《行政诉讼原理及名案解析》，中国法制出版社2001年版，第403页。

③ 参见宋朝武：《民事诉讼受理制度改造的理性视角》，《法学论坛》2007年第3期。

④ 参见［德］弗里德赫尔穆·胡芬：《行政诉讼法》，莫光华译，法律出版社2003年版，第137页。

件：案件属于行政法院的特定管辖权、被审查行为的性质是“行政”的、有一个在先的行政决定、具有原告资格、平行救济的缺乏、未超过起诉时效、未排除司法审查。[①] 由此可见，在这些国家，受案范围、管辖权、起诉期限等问题是被作为实体判决要件在案件受理后审理的，[②] 并且由于诉讼要件齐备，受案范围也无须越俎代庖，承担不应有的重任。而在我国，这些属于实体判决要件的问题都被前移到了立案阶段进行审查，加上我国缺乏一般法律保护需要这一要件，使得受案范围承担了本不应承担的任务，为行政纠纷进入诉讼渠道设置了相对较高的门槛。

因此，有必要改革过去的立案审查机制，将程序的启动权交给当事人。新《行政诉讼法》第51条关于“登记立案”的规定，成为党的十八届四中全会之后最早落实立案登记制的法律条文。[③] 根据立案登记制的要求，法院对起诉条件原则上只进行形式审查，除非显然不符合起诉条件，只要当事人提交了记载必要事项的起诉书并预交诉讼费，行政诉讼程序即应启动，也就是实行“立案登记制”，以避免法院“未立先审”“不立不裁”，从而有效减少法院在立案审查阶段的裁量权，防止法院基于各种不相关因素考虑而任意拒绝受理案件。在此基础上，为了进一步降低诉讼门槛，还应当确立行政诉讼实体判决要件制度，将受案范围作为与管辖权、当事人适格、复议前置、起诉期限等并列的实体判决要件。与此同时，增设一般的法律保护需要要件，以便将行政调解行为、行政仲裁行为、协助执行行为、鉴定结论、行政过程行为、重复处理行为的审查“归位”于其中。不具有一般的法律保护需要的情形很多，排除行政调解、仲裁行为，行政协助执行行为以及行政机关和法律、法规授权组织的鉴定结论是因为它们均属于存在“更容易途径”的情形，提起行政诉讼是无用或者无效率的；对行政过程行为提起诉讼是属于“不适时”法律保护的情形，当事人过早地向法院主张权利；而起诉重复处理行为则属于恶意、滥用诉

① 参见［英］L·赖维乐·布朗、约翰·S·贝尔：《法国行政法》，高秦伟、王锴译，中国人民大学出版社2006年版，第149—166页。

② 虽然英美法系国家没有实体判决要件的概念，但是法院在进行实质性司法审查之前，应当对案件是否排除司法审查、是否符合穷尽救济原则和成熟性原则等问题进行审查，这与实体判决要件异曲同工。参见王名扬：《美国行政法》，中国法制出版社2005年版，第597—662页。

③ 此后，2015年4月1日，中共中央全面深化改革领导小组第十一次会议审议通过了《关于人民法院推行立案登记制改革的意见》，该意见自2015年5月1日起施行。

讼的情形。虽然不具有一般的法律保护需要并不影响法院受理这些案件，但是法院有理由拒绝对实体法律争议进行实质性审理并作出判决。同时，对于明显不具备实体判决要件的起诉，法院在立案登记阶段应当进行必要的释明，引导当事人合理行使诉讼权利。也就是说，在实行立案登记制后，人民法院在接到起诉状时，对起诉显然不属于行政诉讼受案范围的，作出不予立案的裁定；人民法院在受理案件后，经审理认为不属于行政诉讼受案范围的，应当裁定驳回起诉。这样一来，受案范围与一般法律保护需要之间的关系就如图 3－6 所示变得明晰，也就回归了其只确定“哪些性质或类型的争议应当是通过行政诉讼途径解决”[①] 的功能。

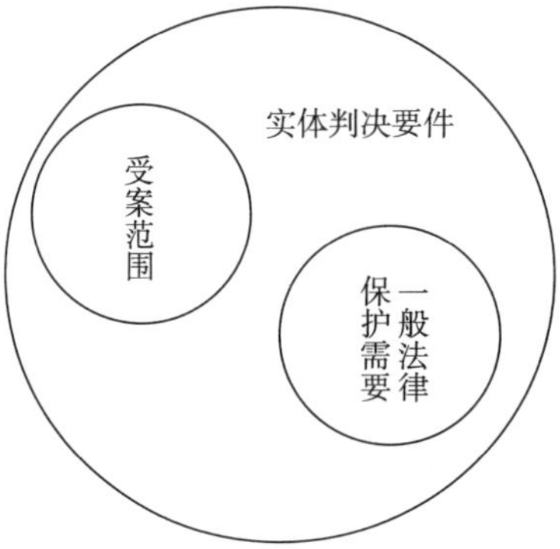

图 3－6　受案范围要件与一般法律保护需要要件关系图

3. 复合型审查程序的构建

一般来说，案件的处理程序是渐进式、阶段式的，法院先要审查起诉行为是否成立，如果符合形式要求的话就启动诉讼程序，然后再审查实体判决要件是否齐备，最后，由法院对实体争议进行审理。这被称为诉讼过程的“三阶段构造论”。[②] 但是在现代大陆法系国家，诉讼阶段的区分并不是绝对的，在实体判决要件审理和本案实体审理的二元构造中，二者实际上是并行的，从而形成了“复合型审查程序”。例如，在日本行政诉讼法上，实体判决要件审理原则上是进行本案实体审理的前提程序，在法院认为诉讼欠缺实体判决要件时，法院将以诉讼本身不合法为由作出不予受

① 黄先雄：《行政诉讼中的权力关系》，中南大学出版社 2012 年版，第 67 页。

② 参见［日］中村英郎：《新民事诉讼法讲义》，陈刚、林剑锋、郭美松译，法律出版社 2001 年版，第 155 页。

理的判决。但是在本案审理过程中，有时会发生在诉讼提起时具备实体判决要件，而在本案实体审理过程中却不具备实体判决要件的情形。此时，法院就可以不具备实体判决要件为由作出驳回判决。①

实际上，由于实体判决要件的审理并非纯粹的程序性问题，实体判决要件的审理和本案实体审理难以截然分开，因此，大陆法系国家的"复合型审查程序"可资借鉴。首先，实体判决要件的审查原则上在诉讼程序开始后集中进行，发现不具备实体判决要件的，法院裁定驳回起诉，以减少当事人讼累，提高诉讼效率。如果在本案实体审理阶段才发现不具备实体判决要件的，人民法院仍可以直接裁定驳回起诉，不必继续进行本案实体审查。其次，如果在审理过程中，本案实体问题无理由的情况已经被查明，而实体判决要件是否具备尚未清楚，在实体判决要件与本案实体审理并行的复合型审查程序中，法院完全可以不再审查实体判决要件，直接作出驳回诉讼请求的判决。由此可知，对表 3－1 中的行政指导行为、对相对人权利义务不产生实际影响的行为以及拒绝相对人不合理要求的行为这些属于本案实体审理的问题，法院应当与本案实体判决要件分别进行审查，发现无理由的，判决驳回诉讼请求。至此，司法解释中的 10 项否定性列举各归其位，受案范围充分减负，一种新的行政诉讼审理结构（见图 3－7）建立起来，与传统的行政诉讼审理结构（见图 3－8）形成了鲜明的对比。需要指出的是，从新《若干解释》第 3 条的规定中，已可以看出复合型审查程序的端倪。该条中列举的立案之后裁定驳回起诉的情形，都属于实体判决要件的范畴。这样的程序安排是以起诉阶段的形式审查和可审查假定为存在前提的，实际上为法院设置了实体判决要件审理的环节。

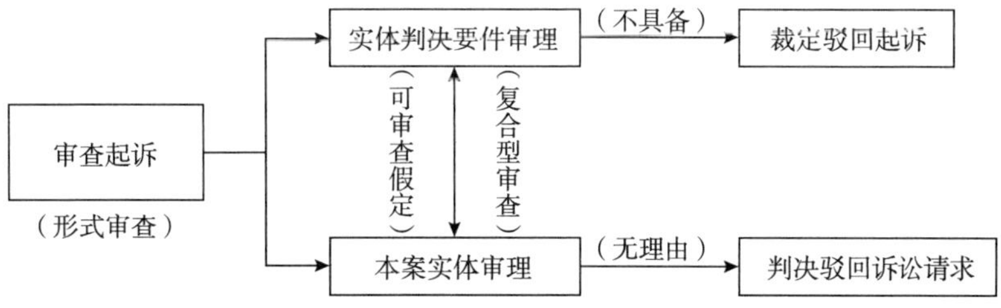

图 3－7　行政诉讼复合型审查程序流程图

① 参见江利红：《日本行政诉讼法》，知识产权出版社 2008 年版，第 206—207 页。

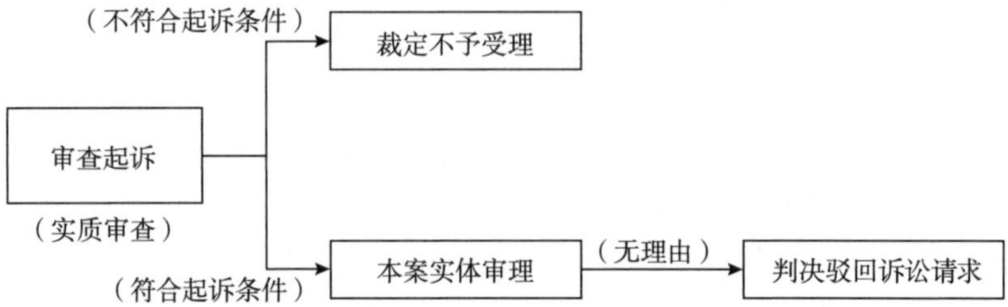

图3－8　传统行政诉讼审理程序流程图

虽然《行政诉讼法》的实施标志着我国司法审查制度初步确立，但是外部的压力和审判权独立的欠缺，使得法院在受案范围问题上进退维谷，以“请示”和“解释”的方式来规避法律和政治风险，成为法院基于司法能力的认识而做出的理性选择。然而，随着当代中国司法改革的推进和《行政诉讼法》的修改完善，司法权亦应当学会必要的坚持和担当。实现从“法无明文不受理”向“法无明文即受理”的转变，不仅是司法制度的改革更是司法理念的更新，也意味着司法由消极保守向积极开放的转型。唯其如此，法院才能不必继续在受案范围的问题上如此纠结，相关的司法解释也终会退出历史舞台。

六　本章小结

行政诉讼受案范围是指人民法院受理行政案件的范围，它规定人民法院对行政主体的哪些行为拥有审查权。确定行政诉讼的受案范围应当处理好必要性和可行性的关系，实现司法权对行政权的适度干预。

从世界范围来看，各国行政诉讼受案范围的发展经历了一个由窄变宽的过程，我国行政诉讼受案范围的确立和发展的历史，也是一个受案范围渐进积累、逐步扩大的过程。随着我国经济社会发展与公民权利要求日益增长，行政诉讼受案范围过窄的问题日益突出，全面扩大受案范围成为学界的一致主张，以概括式肯定和列举式排除的方式规定受案范围，成为学界的基本共识。

在确定行政诉讼受案范围时，行政诉讼法及其司法解释先后使用了“具体行政行为”和“行政行为”两个概念，由于这两个概念均属于行政法学理论上的概念，并且自身存在理论上的争议和缺陷，将其作为法律文本中的概念，不仅带来了法律概念界定的难题，而且在司法实践中造成了受案范围的限制，因此，有必要使用“行政争议”来取代这两个概念作为确定受案范围的肯定性概括标准。新《行政诉讼法》第 12 条是该法对属于受案范围情形的列举，延续了旧《行政诉讼法》的模式，囿于立法当时行政诉讼理论成果不足和立法操作上的不严谨，导致理论上和实践中均限制了受案范围的拓展。从立法方式科学化的角度考虑，废除肯定性列举，应是完善行政诉讼法的优化选择。也就是说，《行政诉讼法》对受案范围的规定应当采用肯定概括式和否定列举式相结合的方式。新《行政诉讼法》第 13 条是对受案范围的否定性列举，根据该条规定，国家行为、抽象行政行为、内部行政行为、行政最终裁决行为不属于行政诉讼受案范围。对于国家行为，基于其属于政治问题，法院缺乏审查标准和能力的考虑，世界各国一般都规定不得提起诉讼。然而，将抽象行政行为、内部行政行为和行政最终裁决行为完全排除受案范围的规定不适当地限缩了受案范围，有必要从我国实际出发，作出必要的修正，将部分抽象行政行为、内部行政行为纳入受案范围，取消行政终局裁决不受理的规定，从而适度扩大司法审查的范围。

可审查假定原则包含了对法院由消极保守向能动开放姿态转变的要求，其意义在于，尽可能使所有的行政行为都纳入受案范围，降低当事人启动并进入司法审查程序的难度。确立可审查假定原则意味着不论是对受案范围的肯定性还是否定性列举原则上均失去了存在的必要性，确实需要列举的，则应当严格遵循从权力划分的“横向维度”来界定受案范围。在司法解释列举的情形中，除了刑事司法行为、内部管理行为之外，其他均不属于受案范围制度解决的问题，不应规定在受案范围的司法解释中。在实行立案登记制后，人民法院在接到起诉状时，应当对受案范围只进行形式审查。同时，与实行“立案登记制”相应地，构建复合型审查程序。实体判决要件的审查原则上在诉讼程序开始后集中进行，发现不具备实体判决要件的，法院裁定驳回起诉，以减少当事人讼累，提高诉讼效率。如果在案件实体审理阶段才发现不具备实体判决要件的，人民法院仍可以直接裁定驳回起诉，不必继续进行案件实体审查。如果在审理过程中，案件实体问题无理由的情况已经查明，而实体判决要件是否具备尚未清楚，在实体判决要件与本案实体审理并行的复合型审查程序中，法院完全可以不再审查实体判决要件，直接作出驳回诉讼请求的判决。

第四章　复议前置抑或自由选择：司法权介入行政权的时机

在涉及《中华人民共和国行政复议法》（以下简称《行政复议法》）和《行政诉讼法》两部法律衔接的制度中，是坚持行政复议和行政诉讼自由选择的制度模式还是全盘推行复议前置制度模式，学界存在不同的声音。从司法权与行政权的关系来看，对这两种制度模式的选择涉及的是司法权介入行政权并对行政权力进行审查的时机，也就是说，在行政决定作出后，法院是立即获得对行政决定进行的审查资格，还是要待相对人继续穷尽行政系统内部救济之后才能受理相对人的起诉，需要在法律上做出制度安排。两种不同的制度安排均有各自的理论根据和域外立法经验，究竟如何确定司法审查的时机，需要从我国的立法和司法实践出发，在行政诉讼制度上做出相应的选择和设计。

一　现有制度体系与改革焦点

梳理我国现有法律、法规的相关规定可知，在行政复议与行政诉讼的关系方面，我国实行的是以当事人自由选择为主，复议前置为例外的制度模式安排。新《行政诉讼法》对此并未作实质性修改。新《行政诉讼法》第44条的规定："对属于人民法院受案范围的行政案件，公民、法人或者其他组织可以先向行政机关申请复议，对复议决定不服的，再向人民法院提起诉讼；也可以直接向人民法院提起诉讼。法律、法规规定应当先向行政机关申请复议，对复议决定不服再向人民法院提起诉讼的，依照法律、法规的规定。"结合其他单行法律、法规的规定，行政复议与行政诉讼的关系可以具体分为五种类型。

一是自由选择型。相对人可以在行政复议和行政诉讼之间自由选择，在选择了行政复议之后，如果不服复议决定仍然可以提起行政诉讼，即复议不是相对人解决行政争议的必经程序。

二是一般的复议前置。相对人对行政决定不服的，应当一律先申请行政复议，对行政复议决定不服的，可以继续提起行政诉讼。一般的复议前置的典型规定是《行政复议法》第 30 条第 1 款："公民、法人或者其他组织认为行政机关的具体行政行为侵犯其已经依法取得的土地、矿藏、水流、森林、山岭、草原、荒地、滩涂、海域等自然资源的所有权或者使用权的，应当先申请行政复议；对行政复议决定不服的，可以依法向人民法院提起行政诉讼。"①

三是复议选择终局型。即相对人对行政决定不服，可以选择行政复议或者行政诉讼途径寻求救济，但是如果选择行政复议，复议决定即为终局决定。规定这种类型的法律为《中华人民共和国出境入境管理法》，其中第 64 条规定：" 外国人对依照本法规定对其实施的继续盘问、拘留审查、限制活动范围、遣送出境措施不服的，可以依法申请行政复议，该行政复议决定为最终决定。"

四是复议后选择终局型。指的是相对人申请行政复议后，对复议决定不服的，可以选择提起行政诉讼，也可以选择再次申请行政机关复议，如果选择再次申请复议，复议机关的决定就是终局裁决。确立这一类型的是《行政复议法》第 14 条："对国务院部门或者省、自治区、直辖市人民政府的具体行政行为不服的，向作出该具体行政行为的国务院部门或者省、自治区、直辖市人民政府申请行政复议。对行政复议决定不服的，可以向人民法院提起行政诉讼；也可以向国务院申请裁决，国务院依照本法的规定作出最终裁决。"

五是复议终局型。指的是相对人对行政决定不服只能申请复议，且复议决定为终局决定。典型的规定是《行政复议法》第30 条第2 款的情形："根据国务院或者省、自治区、直辖市人民政府对行政区划的勘定、调整或者征用土地的决定，省、自治区、直辖市人民政府确认土地、矿藏、水流、森林、山岭、草原、荒地、滩涂、海域等自然资源的所有权或者使用

① 经初步统计，其他对复议前置作出规定的法律有《中华人民共和国海关法》《中华人民共和国税收征收管理法》《中华人民共和国中外合资经营企业所得税法》《中华人民共和国专利法》《中华人民共和国商标法》，此外还有 24 部行政法规及大量的地方性法规。

权的行政复议决定为最终裁决。”

为了进一步理顺行政复议和行政诉讼的关系，使行政诉讼制度运行更加顺畅，学界普遍认为，虽然各个国家的行政诉讼制度因具体国情、历史传统及文化背景的差异而有所不同，但是发挥司法权对行政权的监督作用，以诉讼途径最终解决行政争议，确立司法最终裁决原则，则是最基本的模式，这不仅是现代法治国家发展的潮流，也是我国建设社会主义法治国家的必然选择。[①] 从我国的立法情况来看，《商标法》《专利法》均经过修改取消了行政复议终局裁决的规定，相信随着法治建设的推进，复议终局裁决模式的适用范围将会进一步缩小，直至最终消失。学界的主要争议焦点在于，是否需要在立法上改变现行的自由选择模式为行政复议前置模式。尽管自由选择模式已实施二十余年，但行政复议制度运行得不尽如人意与行政救济制度面临变革的背景，使得现行行政复议与行政诉讼的衔接制度也遭受质疑，要求将行政复议作为行政诉讼的先行程序的看法开始出现。但是，这种看法的理由有待进一步推敲和商榷。

二　复议前置模式的正当性质疑

倡导复议前置模式的观点主要是基于行政复议制度自身的优点考虑的，意在推动行政复议制度的完善，提高行政复议化解纠纷的能力，努力将行政纠纷化解在行政系统内部。但是从倡导复议前置模式的主要理由来看，似乎缺乏足够的说服力。

（一）行政复议的专业性优势无须通过复议前置来体现和强化

行政复议的专业性优势是主张实行复议前置的最重要的实质性理由。行政复议的专业性表现为“行政争议一般都具有较强的专业性和技术性，而对于专业性和技术性问题的解决恰恰是行政机关的特长。行政机关一般拥有解决这些行政争议的专业人才，也具有解决这些专业性和技术性问题的经验和条件”[②]。主张复议前置观点的学者认为，对于一些复杂的或专

① 参见马怀德主编：《司法改革与行政诉讼制度的完善——〈行政诉讼法〉修改建议稿及理由说明书》，中国政法大学出版社 2004 年版，第 269 页。

② 周兰领：《行政复议强制前置模式的重建》，《长安大学学报（社会科学版）》2008 年第 4 期。

业性很强的行政争议，如果没有经过行政复议机关处理而直接进入诉讼程序，只会花费法院大量时间和精力而未必会得到及时和圆满解决，由行政复议机关解决能够体现比较优势。[①] 但是，行政复议的专业性优势更多存在于理想状态之下，并未成为现实。

从行政管理者自身情况来看，一方面，行政管理的专业性从整体上看并不过强。虽然行政管理涉及领域众多，纷繁复杂，但是绝大部分领域与普通公民的生活息息相关，并不具有十分强的专业性，所谓的专业性更多的是代表了不同部门的分工而已。即使在专业性较强的行政领域，在大多数情况下，其专业性也没有强化到非专业人士无法理解的地步，以至于行政机关在专业性问题的判断上具有明显的优势。另一方面，行政复议机关的专业性也不强。虽然《中华人民共和国行政复议法实施条例》第2条规定，“各级行政复议机关应当认真履行行政复议职责，领导并支持本机关负责法制工作的机构依法办理行政复议事项，并依照有关规定配备、充实、调剂专职行政复议人员，保证行政复议机构的办案能力与工作任务相适应”，但是就行政复议运行的实际状况来看，复议机构在很多行政机关得不到重视，削弱了复议机构及其工作人员的专业性建设，“有的复议机构由于案件数量过少没有专人承担复议工作，不少复议工作人员没有受过正规的法学教育，直接影响复议案件的审理质量”[②]。虽然近年来北京、哈尔滨等城市开展了复议委员会的试点，以增强行政复议的专业性，但是这恰恰说明了行政复议整体工作的专业性不强，而且复议委员会机制目前也并未在立法上被肯定下来，行政复议的专业化依然是其发展的目标和将来的理想状态。因此，从目前来讲，行政复议化解行政争议的专业性优势并不具备。

与此同时，司法审查的专业性随着法治的发展得到了逐步强化。首先，在司法实践中，法院在许多情况下对专业性问题的审查强度和审查能力并不亚于行政机关。虽然从国家机关权力分工的原理出发，法院和行政机关分别拥有各自的职责，二者性质和分工不同，专长也有所区别，法院作为中立的裁判机关不能越俎代庖，成为国家政策和法律的执行者，也不宜用自己的决定代替行政机关的决定，对于案件中涉及的专业性、技术性

① 参见杨海坤、章志远主编：《行政诉讼法专题研究述评》，中国民主法制出版社2006年版，第84页。

② 王万华：《〈行政复议法〉修改的几个重大问题》，《行政法学研究》2011年第4期。

问题，法院应当尊重行政机关的判断，但是在司法实践中，当公民的基本权益受到行政行为侵害时，或者行政行为涉及重大公共利益，即使行政判断的专业性、技术性非常强，法院依然要提高审查强度。[①] 其次，司法机关的专业性随着司法改革推进得到了增强。司法机关专业性的强化不仅指法律逻辑推理操作技术的强化，法律本身就是一门包罗万象的学科，这决定了作为一名称职的职业法官，应当对与案件审理相关的自然科学、社会科学领域有所涉猎，因而司法的专业性中必然也包含了对相关学科领域知识掌握的要求，司法技能的提升也必然是法官知识储备逐渐丰富的过程。在现代法治国家，司法机关的专业性还体现在专门法院的出现。在德国，除了普通行政法院之外，还存在着财政法院、劳动法院、社会法院、专利法院等专门法院，这些法院不仅具有司法性，而且具有极强的专业性。在英国，随着行政裁判所改革的推进，其已经成为司法体系的一员，从而成为英国司法专业性的典范。[②] 近年来，我国的司法改革也在不断推进，司法的专业性在这一过程中得到不断强化。在我国加入 WTO 之初，为了应对入世后司法机关面临的挑战，“法庭之友”、专家证人等机制开始吸引司法改革者的目光。最高人民法院 2001 年出台的《关于民事诉讼证据的若干规定》第 61 条规定，“当事人可以向人民法院申请由一至二名具有专门知识的人员出庭就案件的专门性问题进行说明”；在 2012 年出台的《关于审理因垄断行为引发的民事纠纷案件应用法律若干问题的规定》第 12 条规定，“当事人可以向人民法院申请一至二名具有相应专门知识的人

① 例如，在许文庆诉国家知识产权局专利复审委员会、第三人邢鹏万宣告发明专利权无效纠纷提审案中，最高人民法院认为，在全面考虑了各方当事人对争议问题的意见后，可以得出这样的结论：本案专利权利要求得到了说明书的支持，符合《专利法》第 26 条第 4 款规定。当事人就本案发生的争议，主要是由于“各种处理液”“连续不间断地循环流动状态”等表述不够清楚造成的。这些缺陷，通过所属技术领域的技术人员仔细阅读说明书和借助于现有技术知识，是可以克服的，不至于严重到如第 1372 号决定所认为的那样，权利要求书得不到说明书的支持，将专利权宣告无效。本院不愿意见到更多的以此种理由宣告专利权无效的趋向，有关各方应当尽心协力提高专利申请授权水平。虽然该属于专利纠纷，但是最高人民法院在审判过程中依然采取了积极的立场，并未因案件涉及专业技术知识而变得相对保守，反而要求各方提高专利申请授权水平。这不仅是因为专利权能够给权利人带来财产利益，更在于专利技术对推动国家科技创新，提升社会劳动生产率，促进社会经济发展的重要意义。因此，尽管审理此类案件需要掌握一定的专业背景知识，但法院也并未放任行政机关的判断。案例详情参见《中华人民共和国最高人民法院公报》2006 年第 2 期。

② 关于英国行政裁判所体制的发展可参见郑磊、沈开举：《英国行政裁判所的最新改革及其启示》，《行政法学研究》2009 年第 3 期。

员出庭，就案件的专门性问题进行说明”。还有的地方法院指定涉外案件由某一法院集中管辖，这都标志着在司法审判中确立了专家证人制度，司法审判的专业性得到了有效强化。[①] 近年来，司法机关专业化的发展体现在专业化审判机构的设置。在党的十八届三中全会通过的《中共中央关于全面深化改革若干重大问题的决定》明确提出，要探索建立知识产权法院。2014 年年底，北京、上海、广州知识产权法院相继成立。[②] 设立知识产权法院主要就是因为这类案件的专业技术性更强，审理要求更高，司法的专业化也因此得到了进一步强化。

由此看来，行政复议的专业性无论从行政机关自身的情况来看，还是与同样作为纠纷解决机构的法院相比，都没有突出地体现出来，以行政复议专业性作为行政复议前置的根据，显得牵强。相应地，专业性优势的前提不存在，自然也不涉及如何体现和强化这种优势了。实际上，如果行政复议的专业性优势明显，并且体现为纠纷解决效率高、更有利于保护相对人合法权益的话，也就无须通过强制性的规定来强化，相对人自然会优先选择行政复议途径解决纠纷。

（二）域外行政内部救济与司法救济衔接上并无统一模式

主张行政复议前置模式学者的另一个主要论据是此种模式被美国、德国等一些国家和中国台湾地区等一些地区采纳，这些国家和地区的模式为我国立法提供了范例。但是从历史和发展的角度来看，这些国家和地区的立法例或有其法律传统背景，或者随着时代的发展而变化，严格的复议前置模式已经被诸多例外冲击，复议前置模式的界定在很大程度上仅具有形式上的意义。

美国行政法上的穷尽行政救济原则是最为学界普遍采用的推行复议前置模式的论据，而美国实行该原则的理由也成为推行复议前置模式的理由。在美国 1938 年的迈尔思诉贝思勒亨案件中，法院指出：“在规定的行政救济用尽以前，任何人对于可能的和已经或即将受到的损害，不能请求

① 例如，湖北法院推行专家证人出庭作证制度，对重大、疑难、涉外、涉及中国港、澳、台地区案件中的专业技术问题、商业惯例、海运规则以及外国法律和国际公约的适用等问题积极听取和采纳专家意见，切实保证审判质量。参见《请专家证人出庭推行听证式接待 湖北法院力求公正》，《法制日报》2003 年 2 月 18 日。

② 参见《继北京广州后，上海知识产权法院今天挂牌成立》，http://news.163.com/14/1228/12/AEI64ACF00014SEH.html，2015 年 4 月 15 日。

司法救济。”穷尽行政救济原则存在的理由主要由法院的判例确立，其基本作用在于保障行政机关的自主，司法职务的有效执行，防止法院和行政机关之间产生矛盾。在1969年麦卡特诉美国政府案中，联邦最高法院列举的坚持穷尽行政救济原则的理由有：第一，保证行政机关能够利用其专门知识和行使法律所授予的自由裁量权；第二，让行政程序连续发展不受妨碍，法院只审查行政程序的结果，比在每一阶段允许司法干预更有效；第三，行政机关不是司法系统的一部分，它们是国会设立执行特定职务的实体，穷尽行政救济原则保护行政机关的自主性；第四，没有穷尽行政救济时，司法审查可能受到妨碍，因为这时行政机关还没有搜集和分析有关的事实来说明采取行政的理由，作为司法审查的根据；第五，穷尽行政救济原则使行政系统内部有自我改正错误的机会，减少司法审查的需要，使法院有限的人力和财力能更有效地使用；第六，如果不进行行政救济而直接进行司法审查，可能降低行政效率，鼓励当事人超越行政程序，增加行政机关工作的难度和经费。[①] 但是，穷尽行政救济原则并非教条，在任何情况下都能适应，而且该原则实际上只是一个指导性原则，在法律没有强制性规定的情况下，法院对是否适用该原则有很大的自由裁量权，穷尽行政救济原则不断被赋予新的含义，20世纪末以来，法院对穷尽行政救济原则的掌握也趋向于宽松。在穷尽行政救济原则的发展过程中具有里程碑意义的判例是1993年的达比诉西斯内罗案，该案确立了穷尽行政救济原则适用的新规则。美国联邦最高法院在判决中认为，行政相对人根据联邦行政程序法向法院提起诉讼，除非相关法律或行政机关的规章对穷尽行政救济作出明确规定，法院不得要求相对人在寻求司法救济之前必须穷尽行政救济。[②] 这意味着，在法律或规章无明确规定穷尽行政救济的情况下，相对人可以直接根据行政程序法寻求司法救济，穷尽行政救济原则被赋予了新的含义，甚至是推翻了此前关于穷尽救济的传统规则。[③] 从英国的情况来看，虽然也有行政系统内部对行政决定的复审制度（Internal Review），但是这种复审必须基于法律的规定，而非一般宽泛的规定，同时，如前所述，在行政裁判所体系调整后，行政裁判所已被纳入司法体系，所以在英

---

① 参见王名扬：《美国行政法》，中国法制出版社2005年版，第646—647页。

② 参见郑烁：《论美国的“穷尽行政救济原则”》，《行政法学研究》2012年第3期。

③ 参见 Ann H. Zgrodnik, Darby v. Cisneros, “A Codification of the Common - law Doctrine of Exhaustion Under Section 10 (c) of the Administrative Procedure Act”, *Ohio Northern University Law Review*, Volume 20, 1993.

国的法律制度中很难找出复议前置的依据。[①]

就大陆法系而言，在其早期的行政救济制度中，一般是以行政复议前置为原则，在许多大陆法系国家的法律中都有复议前置的规定，如《联邦德国行政法院法》第 68 条规定："提起撤销诉讼前，须于先行程序审查行政处分之合法性及合目的性。"中国台湾地区的"行政诉讼法"、日本于 1948 年颁布的行政案件诉讼法、韩国 1951 年颁布的行政诉讼法等法律由于其制度大多移植于德国，故也均是以行政复议前置为原则。但是，随着行政法治的发展，为了最大限度尊重当事人的选择，不少国家倾向于逐步取消、至少是部分取消行政复议前置原则，更多地采用自由选择模式。例如，法国的行政法院虽隶属于行政系统，本应和行政机关具有天然的"血缘关系"，但早于 1889 年即改制，不再要求先经复议程序才能进入诉讼程序，除非法律另有规定或者属于损害赔偿案件。在德国，根据《联邦德国行政法院法》规定，复议申请是否适当，并不取决于争议标的，而是取决于其后续的行政诉讼类型。如果后续诉讼为撤销之诉和义务之诉以外的其他种类诉讼，则复议程序不是必要程序，从而也是不适当的。[②] 在日本，几乎所有的行政法律草案都由中央机关提出，其中规定的行政复议前置情况过多，许多公民在行政复议阶段得不到应有的救济，加上诉讼程序消耗大量时间和财力，所以不少公民在行政内部救济程序完结后，放弃了通过诉讼解决纠纷的途径。为了解决这一问题，日本于 1962 年颁布的行政案件诉讼法中废止了行政复议前置原则，采取了当事人自由选择为原则、前置主义为例外的制度。日本现行的行政案件诉讼法第 8 条规定："撤销处分之诉，即使就该处分可根据法令的规定提出审查请求的情况下，仍可直接提起。但是，在法律规定就该处分不经过对审查请求的裁决，就不能提起撤销处分之诉时，则不得直接提起。"为了落实复议前置为例外的规定，日本进行了法律清理修改工作，目前和过去一样维持复议前置的法律由 96 部下降到 28 部。[③] 与日本的规定如出一辙，1994 年修改后的韩国行政诉讼法第 18 条规定："撤销诉讼，即使就该处分可根据法

---

① 英国的行政复议相关情况介绍可参见李洪雷：《英国行政复议制度初论》，《环球法律评论》2004 年春季号。

② 参见［德］弗里德赫尔穆·胡芬：《行政诉讼法》，莫光华译，法律出版社 2003 年版，第 69 页。

③ 参见［日］本多滝夫：《日本行政系统的转换和行政不服审查法的"现代化"》，江利红译，《行政法学研究》2015 年第 3 期。

令的规定提出行政审判的情况下，仍可直接提起。但是，在法律规定就该处分不经行政审判的裁决，就不能提出撤销诉讼时，则不得直接提起。”我国台湾地区也对行政复议前置原则进行了修正，虽然规定撤销诉讼和课予义务诉讼需要经过诉愿程序，但是其他类型的诉讼则不必先经过诉愿程序。

实际上，不论是英美法系国家还是大陆法系国家，采取穷尽行政救济原则或者复议前置模式，都有其社会原因和法律文化背景。英美法系国家十分注重行政程序制度建设，在行政机关作出涉及相对人权益的行政决定之前，一般要经过听证程序。在美国，主持听证的行政法官具有较强的独立性，有的州主持听证的行政法官完全独立于作出行政决定的机关。在行政处理过程中，相对人享有充分的陈述和申辩权，主持听证的行政法官处于相对独立的地位，一般会保障行政决定的公正性。如果不服行政机关的初审裁决，可以向原行政机关的首长或专门机构提出上诉，这种比较健全的行政程序，使相对人和法院都对通过行政系统内部解决纠纷具有信心。与法律制度完备相应，英美国家法律文化也较为发达，法治意识深入人心，在一般情况下，行政纠纷可以在行政程序中得以解决。同样，在大陆法系国家，采取行政复议前置原则也是有其历史原因的，“就法国行政诉讼制度之沿革言之，‘行政诉讼之本质，并非司法裁判，而系行政系统之分化及自我反省’……就德国言之，在行政司法之时代，在行政国家思想支配下，行政法院亦系‘行政审级之司法化’而已”[①]。这种行政机关与行政法院的天然联系，使得行政法院更愿意由行政机关对纠纷先进行处理。而我国是一个封建专制传统根深蒂固的国家，实现依法行政、建设社会主义法治国家的目标还有很长的路要走，不少行政机关的工作人员的官本位思想、长官意识作风依然存在，加上我国行政程序法律制度不健全，重实体轻程序的问题仍相当突出，因此，行政复议目前来看依然难以有效保护相对人的合法权益，将行政复议与行政诉讼的选择权交给相对人更符合我国国情，无疑是更佳的方案。[②]

（三）复议前置并非行政复议成为解决行政争议主渠道的必要条件

不可否认的是，行政复议作为与行政诉讼并行的纠纷解决方式，具有行政系统内部特有的资源配置优势，在特定的情况下，更有利于解决行政

---

① 蔡志芳：《行政救济与行政法学》，三民书局 1993 年版，第 118—119 页。

② 参见江必新主编：《中国行政诉讼制度的完善：行政诉讼法修改问题实务研究》，法律出版社 2005 年版，第 177 页。

纠纷，实现案结事了。因此，这种行政复议与行政诉讼二元并行的行政争议解决机制有必要在中国目前及将来一段时间内维持。有学者指出，把行政复议制度建设成为我国解决行政争议的主渠道，应当是改革和完善行政诉讼制度的方向。[①] 然而，由于在立法之初对行政复议制度的性质及其定位存在较大缺陷，造成了公民对行政复议制度公正性的质疑，而居高不下的行政复议维持率更加深了这种公正性质疑。虽然在《行政复议法》实施之初，行政复议案件数量经历了较快增长，但是在 2002 年就开始呈现下降趋势，近年来的信访浪潮也对行政复议制度造成了较大的冲击，在有的地方出现了信访热、复议冷的现象。[②]

行政复议在未来成为解决行政争议主渠道的思路并无争议，但是，如果为了实现这一目标而强制推行复议前置，则是本末倒置的做法，复议前置并不能根本解决行政复议使用率低和面临的困境，强制的推行反而会阻碍公民获得有效救济。由于行政复议是在行政系统内部解决公民与行政机关之间的争议，这就难免让人产生“官官相护”或各种不当干预过多的怀疑，而事实也多是如此。因此，要解决行政复议当前面临的困境，使行政复议制度在解决纠纷中充分发挥作用，让公民更多通过复议途径解决行政纠纷，其核心和关键是要解决行政复议的公正问题，通过公正性来恢复行政复议的“人气”，来赢得公众的信任和支持，进而逐步确立行政复议作为解决纠纷主渠道的地位。[③] 可以想见，在行政复议缺乏公正性的情况下，强制要求相对人在提起行政诉讼之前先申请行政复议，行政复议无法有效化解的纠纷，仍然会进入行政诉讼程序，这样一来纠纷解决的公正性、效率性都受到了影响，将行政复议作为解决行政争议主渠道也只是徒

---

① 参见应松年：《把行政复议制度建设成为我国解决行政争议的主渠道》，《法学论坛》2011 年第 5 期。

② 参见王万华：《〈行政复议法〉修改的几个重大问题》，《行政法学研究》2011 年第 4 期。

③ 有学者指出，在《行政复议法》修改过程中，应当关注如下几个问题：第一，转变行政复议的性质定位，在制度上保障行政复议公正解决行政争议，是《行政复议法》修改的基础；第二，相对集中复议权并引入行政复议委员会，增强复议机构的独立性与提高复议机构的专业性，是公正解决行政争议的组织保障；第三，回应社会发展，扩大复议范围，是更好发挥行政复议在社会矛盾解决中的作用的前提；第四，切实保障申请人的各项程序权利，加强程序制度的公正性建设是复议公正解决行政争议的程序保障；第五，完善行政复议决定种类，回应日益复杂的现实需要。可见，行政复议制度改革的方向就是要重构行政复议制度的公正性。参见王万华：《〈行政复议法〉修改的几个重大问题》，《行政法学研究》2011 年第 4 期。

有虚名而已。

三 自由选择模式的正当性分析与调整充实

对于复议前置模式的批判，意味着对自由选择模式的坚持。事实上，自《行政诉讼法》实施以来，自由选择模式在我国实施已二十年有余，不仅公民、行政机关都适应了这种模式，而且围绕该模式建立的法律制度也在相应的运作之中，改革可谓牵一发而动全身。因此，要对原有的制度安排进行主次矛盾转换性质的改变，必须要有重大的理由支撑。不可否认，行政复议制度存在诸多问题，但这些问题并不能说明自由选择模式存在问题，对行政复议存在问题的解决，应当把精力集中在加强行政复议制度自身建设上，努力塑造行政复议的公正性，提高行政复议的公信力，而行政复议与行政诉讼的关系，并非行政复议制度改革的重点。[①] 当然，之所以坚持自由选择模式，除了建立在对复议前置模式的质疑上外，还应当具有明确的理论与实践根据。而在自由选择模式的正当性得到证成之后，如何构建并根据实践发展对自由选择模式进行必要的制度调整和充实，就是需要进一步研究的问题。

（一）自由选择模式尊重相对人的程序选择权

在自由选择模式与复议前置模式间抉择的背后，隐藏着价值衡量的问题。是尊重行政机关对解决纠纷的优先权，将纠纷化解在行政系统内部，还是尊重当事人的程序选择权，给予相对人权益有效的救济，是两种模式不同的出发点和落脚点。在现代国家，设置一定的纠纷解决机制，虽然不可避免带有国家意志的色彩，但是其制度安排明显倾向于确立当事人在纠纷解决程序中的主体地位，赋予当事人对程序的选择权。程序选择权意味着当事人可以根据自己的实际需求和意愿，选择解决纠纷的途径和相应程序，其意义在于凸显当事人的程序主体地位，将对当事人权益的程序保障落到实处，使纠纷解决的方式能够有效回应当事人的特定需要，更有助于维护当事人的实体权益，进而提高当事人对纠纷解决的认同感，通过程序

① 参见杨伟东：《复议前置抑或自由选择——我国行政复议与行政诉讼关系的处理》，《行政法学研究》2012 年第 2 期。

保障来提升当事人对处理结果的满意度。在民事诉讼和刑事诉讼的制度安排中，均体现了对当事人程序选择权的尊重，行政救济制度同样应当如此。[①] 行政复议与行政诉讼二者作为功能相当、处于并行关系的救济制度，采用自由选择模式正好可以让相对人根据自身情况来选择更适合实现自身权益的方式。

从司法实践的情况来看，在我国坚持自由选择模式，保障当事人的选择权更具有现实意义，也成为法院关注的焦点。虽然《行政诉讼法》赋予了相对人在行政复议和行政诉讼之间自由选择的权利，而在实践中，行政机关往往倾向于对复议前置做扩大解释，扩大复议前置的适用范围，以限制相对人的自由选择权。针对这种倾向，法院在行政审判中注重保障相对人选择救济途径的权利，并形成了相应的裁判规则。例如，已经被废止的《中华人民共和国劳动教养试行办法》（以下简称《劳动教养试行办法》）第12条第2款规定："被决定劳动教养的人，对主要事实不服的，由审批机关组织复查。经复查后，不够劳动教养条件的，应撤销劳动教养；经复查事实确凿，本人还不服的，则应坚持收容劳动教养。"关于该条规定中"复查"是否就是"复议"，公安机关和法院在一起案件中产生争议，当地法院遂向最高人民法院请示。最高人民法院在批复中指出，这里的"复查"不应视为劳动教养的复议程序。因此，被决定劳动教养的人对劳动教养决定不服的，可以向上一级劳动教养委员会申请复议，也可以直接向人民法院提起诉讼。[②] 该批复实际上区分了"复查"与"复议"的不同，通过准确把握行政复议的概念，进而发现《劳动教养试行办法》规定的复查是由原审批机关进行的，不符合行政复议通常由上一级行政机关作出的特征。这就在实际上保护了当事人的程序选择权。

又如，在法律条文规定的字面含义存在缺陷时，法院通常会积极运用法律解释的方法填补法律规范的漏洞，从而为相对人行使程序选择权提供保障。这方面最典型的是最高人民法院对《行政复议法》第30条第1款的解释。《行政复议法》第30条第1款规定："公民、法人或者其他组织认为行政机关

---

① 关于民事诉讼和刑事诉讼中当事人程序选择权的分析，可参见李浩：《民事程序选择权：法理分析与制度完善》，《中国法学》2007年第6期；姚莉、詹建红：《刑事程序选择权论要——从犯罪嫌疑人、被告人的角度》，《法学家》2007年第1期。

② 参见最高人民法院行政审判庭《关于人民法院受理劳动教养行政案件是否需要复议前置问题的答复》（［1997］法行字第27号）。

的具体行政行为侵犯其已经依法取得的土地、矿藏、水流、森林、山岭、草原、荒地、滩涂、海域等自然资源的所有权或者使用权的，应当先申请行政复议；对行政复议决定不服的，可以依法向人民法院提起行政诉讼。”该条规定中的“具体行政行为”是一个外延较大的概念，如果按照文义解释的方法，则所有可诉的行政行为都应当先经过复议机关处理。但是，涉及自然资源权属的行政行为种类繁多，立法机关的本意只是要将其中的行政裁决或行政确权行为纳入需要先由行政机关复议的范围，因此，从立法目的来衡量，“具体行政行为”的概念难免失之过宽。基于这样的认识，最高人民法院根据地方法院的请示，先后作出了两个批复，分别将具体行政行为解释为行政确认和行政裁决。[①] 这种解释方法属于目的性限缩解释，将超出立法者预想的其他种类的具体行政行为剔除，有效填补了《行政复议法》第 30 条第 1 款的隐含漏洞，充分尊重了当事人的程序选择权。此外，虽然法律、法规规定了行政复议前置，但是由于行政程序上的瑕疵，导致相对人无法知悉是否需要先提起行政复议的，最高人民法院在“上海金港经贸总公司诉新疆维吾尔自治区工商行政管理局行政处罚案”中认为，如果行政机关没有依法告知复议前置或者没有指出违法事实和相关法律依据，导致相对人无法判断是否属于复议前置情形的，法院可以直接受理相对人的起诉。[②]

由此可见，自由选择模式不仅在价值选择上体现了对相对人程序选择权的尊重，而且从我国的司法实践情况分析，相对人在行政程序中处于弱势地位，行政复议前置容易被行政机关作为阻碍相对人获得有效救济的理由，在行政复议制度的公正性有待进一步强化的情况下，如果一律实行复议前置，必然不利于保护相对人的合法权益。因此，在我国坚持自由选择模式，在理论和实践上均具有正当性。

（二）复议前置的设定应当有充足的理由

在自由选择模式下，以尊重相对人的选择为原则，以复议前置为例外，对例外范围的确定是特别需要关注的问题。复议前置的设定应当具有一定的标准，并通过法律明确规定具体情形，从而防止复议前置的任意性。

---

① 参见最高人民法院《关于适用〈行政复议法〉第三十条第一款有关问题的批复》（法释［2003］5 号）；最高人民法院行政审判庭《关于行政机关颁发自然资源所有权或者使用权证的行为是否属于确认行政行为问题的答复》（［2005］行他字第 4 号）。

② 参见最高人民法院（2005）行提字第 1 号行政裁定书。

根据《行政诉讼法》的规定，法律、法规规定复议前置的，应当先向行政机关申请复议，但对于究竟在什么情况下可以规定复议前置，立法者并没有指出明确统一的标准，不同的法律、法规设定复议前置的理由各异。例如，《行政复议法》第30条规定，相对人认为行政行为侵犯其依法取得的自然资源所有权或者使用权的，应当先申请行政复议。从立法目的上看，之所以在该领域设置复议前置程序，主要是出于事实审查的考虑。由于涉及自然资源所有权和使用权的相关案件往往包含了许多历史遗留问题，涉及一定群体的利益，事实问题较为复杂，还涉及相关政策的演变，通常需要进行大量的依职权调查工作才能得出正确的结论，与行政机关相比，法院显然不具备这方面的资源优势，因而引入复议前置具有一定的合理性。又如，根据《中华人民共和国税收征收管理法》的相关规定，纳税人、扣缴义务人、纳税担保人与税务机关在纳税问题上发生争议时，应当先申请行政复议并且申请复议之前必须缴纳税款或提供相应的担保。这样的规定是出于公共利益的考虑，将国家的税收利益放在了比相对人诉权优先的地位。但是，这种通过法律规定限制个体权利的规定是否合理，值得商榷。事实上，关于设置复议前置的理由并没有较强的说服力，如果在立法过程中坚持保护当事人的诉权，那么复议前置的规定就不应出现。例如，在《中华人民共和国反垄断法》的起草过程中，也曾产生过是否复议前置的争议，主张复议前置者认为，行政程序的优势在于专业性和主动性，如果以提起行政复议作为起诉的前提，法院就无须费时费力查明垄断事实，案件审理将更为高效、便捷。但引入行政复议前置将限制相对人诉权的担忧，使得立法者最终没有采纳复议前置的立法建议。从国外的情况来看，日本也曾经是在法律中广泛设置复议前置的国家，其采用复议前置的立法理由主要有：大量性（申请复议的数量是否很多）；第三方机关的参与（具有专门技术性以及公正性的第三方机关例如行政复议审查会是否能够参与复议并提供咨询）；专业技术性（是否具有在未经过复议而提起诉讼的情况下会给法院的审理带来障碍的专业技术性）。[①] 但是，在日本《行政事件诉讼法》采取自由选择主义之后，日本仍然对规定复议前置的法律进行了大范围清理。

---

① 参见［日］本多滝夫：《日本行政系统的转换和行政不服审查法的“现代化”》，江利红译，《行政法学研究》2015年第3期。

由此观之，在自由选择模式下，主张在例外情况下实行复议前置的理由无外乎事实问题复杂、涉及专业性、行政机关的主动性、维护公共利益等方面，与主张复议前置模式的理由基本重合。但理论和实践证明，对这些理由，一个负责任的立法者以保护当事人诉权为由足以对抗。本书认为，之所以在我国依然存在诸多复议前置的情形，与我国行政权力过于强大的基本事实有关。行政权力不断扩张的本性使其将外部的监督视为影响自身行动的桎梏，行政机关与相对人出现了纠纷，行政机关自然更愿意把纠纷化解在行政系统内部，行政机关有着以违反自然正义的方式来维护自身利益的冲动。此外，行政机关还会积极利用自身的资源优势来影响立法过程，通过起草法律草案、游说立法者等方式来逃避外部制约尤其是司法机关的监督，这样一来，难免会出现许多规定复议前置的法律。相信随着我国法治进程的推进与公民权利意识的增强，将来的法律中出现复议前置的比率将会越来越少。在限制复议前置方面，借鉴日本的经验，在立法中应当评估设置复议前置的理由是否属于三种情况：一是行政复议有第三方咨询机关参加，听取第三方咨询机关的意见具有充分的合理性；二是该领域行政复议数量明显较大，直接提起诉讼会加大法院的负担；三是案件需要高度专业性的技术判断，从论点和证据整理的角度出发，足以使行政复议成为必要。① 需要指出的是，根据《立法法》第 8 条第 9 项规定，诉讼和仲裁制度只能制定法律。是否实行复议前置，决定了相对人向法院提起诉讼的时机，应当属于诉讼制度的范畴，因而复议前置应当只能通过法律规定。《行政诉讼法》中规定行政法规、地方性法规可以设定复议前置，不仅与《立法法》的精神相悖，还导致复议前置的数量众多，任意性强，因而需要修正这一规定，对复议前置的设置作出限制。至于行政规章中规定的行政复议前置，即使根据《行政诉讼法》的规定也不能对相对人的诉权造成影响。例如，公安部《交通管理处罚程序补充规定》中规定，对暂扣证照措施不服的，可以在 15 日内向主管公安机关申请复议，对复议决定不服的，可在 15 日内向人民法院提起诉讼。最高人民法院在司法实践中指出，公安部的规定属于行政规章，根据《行政诉讼法》的规定，法律、法规之外的其他规范性文件不能规定复议前置。因此，当事人对公

① 参见［日］高桥滋：《日本行政复议法修改新动向》，周蒨译，http：//apil. ruc. edu. cn/news/?159. html，2014 年 11 月。

安交通管理部门的暂扣措施不服，直接向人民法院提起诉讼的，人民法院应当受理。[①]

（三）自由选择模式下行政异议制度的设想

当行政机关作出行政行为后，相对人如果不服并寻求权利救济，除了在通常的行政复议和行政诉讼之间自由选择外，还可以向行政机关提出异议，由行政机关启动自我纠错程序对原行政行为进行审查，并改变违法的行政行为。该种行政机关自我纠错的程序机制可以被称为行政异议制度。行政异议制度作为行政内部救济制度在国外有相关立法经验，在我国宪法和法律上有基本依据，构建行政异议制度并将其纳入广义行政复议制度范畴，是正确处理司法权与行政权关系的体现，有利于完善行政救济和司法救济的衔接机制，促进行政诉讼目的之实现和自由选择模式的实施。在《行政诉讼法》的修改告一段落后，行政复议制度的拓展和完善也应当作为行政法学的热点课题被提出。

从国外的立法经验来看，在英国和澳大利亚等英联邦成员国的行政法中，对行政决定的内部审查制度被称为“reconsideration”，是指由对行政决定负有责任的主体（既可以是原决定者本身，也可以是另一个更资深、更高地位的官员）对原行政决定的重新评判。这种再次审查在一定意义上是原行政决定的继续，而非启动一个全新的程序，为行政机关自我纠错提供了机会。[②] 英国1998年修正的社会保障法增加了对行政决定再审查（“再看一次”）程序，授权大臣或其代理人重新书面审查自己所作的行政决定。该程序不是强制性的，受行政决定影响的人可以直接向行政裁判所上诉。[③] 同样，在英国政府信息公开救济制度中，除了有信息专员和信息裁判所进行的外部复审以及司法审查外，还有内部复审制度。英国于2004年制定了实施信息自由法案的宪法事务大臣行为守则，该守则第六部分即是关于信息获取申诉程序的规定。根据其第40条，对基于一般获取信息的权利而提起的申诉，应当由比作出原决定的人员更高级别的人员来进行复审，

---

① 参见最高人民法院行政审判庭《关于对云南省高级人民法院适用公安部〈交通处罚程序补充规定〉法律效力的请示的答复》。

② 参见李洪雷：《英国行政复议制度初论》，《环球法律评论》2004年春季号。

③ 英国社会保障领域的再审查和上诉程序可参见 Roy Sainsbury, “Social Security Decision Making and Appeals”, in Neville Harris, *Social Security Law in Context*, Oxford: Oxford University Press, 2000.

对该案件进行充分的重新评估，并充分考虑申诉人的意见。① 这种体制的积极意义在于，为相对人提供了一个相对快速和容易接近的救济途径，与行政上诉或者司法审查相比可以节约大量的金钱和时间；对要求不合理的相对人，内部复审发挥着过滤器的作用，有利于节约行政和司法资源，减轻裁判所和法院的负担；内部复审也是一种有效的内部控制和反馈机制，可以使行政机关更早地发现行政决定的缺陷，从而设法加以补救；内部复审人员熟悉相关领域的法律和行政规则，其所作决定的专业性和适当性也值得信赖。②

日本的《行政不服审查法》将对行政行为不服的救济制度分为三类，即审查请求、再审查请求以及异议申诉。审查请求相当于我国现行的行政复议制度，是相对人向作出行政行为或不作为的行政机关之外的行政机关提出的请求。再审查请求是根据法律的特别规定在审查请求阶段之后，再向其他行政机关提出的请求。异议申诉是相对人向作出行政行为或不作为的行政机关提出的请求。③ 根据 2014 年修订的《行政不服审查法》，行政行为不服的救济制度以审查请求为主，异议申诉属于例外性的救济途径，如果对行政行为的不服与要件事实的认定是否适当有关，而且行政行为被大量以非正式程序作出时，允许相对人向作出行政行为的行政机关提出异议申诉。异议申诉的目的是为行政机关提供一个自我反省、重新作出决定的机会，同时也是为了避免大量案件集中于审查请求阶段使审查机关不堪重负，由作出行政行为的行政机关重新调查相关资料也能够进行迅速的救济。修订后的《行政不服审查法》规定，在法律规定可以提起异议申诉时，相对人可以选择异议申诉或者提出审查请求，如果选择异议申诉，在行政机关对异议申诉作出决定之后，还可以提出审查请求，从而改变了过去“异议申诉前置”的做法。采用异议申诉制度的日本法律包括《关税法》《吨税法》《特别吨税法》《国税通则法》《公害健康被害补偿法》，异议申诉的程序应当根据《行政不服审查法》的规定进行。④

---

① 参见 Secretary of State for Constitutional Affairs' Code of Practice on the discharge of public authorities' functions under Part I of the Freedom of Information Act 2000.

② 参见 Michael Harrised ed. , “New Procedure”, in Michael Harris and Martin Partington, *Administrative Justice in the 21st Century*, Oxford: Hart Publishing, 1999, p. 159.

③ 参见吕艳滨：《日本、韩国的行政复议制度——行政复议司法化的若干实例》，《环球法律评论》2004 年第 1 期。

④ 参见［日］本多滝夫：《日本行政系统的转换和行政不服审查法的“现代化”》，江利红译，《行政法学研究》2015 年第 3 期。

从我国的情况来看，行政异议制度并未引起学界的广泛研究和重视。虽然有学者和行政实务部门工作人员对行政自纠机制进行了研究，对行政纠错制度进行了初步程序设计，并将相对人向行政机关提出异议作为主要的纠错启动机制，但是相关的研究成果基本上是站在行政机关立场进行的，没有提出行政异议的概念并将其作为一种行政救济制度进行专门研究，对于行政异议和行政复议、行政诉讼的关系也未能厘清。[①] 实际上，在我国建立行政异议制度有宪法上的依据，相关的行政法律也有原则性的规定。根据《宪法》第 41 条规定，中华人民共和国公民对于任何国家机关和国家工作人员的违法失职行为，有向有关国家机关提出申诉、控告或者检举的权利，对于公民的申诉、控告或者检举，有关国家机关必须查清事实，负责处理。《中华人民共和国行政处罚法》第 54 条规定："公民、法人或者其他组织对行政机关作出的行政处罚，有权申诉或者检举；行政机关应当认真审查，发现行政处罚有错误的，应当主动改正。"《行政许可法》第 69 条规定了五种情形下，作出行政许可决定的行政机关根据利害关系人的请求或者依据职权，可以撤销行政许可。这些规定为行政异议制度的建立提供了基本法依据和原则性规定。

本书认为，行政异议制度作为一种行政系统内部的救济制度，能够为相对人提供一个经济高效的救济解决途径，也能够为行政机关的自我反省提供制度空间，减少进入诉讼程序的行政案件数量，避免司法权与行政权的正面冲突，如果案件经过行政异议后进入诉讼程序，经过申诉整理争点和证据，也减轻了法院的负担，有利于法院解决行政纠纷。将行政异议制度纳入行政复议的范畴并构建相关制度体系，是对相对人自由选择权的尊重和权利场域的拓展，不仅有利于行政复议制度的发展，也有利于正确处理行政复议与行政诉讼的关系，发挥二者在保护相对人合法权益、化解纠纷方面的积极作用。从我国实际出发，行政异议制度可以定位于现行一般行政复议制度的补充，旨在健全行政内部纠错机制，为相对人提供新的可供选择的行政救济途径。从制度载体上看，可以将行政异议作为一种特殊的行政复议制度写入《行政复议法》，从而拓展现行一般行政复议制度的外延，并对其适用条件、程序等作出规定。在具体制度设计上，从行政异议与一般行政复议以及行政诉讼的关系上看，应当顺应法律发展的趋势，

① 相关的研究参见邹伟明：《行政纠错的实践运用与程序设计》，《工商行政管理》2011 年第 22 期；王太高：《论违法行政行为的行政自纠》，《法治研究》2010 年第 12 期。

坚持自由选择模式，也就是说，原则上相对人可以在行政异议、一般行政复议和行政诉讼之间任意选择救济途径，相对人选择行政异议的，还可以继续选择一般行政复议或者行政诉讼。从提起行政异议的时机上看，相对人应当在提起一般行政复议或者行政诉讼之前提起行政异议，已经提起行政复议或者行政诉讼的，则不能再提起行政异议。从适用条件上看，应当根据法律的特别规定提出行政异议，适用于行政机关经常以非正式行政程序作出大量行政行为的领域，参考国外的立法经验，可以适用于社会保障、政府信息公开、税收等领域。从程序安排上看，处理行政异议的应当是作出行政行为的工作人员之外的其他工作人员，通常在资历或级别上应当相对较高；行政机关原则上对行政异议实行书面审理；处理行政异议的时限应当比一般复议短，建议在 15 日内；行政机关应当及时告知当事人处理结果和相应的救济途径。

四　行政复议前置的例外

如前所述，行政复议与行政诉讼的关系可以具体分为五种类型，凡是包含复议终局的设置正当性均值得怀疑。在否定复议终局的制度设置后，并不意味着自由选择模式下行政复议与行政诉讼的关系不需要进行任何调整。虽然法律上用复议前置这一例外方式来限制诉权在合理性上存在不足，但是毕竟立法机关有了这样的意图，对于法院来讲，不能因为这样的法律不够完善，就将其束之高阁。因此，在规定复议前置的法律短期内无法修正的情况下，为了弥补法律规定的缺陷，在《行政诉讼法》中完全可以赋予法院一定的裁量权，通过为复议前置设置例外来最大限度保障相对人的选择权。这是本书接下来要研究的问题。

实际上，即使在实行穷尽行政救济原则的美国，其在相关的理论和判例中也归纳出了若干穷尽行政救济原则的例外情形。有美国学者认为，法院在判断是坚持穷尽行政救济原则还是该原则的例外情形时，应当考虑穷尽行政救济原则存在的理由，例外情形产生的原因以及行政程序法规定的法律效果和立法目的。[①] 美国联邦第九巡回上诉法院认为，穷尽行政救济

① 参见 Kenneth Culp Davis, "Administrative Law Doctrines of Exhaustion of Remedies, Ripeness for Review, and Primary Jurisdiction", *Texas Law Review*, Vol. 28, 1949.

原则的例外情形包括：第一，有充分的证据证明，如果要求相对人必须穷尽行政救济必然会给相对人造成无法弥补的损失的；第二，行政机关对案件明显缺乏管辖权的；第三，行政机关的专业知识无助于行政争议的解决。[①] 确立这些例外的情形，其根本目的都是为了有效保护相对人的合法权益，防止复议前置阻碍行政争议解决。在我国司法实践中，即使法律规定了复议前置，如果存在有碍于案件公正、及时处理的情形，人民法院认为复议程序不必要的，可以不受复议前置规定的限制。

（一）复议机关不予受理时复议前置案件的救济

在司法实践中，在复议前置情形中遇到的典型问题是复议机关不受理复议决定时，相对人能否直接向法院提起诉讼。持否定观点的学者认为，如果复议是必经程序，复议就是提起诉讼的前提条件，未经复议程序就不能启动诉讼程序，法院不能受理相对人的起诉。持肯定观点的学者认为，相对人已经按照法律规定向行政机关申请了行政复议，就应当可以向法院提起诉讼，也就是说，只要相对人经过了行政复议程序，就有权向法院起诉，行政机关受理与否不影响相对人诉权的行使。[②] 本书赞同肯定观点，因为只有这样才能实现对行政权的有效监督，有利于为相对人提供有效的救济。问题在于，对于这种复议前置的案件，在行政诉讼中的标的应如何确定，是起诉复议机关的不予受理决定还是原行政行为，这是一个具有普遍性的问题，各地法院的认识存在分歧。

一种观点认为，不予受理申请意味着复议机关没有对行政纠纷作出处理，相当于案件未经复议，直接起诉原行政行为不符合设置复议前置的初衷。该种观点为最高人民法院采纳，《最高人民法院关于审理涉及农村集体土地行政案件若干问题的规定》第 6 条第 2 款规定："法律、法规规定应当先申请行政复议的土地行政案件，复议机关作出不受理复议申请的决定或者以不符合受理条件为由驳回复议申请，复议申请人不服的，应当以复议机关为被告向人民法院提起诉讼。"在最高人民法院的机关刊物《人民司法·案例》刊登的一则案例中，案例编写者也认为，相对人只能先就复议机关的不予受理决定提起行政诉讼，待人民法院判决生效后，相对

① 参见 EEOC v. Karuk Tribe Housing Authority，260 F. 3d 1071（9th Cir. 2001）.

② 参见杨海坤、章志远主编：《行政诉讼法专题研究述评》，中国民主法制出版社 2006 年版，第 84 页。

人可以根据复议决定的具体内容再选择起诉原具体行政行为或者复议决定，而无权对原具体行政行为直接提起行政诉讼。[①] 法院在司法实践中持该种观点的理由，主要是基于对立法意图的尊重，如果申请人直接对原行政行为提起诉讼，就在客观上取消了复议前置程序，起不到发挥行政机关业务专长和行政系统内部监督的作用。[②]

虽然法院尊重法律的规定，但并不意味着这样的规定是合理的。本书认为，复议机关不予受理的，相对人应当直接起诉原行政行为。首先，起诉行政复议机关不予受理决定并没有实际意义。因为不予受理决定对相对人的权利义务并没有产生实质影响。从保护当事人的合法权益、尊重当事人的选择权角度考虑，相对人在这种情况下既可以起诉复议机关的不予受理决定，也可以起诉具体行政行为，但是就复议机关的不予受理决定与复议机关维持原行政行为的法律效果而言，对相对人来说都是一样的，都对其权利义务不产生实质影响。其次，法院审理复议机关的不予受理决定容易造成司法权过度干预行政权。行政复议既是相对人权益的救济机制，也是行政系统内部的层级监督机制，随着行政复议制度的改革，复议机关的独立性会有所强化，准司法的性质也会更加明显。在复议前置的情况下，作为一种与行政诉讼并列的救济机制，复议机关近似于一个审级机关。对于第一审级机关作出的不予受理决定，第二审级机关首选的对待方式应当是自己直接受理案件，其次才是责令第一审级机关受理。因为，在法院看来，保护公民权益比监督行政机关的价值更重要。但是，在行政系统内部，根据《行政复议法》第 20 条的规定，复议机关作出不予受理决定的，上级行政机关应当责令其受理，必要时，上级行政机关也可以直接受理，也就是说，在上级行政机关看来，对下级机关的监督更显重要一些，故直接受理的方式放在了责令受理之后。在已经存在上级行政机关责令受理这种监督方式后，法院应当把更多注意力集中在如何更好地保护相对人合法权益之上，监督复议机关的任务由上级行政机关完成似乎更合适。最后，直接起诉原行政行为有利于节约司法资源，减轻当事人讼累。如果法院受理对复议机关不予受理决定提起的诉讼，即使法院判决撤销不予受理

---

① 参见胡志风、杨淑香：《复议机关作出不予受理决定的复议前置案件的司法救济》，《人民司法》2011 年第 10 期。

② 同上。

决定并责令复议机关重新作出决定，复议机关仍有可能作出不予受理决定、维持原行政行为的决定或者驳回复议申请的决定。这样一来，不仅造成司法资源浪费，相对人的权利义务状态与起诉前相比也并未发生任何改观。这表面上是对相对人权益的尊重，但实际上是对相对人权益的延误。与其如此，不如让相对人直接起诉原行政行为，这才是对相对人选择权更大的尊重，也更有利于相对人权益的救济。

（二）其他不受复议前置限制的情形

除了复议机关不予受理复议申请的情况之外，如果存在其他有碍于案件公正及时处理情形的，同样不受行政复议前置规定的限制，相对人也可以直接向人民法院提起诉讼。

（1）复议机关超过合理期限未作出复议决定的。《行政复议法》第31条规定，行政复议机关应当自受理申请之日起60日内作出行政复议决定。也就是说，行政机关通常应当在60日内作出行政复议决定，如果未在60日作出复议决定，根据新《行政诉讼法》第45条规定，复议机关逾期不作决定的，申请人可以在复议期满之日起15日内向人民法院提起诉讼。《行政诉讼法》的规定同样适用于复议前置的情形，无论是否行政复议前置，只要相对人已经向行政机关申请复议，就意味着已经履行法律规定的程序义务，从而获得了提起诉讼的权利。复议机关不作出行政复议决定，属于行政不作为，同样意味着复议机关的处理有了结果，相对人正是根据不作为这一行政行为的结果向法院起诉的。

（2）行政机关未告知应复议前置的。在司法实践中，会遇到法律上有行政复议前置的要求，但由于行政机关执法程序不够规范导致相对人无法知悉是否需要首先提起行政复议的情形。在“上海金港经贸总公司诉新疆维吾尔自治区工商行政管理局行政处罚案”中，最高人民法院给出了自己的答案。在该案中，被告从查封的原告账户中划转一百多万元罚款，并给原告出具了罚款证明，但该证明中并未提及原告有什么样的违法行为。直到原告提起行政诉讼后，被告才辩称原告存在投机倒把行为，根据《投机倒把行政处罚暂行条例》的规定，应当先向行政机关申请行政复议，原告直接提起诉讼时，法院不应当受理。最高人民法院经审理认为，如果行政机关没有依法告知相对人应当先申请行政复议或者没有指出其违法事实和法律依据，导致相对人无法判断是否属于法律规定的复议前置情形的，法院可以直接受理相对人的起诉。[①] 在该案中，法院充分保障了相对人选择救济途径的权利，虽然我国并非判例法国家，但是在该案例中形成的裁判规则可以转化为行政诉讼法条文的规定。

（3）复议机关在复议程序中基于同一事实追加当事人的。法律规定相对人对行政行为不服必须先经过复议程序的，如果相对人申请行政复议后，复议机关在复议过程中基于同一事实追加了其他当事人，被追加的当事人对复议决定不服可以直接向人民法院起诉。这主要是基于三点考虑：首先，虽然被追加的当事人只经过了一次行政决定程序，但是与其相关联的事项已经过了行政机关两次裁决，应当被视为已经过了复议程序；其次，如果允许被追加的当事人再次申请复议，当事人要向更高一级的行政机关申请复议，造成行政程序更加烦琐；最后，由于原行政相对人可能在复议决定作出后向人民法院提起诉讼，如果追加的当事人同时申请复议，就会导致同一案件由行政机关和法院同时处理，而且追加的当事人在申请复议后，还可能向更高一级的法院提起诉讼，这样的制度缺陷是应当避免的。

（4）行政机关对案件明显缺乏管辖权的。如果法院经审查发现，虽然争议事项根据法律规定应当先由行政复议机关处理，但是行政机关对该案件明显缺乏管辖权，特别是明显违反某些事项、地域专属管辖规定的，法院也应当受理相对人的起诉。设定复议前置的理由主要在于行政机关具有“专业对口”的优势，而行政机关对案件明显缺乏管辖权意味着这种优势的丧失，此时仍然坚持复议前置就不具有正当性，为了保证案件的公正、及时审理，法院完全可以不受复议前置规定的约束。

以上是对司法实践中已经出现和可能出现的不适应复议前置情况的列举，列举就意味着无法穷尽所以复议前置的例外情况。但是，只要是存在有碍于行政案件公正、及时处理的情形，人民法院认为复议程序不必要的，法院就可以直接受理相对人对原行政行为提起的诉讼。

五　本章小结

根据我国现有法律、法规的相关规定，在行政复议与行政诉讼关系方

① 参见最高人民法院（2005）行提字第1号行政裁定书。

面，我国目前实行以当事人自由选择为主、复议前置为例外的制度模式安排。学界的主要争议焦点在于，是否需要在立法上改变现行的自由选择模式为行政复议前置模式。倡导复议前置模式的观点主要基于行政复议制度自身的优点考虑，意在推动行政复议制度的完善，提高行政复议化解纠纷的能力，将行政纠纷化解在行政系统内部。但是从倡导复议前置模式的主要理由来看，似乎缺乏足够的说服力。首先，行政复议的专业性优势无须通过复议前置来体现和强化。其次，域外行政内部救济与司法救济衔接上并无统一模式。最后，复议前置并非行政复议成为解决行政争议主渠道的必要条件。

批判复议前置模式，意味着坚持自由选择模式。自由选择模式的正当性在于，自由选择模式尊重相对人的程序选择权，故复议前置的设定应当有充足的理由。而实行复议前置的理由无外乎事实问题复杂、涉及专业性、行政机关的主动性以及维护公共利益等方面，但理论和实践证明，保护当事人诉权足以对抗这些理由，立法上设置复议前置应当受到严格限制。在自由选择模式下构建行政异议制度并将其纳入广义行政复议制度范畴，能够为相对人提供一个经济高效的救济解决途径，也能够为行政机关的自我反省提供制度空间，是正确处理司法权与行政权关系的体现，有利于完善行政救济和司法救济的衔接机制，促进行政诉讼目的之实现和自由选择模式的实施。

以自由选择模式为原则，就意味着以复议前置为例外，但根据《立法法》第8条规定的精神，复议前置的情形只能由法律规定。为了公正、及时保护当事人的合法权益，复议前置的例外同样应当存在。在一定情形下，法院完全可以不受法律上关于行政复议前置规定的限制，受理相对人直接向人民法院提起的诉讼，最大限度保护相对人的诉权。这些复议前置的例外情形主要包括：复议机关不予受理复议申请的；复议机关超过合理期限未作出复议决定的；行政机关未告知应先申请行政复议的；复议机关在复议程序中基于同一事实追加当事人，被追加的当事人不服复议决定的；行政机关对案件明显缺乏管辖权的。总之，只要是有碍于行政案件公正、及时处理的情形，人民法院认为复议程序不必要的，法院就可以直接受理相对人对原行政行为提起的诉讼。

第五章　审查标准：司法权监督行政权的内在界限

如果说行政诉讼受案范围是司法权介入行政权的外在界限，决定了“哪些性质或类型的争议应当通过行政诉讼途径解决”①，那么行政诉讼审查标准则是司法权监督行政权的内在界限，指的是在法院受理行政案件之后，对被诉行政行为进行审查评价并作出结论所遵循的准则。合法性与正当性的对立统一是现代法律制度重要特征，② 作为行政法治重要基石的行政诉讼制度对行政行为的评价，同样需要进行合法性审查与正当性审查，体现为行政诉讼中合法性审查标准与合理性审查标准的统一，以及实质合法性审查原则的确立。传统行政诉讼法理论及实践中认为，法院对行政行为的审查仅仅局限于合法性，即外在的、形式的合法，而对行政行为是否合理即实质合法性则不予审查。对于行政行为合理性的关注源于现代社会行政自由裁量权的广泛存在。行政自由裁量权的滥用往往会导致行政行为貌似合法而实质不合理的情况，违反了法律的目的、精神或原则，这与行政法治的要求是背道而驰的。在司法审查中对行政行为进行实质合法性审查，就需要确立合理性审查标准。为此，应当按照实质合法性的要求赋予合理性审查标准具有可操作性的内容，从而建立相对独立的对自由裁量权的审查规则。

---

① 黄先雄：《行政诉讼中的权力关系》，中南大学出版社 2012 年版，第 67 页。

② 合法性（Legality）与正当性（Legitimacy）本是一对法哲学上的概念。从法律思想史的角度考察，正当性概念与自然法思想相始终，所关涉的是社会中权力和权威的基础，以及为实存的法律秩序所提供的正当性证明。而合法性概念出现则是在形式主义法学或法实证主义出现以后，强调的是法律秩序的实际存在以及行为者对法律的服从和遵守。就二者的关系而言，是以法秩序或具体的法律为连接点的，正当性强调的是该法律或统治秩序的正当或适当与否的评价，而合法性则指在该法律秩序下的行为或制度是否符合于具体的法律规定。参见刘毅：《“合法性”与“正当性”译词辨》，《博览群书》2007 年第 3 期。

一　审查标准的立法与司法实践审视

（一）形式合法性审查标准的确立与遵循

虽然随着我国行政法治的发展，学界对于行政诉讼法上合法性审查规定倾向于做扩大解释，试图将其中的“合法”理解为应符合立法的目的、原则和精神，从而为合理性审查标准提供立法上的根据。但是从立法者的说明来看，行政诉讼法上合法性审查标准的确立，实际上排除了对行政行为合理性的审查：“人民法院审理行政案件，是对具体行政行为是否合法进行审查。至于行政机关在法律、法规规定范围内作出的具体行政行为是否适当，原则上应由行政复议处理，人民法院不能代替行政机关作出决定。”① 由此看来，学界对于“合法”的扩大解读，只能是一厢情愿。不仅如此，根据《若干解释》第56条第2款规定，被诉具体行政行为合法但存在合理性问题的，法院应当判决驳回诉讼请求。这样的规定与《行政诉讼法》的立法本意相一致，表明了法院对待行政行为合理性的态度，即原则上不审查。从司法实践中的案例来看，《若干解释》第56条第2款也成为法院排除合理性审查的依据（见表5-1）。新《行政诉讼法》依然坚持了对合法性审查的狭义理解，立法机关认为，“人民法院对行政行为是否合法进行审查，一般不对行政行为是否合理进行审查……否则，国家职能分工的平衡状态将被打破”②。

表5-1　适用《若干解释》第56条第2款的案例及其裁判理由③

案例名称	主要裁判理由	裁判结论
1. 刘某诉泌阳县羊册镇人民政府不服土地权属争议处理案	法院认为，羊册镇财政所代表县政府向马成明颁发的契证仅在骑缝处加盖县人民政府印章，而在落款处使用了羊册镇财政所预算拨款印章，及在做决定时采用了郭加让、陶平阳、吕加欣等人1994年以后补写的1981年的证明材料，均属本案瑕疵。但契证与马成明所交纳契税凭证相一致，属土地使用权依法变更的证据	驳回原告刘某的诉讼请求

① 王汉斌：《关于〈中华人民共和国行政诉讼法（草案）〉的说明——1989年3月28日在第七届全国人民代表大会上》，《中华人民共和国最高人民法院公报》1989年第2期。

② 信春鹰主编：《中华人民共和国行政诉讼法释义》，法律出版社2014年版，第20—21页。

③ 案例来源于中国法律案例网数据库，以“最高人民法院关于执行《中华人民共和国行政诉讼法》若干问题的解释第56条第2款”为关键词检索到案例8个。

续表 5－1

案例名称	主要裁判理由	裁判结论
2. 戴某与沈阳市城市管理行政执法局铁西分局不服房屋拆除行政裁决上诉案	一审法院认为，铁西区执法局具有作出被诉具体行政行为的法定职权。铁西区执法局在执法程序上存在瑕疵，但不影响被诉具体行政行为的合法性。二审法院认为，由于上诉人不具备被拆除游乐设施的合法批建手续，基于沈阳市劳动公园整体改造的需要，并综合考虑上诉人与劳动公园承包期限已满的事实，在上诉人拒不自行拆除的情况下，对上诉人的游乐设施予以强制拆除，并无不当	一审判决驳回原告的诉讼请求；二审驳回上诉，维持原判
3. 尚某诉吴堡县城乡建设局用地规划许可纠纷、不履行城市规划行政处罚法定职责纠纷案	第三人恒泰公司在向被告提出扩建吴堡汽车站的申请报告后，先后办理完毕相关手续，并将相关材料提交被告后申请建设用地规划许可，被告在依据相关法律的规定进行审查后，提出具体规划要求，依照法定程序向第三人颁发了“吴政建用规字〔2007〕第 06 号”吴堡县建设用地规划证，被告的行政许可行为合法，但由于被告的许可行为对原告的房屋采光确有影响，存在合理性问题。故原告诉请撤销被告向第三人颁发的“吴政建用规字〔2007〕第 06 号”吴堡县建设用地规划许可证之请求，应予以驳回	驳回原告尚某的诉讼请求
4. 郧某与姚某等治安行政处罚上诉案	一审法院认为，被告对第三人给予罚款五百元的处罚，并未超越其职权。故原告要求撤销该处罚决定的理由不足，不予支持。但根据第三人违法行为的方式以及对原告身体造成的损害后果，被告应依照《中华人民共和国治安管理处罚法》第四十三条第一款的规定，对第三人处以拘留五日以下的处罚更为合理，其对第三人处五百元的罚款，在处罚的合理性方面存在欠缺。二审法院认为，被上诉人中河派出所综合考虑了被上诉人姚某违法行为的原因、上诉人郧某未履行法院生效判决等因素对被上诉人姚某作出罚款五百元的行政处罚，在处罚的合理性方面存在欠缺，但尚属量罚范围	一审判决驳回原告诉讼请求；二审驳回上诉，维持原判

续表 5－1

案例名称	主要裁判理由	裁判结论
5. 吴某等与吕梁市工伤保险管理服务中心工伤保险待遇上诉案	一审法院认为，2007 年度的应缴费用是在 12 月一次性缴纳的，缴纳时吴某、高某二人的丈夫已去世，已去世的职工所在单位不需要再行缴纳社会保险费用，说明缴费单位按月向社会保险经办机构申报应缴纳的社会保险费以及社会经办机构进行核定的程序是十分必要的，只有按月申报并核定才能及时准确地反映职工工伤的情况。由于兴无煤矿不能提供冯海生、高三信去世前一个月的申报和缴费情况，应认定属于未按时缴纳工伤保险费的情形。二审法院认为，柳林县医疗保险管理中心出具的 2007 年 12 月工伤保险费征缴情况表上，除了兴无煤矿外，还有柳林建行、王家沟煤矿、文安煤业有限责任公司、刘家垣煤矿等企业也是于 2007 年 12 月一次性缴纳了 2007 年度全年的工伤保险管理费，可以认为这种不定期缴费方式是在工伤保险管理的实际工作中形成的一种习惯性做法，这种做法需要在以后的工伤保险管理工作中逐步地加以规范。工伤保险中心以冯海生、高三信所在单位工伤保险费用缴费方式不符合条例规定为由不予核定并支付上诉人丈夫工亡后的工伤保险待遇的行为违法。原审法院判决驳回吴某、高某的诉讼请求系适用法律错误，应予纠正	一审判决驳回吴某、高某的诉讼请求。二审判决撤销一审判决，责令吕梁市工伤保险管理服务中心核定应享受的工伤保险待遇并予支付
6. 龚某诉常德市西洞庭管理区管理委员会行政征用及行政赔偿案	法院认为，行政诉讼法规定行政审判只审查行政机关的行政行为的合法性，其合理性不在审查的范围内。被告西洞庭管委会根据常德市人民政府的工作安排进行濠口桥临时通道的组织调度的行政行为，符合法律及上级行政机关的工作要求，是合法的行政行为。至于原告龚某所诉称的临时通道的涵管设计不合理，导致水位升高造成了原告的经济损失问题是行政行为合理性的问题不在行政审判的审查范围之内。故法院对原告诉讼请求依法不能支持	驳回原告龚某的诉讼请求
7. 徐某与叶某等房屋行政登记上诉案	一审法院认为，被告台州市住房和城乡建设规划局依当事人叶某的申请颁发其房屋所有权证行为合法有效。被告在受理单上的记载存在着一定的瑕疵，但该瑕疵并不影响其颁证行为的合法性。二审法院认为，台州市路桥区房地产管理处产权登记受理单中出现的房屋所有权证是房屋所有权证明的笔误，叶某提交的是路桥区房管处出具的涉案房屋的权属证明材料原件。因此，该受理单的书写笔误不影响颁证行为的合法性	一审判决驳回原告徐某的诉讼请求；二审驳回上诉，维持原判

续表 5－1

案例名称	主要裁判理由	裁判结论
8. 徐某与浙江省衢州市人民政府等土地行政登记上诉案	一审法院认为，被告衢州市人民政府作出注销衢市国用（95）字第 17117 号国有土地使用权证的决定正确，应予以支持。但被告衢州市人民政府 2001 年 4 月 17 日作出的具体行政行为，直至 2005 年 9 月 21 日才由被告衢州市国土资源局以发函的形式告知原告等人，在行政程序上存在不合理之处。二审法院认为，被上诉人直至 2005 年 9 月 21 日才以函件的形式正式通知有关当事人，不仅不符合行政行为的规范化要求，不利于行政相对人依法行使其在行政程序中所应享有的陈述、申辩的权利，也有碍行政效率。鉴于该程序上的不合理并不影响被上诉人衢州市人民政府批准注销行为的合法性，原审判决就此予以指正正确。上诉人徐某就案件事实认定等所提出的上诉理由，因缺乏相应证据支持，不予采信	一审判决驳回原告徐某的诉讼请求。二审驳回上诉，维持原判

从以上案例可以看出，法院将行政行为实体上裁量的不当和轻微的程序瑕疵均纳入合理性的范畴。虽然法院通过审查发现了被诉行政行为在合理性方面存在问题，但是在这些合理性问题并不足以影响行政行为在法律形式上合法性的情况下，法院并没有将其作为撤销行政行为的理由，而只是指出了行政行为合理性上的问题，并将纠正行政行为合理性问题的机会留给了行政机关，在合理性审查的问题上保持了必要的克制。

（二）隐匿于合法性审查之下的合理性审查

然而，法院并非一味地克制，在吴某等与吕梁市工伤保险管理服务中心工伤保险待遇上诉案（见表 5－1）中，虽然一审法院认为不予支付工伤保险金的行为合法但不合理，并判决驳回起诉，但是二审法院对原审法院判决的推翻却表明，法院并未完全对合理性问题置之不理，而是采取了“犹抱琵琶半遮面”的迂回策略，二审法院的裁判理由颇值得玩味。首先，可以确定的是，不论是一审法院还是二审法院都认为工伤保险管理服务中心（以下简称服务中心）的行为没有违反相关法律法规的具体规定，但是接下来法院的裁判理由却存在明显的差异。一审法院虽然并未明文指出服务中心的行为合法但不合理，但是判决所依据的司法解释规定实际上表明了法院的态度。从二审的裁判理由来看，法院显然也是认为服务中心的行为合法但不合理的，但是如果据此裁判的话，就会导致适用与一审同样的规定而无法支持上诉人的主张。于是，法院绕开了合理性的问题，而将服务中心的行为归结为“违法”，从而使判决获得了《行政诉讼法》上的依据。其次，二审法院虽然认为服务中心的行为违法，但这种判断是与该行为形式上的合法相冲突的，法院确认服务中心的行为违法依据何在？换句话说，在严格遵循法律条文判决成为习惯的情况下，是什么理由足以让法院冲破合法性的束缚去支持上诉人的请求呢？理由只有一个，那就是服务中心的行为违背了法律的基本原则和精神，并且如此不合理以至于任何有理性的人都不会持这样的看法，达到了行政裁量权滥用的地步。于是，新的问题产生了，为什么法院不明确依据《行政诉讼法》“滥用职权”的规定确认服务中心的行为违法，而将这种对合理性的审查隐匿于合法性审查之下呢？下面一个典型案例似乎更能说明问题。

在“黄金成等25人诉成都市武侯区房管局划分物业管理区域行政纠纷”案[①]中，一审法院认为，武侯区房管局实施被诉行政行为的动机，符合法律授予其行政权力的宗旨，被诉行政行为建立在正当考虑的基础上，行为的内容合乎情理，且具有可行性，符合行政行为合理性原则。二审法院虽然对一审判决持有不同的看法，但是也并未从正面对行政行为的合理性作出评价。二审法院认为，根据《物业管理条例》第9条第2款的规定，武侯区房管局在划分物业管理区域时，应当考虑物业的共用设施设备、建筑物规模、社区建设等因素。在本案诉讼中，武侯区房管局没有证据证明其在对“中央花园清水河片区”进行物业管理区域的划分时，考虑了除物业管理用房以外的其他共用设施设备等因素，故武侯区房管局作出的划分“中央花园清水河片区”物业管理区域的通知，不符合《物业管理条例》第9条第2款的规定。据此，二审法院以“主要证据不足”为由，撤销了被诉行政行为。显然，两级法院对行政行为审查的思路是不同的。法院在肯定行政行为合理性时，往往遵循了合理性审查的思路，直接指明被诉行政行为在裁量过程中的合理性问题，而一旦法院想要推翻行政行为时，就会改变审查思路，转而以行政诉讼法上“主要证据不足”“适用法律、法规错位”为理由撤销行政行为，将合理性审查隐匿在形式上的合法性审查之下。法院这种态度背后的原因何在，不能不引起反思。

① 参见《中华人民共和国最高人民法院公报》2005年第6期。

二 “隐匿式”司法审查偏好的原因透视

从案例检索的情况来看，在1985年至2012年《中华人民共和国最高人民法院公报》刊登的98件行政诉讼案例和判决书中，仅在“王丽萍诉中牟县交通局行政赔偿纠纷案”[①] 1例案件中，法院明确指出被诉行政行为“不符合合理、适当的要求，是滥用职权”，并依此确认行政行为违法。有学者对行政卷《人民法院案例选》（1992—1999年合订本）中收录的270个案例进行了筛选，发现在判决中明确依据“滥用职权”的案例仅有6个。[②] 这也印证了虽然人民法院在司法实践中已经实际上突破了形式合法性审查的界限，但是却偏好回避适用“滥用职权”，只要能够发现证据认定、法律适用等方面有问题，就会按照合法性审查的路径去审理和判决，换言之，“滥用职权”在审判实践中的作用是处于第二位的，个中原因耐人寻味。

（一）形式合法性审查原则的束缚

我国《行政诉讼法》中关于合法性审查的规定是制约合理性审查发展的瓶颈。立法机关在《行政诉讼法》修改过程中，依然在名义上坚守形式合法性审查原则，对合理性审查的现实需求和司法实践置之不理。虽然从司法实践上来看，在许多案例中，法院已经突破了传统合法性审查原则的束缚，开始运用法律的基本原则和精神对行政裁量是否合理进行审查，但是这样的案例在总体上看依然属于少数，受到《行政诉讼法》上规定的限制，法院对行政裁量的合理性审查依然薄弱。司法实践中，法院对于行政案件的审查，习惯采用两分法，即把案件分成事实根据和法律依据两部分，并把作为司法审查依据的法理解为具体的规范性文件，一般来讲，只要认为行政行为有主要证据支持，适用法律条文正确，法院就完成了合法性审查任务，而对行政行为是否合理，根据行政自由裁量权的理论和《若干解释》第56条第2款的规定，不能成为法院撤销行政行为的理由。虽然立法机关认为行政诉讼不审查行政行为的合理性，但是“滥用职权”标准内在地与行政行为的合理性相联系，狭义的合法性审查实际上无法包容“滥用职权标准”。

---

① 参见《中华人民共和国最高人民法院公报》2003年第3期。

② 参见沈岿：《行政诉讼确立“裁量明显不当”标准之议》，《法商研究》2004年第4期。

在形式合法性原则的束缚下，法院为了防止被立法机关指责超越法律规定的审查权限，只要是能够将行政行为存在的问题归入“适用法律错误”“主要证据不足”“程序违法”等范畴，“两分法”的审查路径能够解决问题，法院自然也就不必冒风险运用“滥用职权”这一标准去审理和判决了。

（二）司法谦抑姿态背后的理性

在权力分立的国家，司法权往往是最为弱小的权力。“司法部门既无军权、又无财权，不能支配社会的力量与财富，不能采取任何主动的行动。故可正确断言：司法部门既无强制、又无意志，而只有判断；而且为实施其判断亦需借助于行政部门的力量。”① 我国虽然实行人民代表大会制度，不同于西方的“三权分立”，但是司法机关的弱势地位是相似的，行政权高于司法权的观念根深蒂固，在这种权力博弈的现实格局下，如果司法过度介入行政权的领地，必然是“贪多嚼不烂”，反而有损司法权威。充分考虑司法资源的有限性和我国当下特殊的社情民意，对立法权、行政权等公共权力保持谦抑的姿态，成为法院明哲保身的理性选择。之所以法院很少援用“滥用职权”判案，是因为“滥用职权”一词本身具有道德上的非难性和主观贬义性，容易让人和“渎职”“玩忽职守”联系起来，这样的评价难免引起行政机关对法院判决的抵触情绪，影响判决的执行。此外，“滥用职权”标准要求法院审查行政机关在作出行政行为时有无主观上的故意或不当考虑，对行政行为的目的和动机进行探知，这决定了法院在运用该条款进行审查时如果把握不好尺度，就容易逾越司法与行政权力的界限，代替行政机关作出判断，从而招致侵犯行政机关自由裁量权的批评和非议，这进一步增强了法院选择其他审查标准的偏好。

（三）“滥用职权”标准难以把握

在司法实践中，“滥用职权标准在判决中适用的情形较为混乱，且看起来大多与行政裁量无关”②。虽然在前述《最高人民法院公报》刊登的98件案例中，有4起案件的原告或者上诉人主张被诉行政行为属于“滥

---

① ［美］汉密尔顿、杰伊、麦迪逊：《联邦党人文集》，程逢如、在汉、舒逊译，商务印书馆1980年版，第391页。

② 沈岿：《行政诉讼确立“裁量明显不当”标准之议》，《法商研究》2004年第4期。

用职权”，但是法院只是从“违反法定程序”或者“适用法律、法规错误”的角度进行了说理，并未对行政行为是否构成滥用职权作出回应。虽然其中有2起案件法院主动认定行政行为构成了“滥用职权”，但是在“路世伟不服靖远县人民政府行政决定案”① 中，法院将“超越职权”等同于“滥用职权”。之所以在许多案件中，法院对“滥用职权”的阐释不一致、拿捏不准，是因为学界对“滥用职权”的解说“众说纷纭”“莫衷一是”，正确把握合理性审查的限度需要司法经验的积累，而立法和司法解释未对“滥用职权”的情形予以明确列举和细化。“滥用职权”标准的难以把握自然会导致法院不敢贸然适用，甚至有意规避该标准的适用，客观上导致了此类案件的减少。这种状况的改变不但需要法院司法水平的提升，更需要审查标准规定的进一步明确。

三　对策：从形式合法性到实质合法性

从合法性审查向兼顾合法性与合理性审查的转变，意味着合法性审查原则由原来的形式合法性审查发展为实质合法性审查。实质合法性审查要求行政行为不仅符合形式上实在法的要求，还要求行政行为符合法律的基本原则和精神。将实质合法性审查落实在行政诉讼法上，不仅是法治发展的要求，也是解决隐匿式合理性审查的司法偏好，让法治精神在司法实践中舞动起来的有效路径。

（一）合法性审查原则的再造

在传统形式合法性审查的原则下，合法即符合法律文本中确定的规则，规则以外的法律精神、原则等被作为合理性的范畴，从而实现了合法性与合理性的区分。但是，法律规则与法律原则并非只是单纯的并列，它们以多种方式相互指涉、彼此交织、相互合作而产生一个规范整体。现行的法律秩序并不是法律规则的机械总和，而是由许多规整所构成，这些规整又构成特定国家的法律体系。② 虽然合理性原则在我国被用来判断被诉行政行为是否合理，但是从合理性原则的沿革来看，在英美法系国家，对

① 参见《中华人民共和国最高人民法院公报》2002年第3期。

② 参见［德］卡尔·拉伦茨：《法学方法论》，陈爱娥译，商务印书馆2003年版，第144页。

行政行为合理性的审查始终没有跳出合法性审查的框架之外，法院用来审查行政自由裁量的所有标准与技术，都是从违法意义上说的，行政行为不合理的情形，都构成了违法的具体形态。① 根据《美国联邦行政程序法》第706节的规定，对达到不合理标准的行政行为，法院应当认定为不合法。在大陆法系国家，与合理性原则在内容和功能上基本一致的比例原则同样也是在合法的层面约束行政机关的，被认为是赋予法院来审查具体个案的利器，是拘束行政权力违法最有效的原则。②

事实上，由于法律规范的模糊性和案件事实的复杂多样，在具体的个案中，对于行政行为是否"合法""合理"的判断，难以划分出清晰的界限，从不同的角度考察，往往会得出不同的结论。这决定了合理性原则只适宜作为理论上对行政行为的要求存在，并且归属于实质合法的范畴，在立法上没有必要也不适宜另行确立行政合理性原则，对于那些严重不合理以至于需要司法干预的行政行为，将其视为实质违法进行审查即可。如果强行对合理与合法进行划分，不仅导致制度内在逻辑上的混乱，而且容易产生司法权力过度侵犯行政权力的自主空间的嫌疑，招致行政机关的抵制，这对于天生弱小、司法能力不足的中国司法权是不适宜的。当然，这并不妨碍在立法上确立实际上针对行政行为合理性的审查标准。因此，在《行政诉讼法》上再造合法性原则，就是在立法精神上实现由形式合法性原则向实质合法性原则转变，从基础范畴上解决法院进行合理性审查的正当性，在制度设计上坚持对行政行为进行形式合法性审查的同时，明确相应的合理性审查标准，从而界定法院审查行政行为合理性的限度，并将违反合理性审查标准的行政行为视为违法。至于合理性审查应采用何种标准，便是接下来要探讨的问题。

（二）合理性审查标准的选择

虽然在立法上不宜明确规定合理性原则，但是在实质合法性审查原则确立的情况下，法院在行政诉讼中必然要关注行政行为的合理性，"合理原则已经成为近年赋予行政法生命力最积极和最著名的理论之一"③。对

① 参见余凌云：《行政自由裁量论》，中国人民公安大学出版社2005年版，第259页。

② 参见陈新民：《中国行政法学原理》，中国政法大学出版社2002年版，第325页。

③ ［英］威廉·韦德：《行政法》，徐炳等译，中国大百科全书出版社1997年版，第56页。

合理性的关注是为了控制行政自由裁量权的行使，而对于行政自由裁量权应当确定哪些限制，需要一国的法律制度在行政效率与对公民的权益保护之间、在行政权与司法权之间做出最为适当的平衡，从而实现形式合法性审查与合理性审查的恰当融合。

1. 域外合理性审查标准的考察

从英美法系国家来看，对行政行为的审查经历了从严格不予审查合理性问题发展到原则上对合理性予以审查的发展历程。但是在大多数情况下，法院对行政行为采取了较为宽松的审查标准，认为法院不应当代替行政机关作出判断，司法干预究竟应深入到什么程度，取决于司法与行政的专长比较。以美国为例，根据1946年制定的《美国联邦行政程序法》，司法审查标准从极端严格到极端宽松，形成了一条连续的谱线。这些审查标准主要包括全面初审标准、合理性标准、任意性标准和“不可审”标准。全面初审是最严格的审查标准，要求法院独立审查行政决定，以确定法院是否同意行政决定。全面初审标准的适用范围很窄，一种情况是行政行为具有裁决的性质，且行政机关认定事实的程序不当，一种情况是行政决定涉及公民的基本宪法权利。“不可审”标准是最宽松的标准，适用于“政治问题”或“国家行为”。在这两种之间、适用最广泛的是合理性标准和任意性标准。所谓的合理性标准就是《美国联邦行政程序法》中规定的“实质性证据规则”，主要适用于正式制定规则与裁决程序中的事实认定，而任意性标准就是《美国联邦行政程序法》中规定的“专横、任性、滥用自由裁量权”标准，二者都属于宽松的审查标准，[①] 区别比较细微，“要在合理性标准下维持行政行为，法院必须在某种程度上同意行政机关的决定，虽然并不需要达到完全同意的程度；而要在任意性标准下维持行政行为，法院只需认为行政行为不是不可容忍的就可以了”[②]。“实质性证据标准的适用范围，限于审查行政机关对事实的裁定是否合理。专横和任性标准除适用审查行政机关的事实裁定以外，也适用于审查行政机关行使自由裁量权时的选择是否合理。所以通常把专横和任性标准称为审查行政机关行使自由裁量权力的标准。”[③] 当然，也有学者认为，二者在实

① 参见张千帆：《司法审查的标准与方法——以美国行政法为视角》，《法学家》2006年6期。

② Charles H. Koch, *Administrative Law and Practice* (*vol. III*), St. Paul, MN: West Publishing Co., 1997, p. 15.

③ 王名扬：《美国行政法》，中国法制出版社2005年版，第681页。

际运用过程中并没有任何区别，因此，二者可以统一为“专横、任性、滥用自由裁量权”标准。

在大陆法系国家，德国曾提出了“裁量”和“不确定”的概念，“行政机关通过裁量授权获得活动空间，通过不确定的法律概念获得判断余地，法律约束的松动相应地引起了行政法院的松动，因为行政法院只审查行政活动的合法性。一旦行政机关享有裁量空间和判断余地，它就享有最后决定的权利”①。法院在对行政行为进行审查过程中，对于行政过程中对不确定法律概念的解释和涵摄时的判断余地应给予尊重，对于裁量余地内的事项，法院也应该保持必要的谦抑而不能审查；行政机关的行政决定超越行政裁量范围的，因属于违法行为理应进行审查；行政机关在行政裁量的范围内所作的不具有合理性的行为如滥用裁量权、怠于行使裁量权、违反法律基本原则的，则应进行审查。根据《联邦德国行政法院法》第114条规定，行政机关授权可进行自由裁量时，对行政行为或对作出行政行为要求的拒绝或不答复是否因为自由裁量超越其法定界限或不符合授权目的而是否违法的问题，法院亦可审查。我国台湾地区“行政诉讼法”第201条规定：“行政机关依裁量权所为之行政处分，以其作为或不作为逾越权限或滥用权力者为限，行政法院得予撤销。”

由此可见，大陆法系与英美法系国家对行政行为合理性审查的标准基本上是一致的，即对于行政自由裁量范围内的行政判断予以尊重，但如果行政裁量达到滥用程度的，法院就有权进行审查，从而合理划定了司法权介入行政权的界限。需要说明的是，域外对于“滥用自由裁量权”的界定，并不必然要求行政机关在决定中掺入了故意过错、恶意行事等不正当的主观性因素，只是表示明显错误的结论和判断，除非有充分的证据，法院无须追问行政机关的真实意图或动机是否正当。②

2. 从“滥用职权”到“明显不当”

从我国的司法实践运行和发展情况来看，法院对自由裁量权的审查事实上同样采用了“滥用自由裁量权”标准。根据《若干解释》第56条第2款的精神，对于行政行为合法但存在合理性问题的，法院虽然持有批评态度，但一般会予以必要的容忍，从而恪守司法谦抑、保证行政效率，只

---

① ［德］哈特穆特·毛雷尔：《行政法学总论》，高家伟译，法律出版社2000年版，第124页。

② 参见沈岿：《行政诉讼确立“裁量明显不当”标准之议》，《法商研究》2004年第4期。

有行政行为达到明显不合理，构成滥用自由裁量权时，法院才会进行必要的干预，“王丽萍诉中牟县交通局行政赔偿纠纷案”① 就是法院运用“滥用自由裁量权”标准进行合理性审查的典型案例。但问题在于，在当代中国语境下，滥用权力往往和主观因素联系在一起，如果法院根据《行政诉讼法》的规定认定行政机关滥用职权，就存在追究责任的问题，因此，司法实践中法官极少适用该项规定作出裁判。为了强化法院对行政行为的合理性审查，新《行政诉讼法》第70条在保留“滥用职权”规定的同时增加了“明显不当”作为新的合理性审查标准。

实际上，“明显不当”和“滥用职权”从实质上看指的都是行政行为严重违反行政合理性原则而不合适、不妥当或者不具有合理性，有的学者认为，“明显不当”实际上是滥用职权的一种表现形式。② 立法机关将“滥用职权”和“明显不当”区分开来，是为了强化对行政行为的合理性审查。一方面，将原本只规定在《行政复议法》上审查行政行为合理性的“明显不当”标准写入《行政诉讼法》，实现了《行政诉讼法》和《行政复议法》合理性审查标准的统一，意味着传统行政法学理论上行政诉讼和行政复议审查行政行为合理性上的区别消失，法院对行政行为审查的手段和强度得到了提升。另一方面，根据立法机关的解释，“明显不当与滥用职权，都针对行政自由裁量权，但规范角度不同，明显不当是从客观角度提出的，滥用职权则是从主观角度提出的”③。“明显不当”标准将“滥用职权”标准中的主观性内容剥离出去，从文义上避免了将其与行政机关的故意或过失相联系，打消了法院适用的顾虑，行政机关也更容易接受法院的裁判。这样一来，法院在司法实践中的合理性审查就有了更明确的立法依据，法院也不必再将合理性审查隐匿于形式合法性之下进行，“明显不当”完全可以成为审查行政行为合理性的主要标准。一般情况下，法院可以单独适用“明显不当”标准对行政行为的合理性作出否定性评价，如果有充分证据证明行政机关存在主观问题的，可以同时适用“滥用职权”和“明显不当”标准。

接下来的问题是，既然“明显不当”与“滥用职权”在本质上是一

---

① 参见《中华人民共和国最高人民法院公报》2003年第3期。

② 参见江必新、邵长茂：《新行政诉讼法修改条文理解与适用》，中国法制出版社2015年版，第265页。

③ 信春鹰主编：《中华人民共和国行政诉讼法释义》，法律出版社2014年版，第190页。

致的，那么此前“滥用职权”标准在司法实践中所面临的困惑，也是“明显不当”标准需要面对的，即“明显不当”概念同样抽象，在未对其内涵与外延进行清晰界定的情况下，“明显不当”标准在司法实践中自然难以把握。

（三）“明显不当”标准的具体化

“明显不当”作为合理性审查的标准，本身是一个抽象的概念。如前所述，“滥用职权”标准在司法实践中难以把握，法院对“滥用职权”的理解五花八门，为了避免同样的问题，防止因法院对“明显不当”标准进行任意解释导致法律体系的混乱，有必要将“明显不当”标准的内涵进一步明确，赋予其相对具体可操作的内容。在新《行政诉讼法》实施之前，“明显不当”的表述已经在法院的裁判文书中出现，在中国知网法律知识资源总库案例库中，以“明显不当”为关键词搜索并随机抽取 20 个 2013—2014 年度案例后发现，法院往往将“明显不当”等同于“主要证据不足”“适用法律、法规错误”“违反法定程序”“显示公正”标准中的一个或几个。例如，在“滦平县人民政府等与滦平县红旗镇南白旗村村民委员会林地行政确权上诉案”中，法院认为“被告依据《林木林地权属争议处理办法》第十条的规定，将争议林地全部确认为国家所有，违背了双方各半的原则，属明显不当。故被告作出的滦政林处字（2013）第 2 号林权争议行政处理决定主要证据不足，适用法律、法规错误，应予撤销”。又如在“路某与攀枝花市公安局西区分局治安行政处罚纠纷上诉案”中，法院认为，张某牙齿被路某打掉一颗的事实能否认定，并不影响西区分局对路某作出行政处罚的基本事实。而且，西区分局作出的行政处罚决定并非畸轻畸重，明显不当。综上所述，被告西区分局对原告路某的行政处罚决定，事实清楚，证据确实、充分，程序合法，应依法予以维持。本书认为，在新《行政诉讼法》实施后，“明显不当”已经作为行政诉讼法上一个独立的合理性审查标准存在，不应当将其再与其他审查标准特别是形式合法性审查标准混同。根据实质合法性审查原则的要求，行政行为不仅要符合制定法上狭义的法律，还要遵循法律基本原则和精神，而立法上设置“明显不当”标准正是对行政行为应体现法律基本原则和精神的强调。因此，将这些原则和精神进行梳理并落实在法律制度中，将是实现明显不当标准具体化的有效路径。

法律来源于实践，这些原则和精神，可以从相关案例和制定法中归纳和寻找。从英美法系国家合理性原则的确立和发展过程来看，合理性原则内容的丰富是通过法官的判词和言论的积累完成的。例如，在1983年的美国机动车制造商诉州农业互助汽车保险公司案中，美国联邦最高法院对“专横、任性、滥用自由裁量权”标准的理解是：“通常，行政机关的决定将是专横的，如果行政机关依赖国会没有要它考虑的因素，完全没有考虑问题的重要方面，行政机关对其决定的解释和它所有的证据相反，或者如此的不合理，以致不能认为是由于见解的不同，或者由于行政机关专业知识的结果。”美国联邦最高法院的判词经过下级法院的演绎，使得滥用职权表现为不正当的目的、忽视相关因素、不遵守自己的先例和诺言、显失公平的严厉制裁和不合理的迟延五个方面。[①] 在大陆法系主要国家和地区，判例的作用依然显著。法国行政法就是依托判例发展起来的，德国、日本和中国台湾地区对判例汇编和裁判要旨的提炼也十分重视，行政判例同样对司法实践起到了重要的指导作用，部门法的发展已经离不开判例。可以说，判例为发展法律提供了源源活水，其在法治化进程中的地位和作用已经变得不可替代。在我国，随着法治建设进程的推进，法律的原则和精神有的已落实在具体的法律制度中，但绝大部分依然停留在理论层面并体现在具体的案例中。近年来，随着学界对案例研究的深入，案例在推动法治化中的作用开始受到越来越多的重视，法院运用行政法基本原则裁判的案件也为“明显不当”标准的具体化提供了根据。与此同时，近年来相关行政领域的立法对基本原则的吸收，也为基本原则写入《行政诉讼法》提供了根据。案例中对基本原则的运用可以说是法院在司法实践中的大胆尝试，证明了基本原则作为裁判依据的必要性和可行性，而某些行政领域立法中对基本原则的体现，则为基本原则进一步成为行政诉讼的具体审查标准，从而实现在更广泛领域对行政实施监督提供了立法先例、创造了有利条件。

1. 行政行为符合比例原则

比例原则起源于大陆法系国家，根据德国行政法理论，比例原则包含三方面内容，即手段的妥当性、必要性和法益相称性原则。妥当性，简而言之就是行政措施必须适于增进或实现所欲达到的行政目的；必要性要求

① 参见王名扬：《美国行政法》，中国法制出版社2005年版，第681—684页。

为达到行政目的所采取的手段应当是在诸种可供选择的手段中是最温和、对相对人侵害最小的；法益相称性也叫严格意义的或狭义的比例原则，是指行政行为所获得的实际利益应当大于公民因此所受到的损害。[①] 比例原则作为行政法上的一条重要原则，其蕴含的精神对于行政机关依法行政具有重要的指导意义，在我国的司法实践中，该原则已经得到了运用。

案例 1：黑龙江省哈尔滨市规划局与黑龙江汇丰实业发展有限公司行政处罚纠纷上诉案。[②] 最高人民法院认为，诉讼中，上诉人哈尔滨市规划局提出汇丰公司建筑物遮挡中央大街保护建筑新华书店（原外文书店）顶部，影响了中央大街的整体景观，按国务院批准的"哈尔滨市总体规划"中关于中央大街规划的原则规定和中央大街建筑风貌的实际情况，本案可以是否遮挡新华书店顶部为影响中央大街景观的参照标准。规划局所作的处罚决定应针对影响的程度，责令汇丰公司采取相应的改正措施，既要保证行政管理目标的实现，又要兼顾保护相对人的权益，应以达到行政执法目的和目标为限，尽可能使相对人的权益遭受最小的侵害。而上诉人所作的处罚决定中，拆除的面积明显大于遮挡的面积，不必要地增加了被上诉人的损失，给被上诉人造成了过度的不利影响。原审判决认定该处罚决定显失公正是正确的。原审判决将上诉人所作的处罚决定予以变更，虽然减少了拆除的面积和变更了罚款数额，但同样达到了不遮挡新华书店顶部和制裁汇丰公司违法建设行为的目的，使汇丰公司所建商服楼符合哈尔滨市总体规划中对中央大街的规划要求，达到了执法的目的，原审所作变更处罚并无不当。

在案例 1 的判决中，虽然法院并未明确提出比例原则，但是法院的说理明显是对比例原则内涵的阐释，即行政处罚"应以达到行政执法目的和目标为限，尽可能使相对人的权益遭受最小的侵害"，这正是对比例原则核心含义的表达。法院之所以认为行政处罚显失公正，就是因为行政处罚中要求相对人拆除的面积明显大于遮挡的面积，从而"不必要地增加

① 关于比例原则的详细论述可参见谢世宪：《论公法上之比例原则》，载城仲模主编《行政法之一般法律原则》，三民书局 1994 年版，第 119—122 页。

② 参见最高人民法院（1999）行终字第 20 号行政判决书。

了被上诉人的损失，给被上诉人造成了过度的不利影响”，违背了“在实现法定目的的前提下，国家活动对公民的侵害应当减少到最低限度”[①] 这一比例原则上必要性的要求。可以说，该判决的发布成为比例原则在行政法领域确立的重要开端，此后，学界开展了对比例原则的广泛研究，其作为行政法上的一项基本原则的地位已经获得了普遍认可，进一步推动和促进了比例原则在法律上的最终确立。实际上，在个别立法中已经出现了比例原则的制度因素。例如，《行政处罚法》第 4 条第 2 款规定，“设定和实施行政处罚必须以事实为根据，与违法行为的事实、性质、情节以及社会危害程度相当”，这体现的是对行政行为必要性的要求；《中华人民共和国人民警察使用警械和武器条例》（以下简称《人民警察使用警械和武器条例》）第 4 条规定，“人民警察使用警械和武器，应当以制止违法犯罪行为，尽量减少人员伤亡、财产损失为原则”，体现的是比例原则的必要性、法益相称性内涵；《人民警察使用警械和武器条例》第 11 条规定，犯罪分子停止实施犯罪，服从人民警察命令的，犯罪分子失去继续实施犯罪能力的，人民警察应当立即停止使用武器，体现的是妥当性要求。由此可见，比例原则在防止行政机关滥用职权，保护相对人合法权益方面发挥着不容忽视的积极作用，“使相关的立法目的得以在行政行为的具体运作中实现，它使得法院、其他有权机关及整个社会对行政行为的监督更为具体、细致和富有针对性”[②]，其作为判断行政行为是否明显不当具体标准的条件已经成熟。

2. 行政行为符合平等原则

行政法上的平等原则又称为平等对待原则，基本内涵是同等情况同等对待，不同情况区别对待。同等对待是要求行政机关在面对多个相对人时应当一视同仁，反对歧视，在先后面对多个相对人时应当先后一致，反对反复无常。区别对待是要求行政机关在实施行政行为时，应认真区别各相对人的具体情况。[③] 平等原则源于宪法上的平等权，但是由于宪法尚未司法化，导致许多形式上合法的行政自由裁量行为实质上侵犯相对人平等权的情况下，公民无法获得有效救济。如果在司法审查中引入平等原则作为

① ［德］哈特穆特·毛雷尔：《行政法学总论》，高家伟译，法律出版社 2000 年版，第 106 页。

② 湛中乐：《行政法上的比例原则及其司法运用——汇丰实业发展有限公司诉哈尔滨市规划局案的法律分析》，《行政法学研究》2003 年第 1 期。

③ 参见周佑勇、伍劲松：《行政法上的平等原则研究》，《武汉大学学报（哲学社会科学版）》2007 年第 4 期。

判断行政行为明显不当的具体标准，问题就能迎刃而解。

> 案例2：王钦民诉精河县公安局治安管理行政处罚案。博尔塔拉蒙古自治州中级人民法院经审理认为，被上诉人精河县公安局作出的治安管理处罚裁决，认定上诉人王钦民先骂并先动手打王钦防，缺乏事实根据；王钦民与王钦防因互殴造成各自的伤害均为轻微伤，他们的违法严重程度相同，但被上诉人王钦民的处罚明显重于对王钦防的处罚，该处罚显失公正。①

在该案中，被告作出的行政处罚显失公正，表现为“同样情况不同对待”。原告王钦民与王钦防两人相互谩骂和殴打，两人均受到了轻微伤害。从王钦民与王钦防互殴的原因和造成的伤害后果看，他们违法行为的严重程度相当，分不出谁为主次和谁的责任比谁的大。在这种情况下，被告精河县公安局在对他们进行行政处罚时，应该遵循平等原则，对他们作出相同行政处罚，以体现同责同罚。但被告对他们作出的行政处罚，在轻重程度上明显不一样：王钦民被处以15日行政拘留，而王钦防仅被罚款100元，显然前者比之后者严重得多。本案中，法院虽然表面上使用的是行政诉讼法上关于行政处罚显失公正的依据，但这种显失公正的原因正是违反了平等原则从而构成了明显不当，法院实际上运用了平等原则对显失公正进行解释，实现了对行政行为合理性的实质审查。需要指出的是，平等原则不仅体现在行政处罚这种负担行政行为中，在授益行政行为中同样存在，我国《行政许可法》第5条规定，设定和实施行政许可，应当遵循公开、公平、公正的原则，符合法定条件、标准的，申请人有依法取得行政许可的平等权利，行政机关不得歧视。该规定即是平等原则在法律上的初步体现，将平等原则作为行政诉讼法上“明显不当”的具体标准顺理成章。

3. 行政行为符合信赖保护原则

在现代法治国家中，“政府和人民之间应该存在信赖关系，公民必须信任行政机关所作出的决定，以此安排自己的生活，否则社会秩序的稳定性和社会生活的可预测性便会遭到破坏”②。当公民信赖行政行为，并且

---

① 参见最高人民法院中国应用法学研究所编：《人民法院案例选》（1992年至1999年合订本）（行政卷），中国法制出版社2000年版，第145页。

② 周维峰：《论行政法信赖保护原则》，《政法论丛》2003年第2期。

这种信赖值得保护时，政府应当遵守和履行承诺，不能出尔反尔，不得擅自改变已经生效的行政行为，不得以政策变化、工作失误或经验不足等为由随意收回、变更或撤销已经做出的承诺，这便是行政法中信赖保护原则的基本含义。信赖保护原则适用的条件可以概括为“存在信赖基础、具备信赖行为、信赖值得保护”①。信赖基础是“信赖”的客体，是信赖保护原则存在的前提，否则信赖保护原则无从适用。通说认为，构成信赖保护的基础是行政行为，包括具体行政行为和抽象行政行为，② 信赖行为是相对人因信赖该行政行为而作出一定的处分行为，而不只有信赖的意思表示。行政机关必须首先作出行政行为即存在信赖基础，才会产生相对人的信赖行为，二者间具有因果关系。值得保护的信赖利益应当是正当的、有生活经验上根据的，③ 是基于行政机关的承诺而合理地产生，但是因为行政机关改变原先的承诺而落空了。此外，确定相对人的利益是否值得保护还应当进行公共利益与个人利益的权衡。

近年来，我国行政法学界逐步认识到了信赖保护原则在维护公民基本权利、推动依法治国上的作用，加强了对行政法中信赖保护原则的研究，在诸多学者的论文、著述中，均可见到对信赖保护原则作为当代行政法上一条基本原则的提倡和对立法者将其认可而成为一项具有法律效力的行政法原则的期待。④ 理论的研究推动了实践的发展。第十届全国人大常委会第四次会议于2003年8月27日通过的《行政许可法》第8条规定：“行政机关不得擅自改变已经生效的行政许可……”虽然未明确规定信赖保护原则，但是该规定已经囊括了信赖保护的基本精神，确立了信赖保护原则作为行政许可行为应当被遵循的基本原则的地位。接着，2004年3月22日国务院颁发的《全面推进依法行政实施纲要》中明确要求：“行政机关公布的信息应当全面、准确、真实。非因法定事由并经法定程序，行政机关不得撤销、变更已经生效的行政决定；因国家利益、公共利益或者其他法定事由需要撤回或者变更行政决定的，应当依照法定权限和程序进

① 胡建淼主编：《行政法学》，复旦大学出版社2003年版，第44页。

② 参见吴坤成：《公法上信赖保护原则初探》，载城仲模主编《行政法之一般法律原则》（二），三民书局1997年版，第254页。

③ 参见翁岳生主编：《行政法》，中国法制出版社2000年版，第123页。

④ 参见罗豪才：《现代行政法制的发展趋势》，《国家行政学院学报》2001年第5期；樊玉成：《信赖保护原则》，载胡建淼主编《论公法原则》，浙江大学出版社2005年版。

行，并对行政管理相对人因此而受到的财产损失依法予以补偿。”这一规定将信赖保护原则可以适用的范围在行政许可的基础上进一步拓宽，标志着中国政府已经承认信赖保护原则是政府实现依法行政所应当遵循的一条基本原则。在此后涉及行政许可的案件当中，法院已经开始运用该原则对相对人的信赖利益加以保护。

> 案例3：益民公司诉河南省周口市政府等行政行为违法案。最高人民法院认为，益民公司1999年取得燃气经营权，2000年取得燃气专营权，在益民公司的经营权和专营权未经法律程序被撤销的情况下，市政府又授予亿星公司天然气管网项目经营权，损害了益民公司的信赖利益。[①]

在该案件中，法院明确指出，行政行为不仅存在适用法律错误、违反法定程序之情形，而且影响了上诉人益民公司的信赖利益，从而把信赖利益当作与适用法律错误、违反法定程序相并列的审查标准，只是由于信赖利益标准尚未被写入法律条文，法院不得不用另外两个标准做“陪衬”。从判决文字表面上看，法院审查行政行为的标准是适用法律错误、违反法定程序，但实际是“醉翁之意不在酒”，在满足其他标准的情况下，又特意指出损害当事人的信赖利益，这显然是法院对信赖保护原则作为司法审查标准的宣示。

> 案例4：珠海市某化工公司诉工商局变更登记行为案。[②] 珠海市中级人民法院认为，化工公司成立于1994年，其成立时具有危险化学品经营权，并持有合法有效的营业执照。2002年国务院《危险化学品安全管理条例》开始实施后，国家对危险化学品经营销售实行许可制度，经营危险化学品必须获得相关部门的许可。于是，工商局和安全生产监督管理局联合发布了《关于申办危险化学品经营许可证的通告》，要求已登记注册的涉及危险化学品经营的企业应当自通告之日起至2004年6月30日前，申请办理危险化学品经营许可证，逾期不办理的，视同放弃经营资格，并由安全生产监督管理局会同工商局取消其相关范围产品的经营权或办理注销登记手续。该通告实际上为相对人

① 参见《中华人民共和国最高人民法院公报》2005年第8期。

② 参见谭炜杰：《对行政法中信赖保护原则的探讨》，《判例与研究》2007年第2期。

设定了于2004年6月30日前任何时间办理申请的权利，相对人有权也应当信任该行政行为。而化工公司向工商局申报年检是在2004年6月2日，并没有超过6月30日这一期限，且化工公司也没有明确表示放弃危险化学品的经营资格，因此，工商局在年检登记时取消化工公司危险化学品经营范围的变更登记行为损害了上诉人的权益。最后，法院判决确认工商局的行为违法。

该案也是运用信赖保护原则的案例，虽然在裁判文书中并没有看到法官周密的说理和对信赖保护原则的宣示，但其审理案件的思路无疑是按照信赖保护原则的要求进行的。虽然上诉人没有因为行政机关的先前行为（发过通告）获得某种实质性利益，但是却合理地产生了对行政机关将来活动的某种期待（会颁发许可证），并且可以要求行政机关满足他的期待，行政机关除非有充分的公共利益理由，原则上不得拒绝。本案中，法官并没有因为上诉人的条件不符合《危险化学品安全管理条例》而得出行政机关的做法符合法律规定的结论，相反却支持了上诉人的主张，保护了上诉人的信赖利益。本案的意义在于，不仅将信赖保护原则的适用领域由行政许可扩大到了其他领域，而且指出了工商局对自己先前行为的擅自改变属于违法，充分说明了将信赖保护原则作为判断“明显不当”具体标准的必要性。总之，信赖保护原则从不为人知到逐步为法学界重视，进而推动了立法、司法实践的发展，将信赖保护原则作为审查标准在行政诉讼法上加以确认已呼之欲出。

4. 行政行为符合正当程序原则

正当程序原则是个舶来品，生成于普通法系的英国，源于英国普通法传统中的自然正义原则。在普通法的传统中，自然正义是关于行使权力“最低限度正义”的要求。根据自然正义原则，正义的程序应当包括两项根本规则：一个人能不能在自己的案件中做法官；人们的抗辩必须公正地听取。在美国，自然正义的观念已融入法律之中，正当程序原则是一项重要的宪法原则，该原则通过美国联邦最高法院的判例而得以发扬光大。在美国，正当程序原则的基本含义是：“要求一切权力的行使在剥夺私人的生命、自由或财产时，必须听取当事人的意见，当事人具有要求听证的权利。”[①] 根据《布莱克法律辞典》的解释，正当程序的中心含义是：“任何

---

① 王名扬：《美国行政法》，中国法制出版社1995年版，第383页。

其权益受到判决结果影响的当事人，都享有被告知和陈述自己意见并获得听审的权利。”[1] 一般来说，合理的告知、获得庭审的机会、提出主张、进行抗辩等，是正当程序原则的基本要素，也成为约束政府行为的要求。在我国，虽然立法上并未将正当程序作为一项基本原则，但是我国1996年颁布的《行政处罚法》，首次规定了听证程序，随后颁布的一些法律也对听证程序做了规定，如《价格法》《立法法》等，体现了正当程序原则的要求。2004年7月1日起施行的《行政许可法》明确规定，公民、法人或者其他组织对行政机关实施行政许可，享有陈述权、申辩权；行政机关在作出直接涉及申请人与他人之间重大利益关系的行政许可决定前，应当告知申请人、利害关系人享有要求听证的权利。但目前来看，由于正当程序原则尚未成为法律上的基本原则，听证的适用范围还较窄。然而，随着法治建设的推进，正当程序原则已经开始引起学界的重视，在法院的判决中得到体现并逐步发展。

案例5：田永诉北京科技大学不服退学处理决定案。[2] 北京市海淀区人民法院认为，按退学处理，涉及被处理者的受教育权利，从充分保障当事人权益的原则出发，作出处理决定的单位应当将该处理决定直接向被处理者本人宣布、送达，允许被处理者本人提出申辩意见。北京科技大学没有按照此原则办理，忽视了当事人的申辩权，这样的行政管理行为不具有合法性。

案例6：张成银诉徐州市人民政府房屋登记行政复议决定案。[3] 江苏省高级人民法院认为，根据正当程序的要求，行政机关在可能作出对他人不利的行政决定时，应当专门听取利害关系人的意见。本案中，徐州市人民政府未听取利害关系人的意见即作出于其不利的行政复议决定，构成严重违反法定程序。

案例7：彭淑华诉浙江省宁波市北仑区人民政府工伤复议案。[4] 浙江省宁波市中级人民法院认为，正当程序原则的基本含义是：行政机关实施行政行为，可能影响公民、法人或者其他组织合法权益的，

---

① H. C. Black, *Black's law Dictionary*, West Publishing Co., 1979, p. 1083.

② 参见《中华人民共和国最高人民法院公报》1999年第4期。

③ 参见《中华人民共和国最高人民法院公报》2005年第3期。

④ 参见《中国行政审判指导案例（第1卷）》（第20号案例）。

应当在作出行政行为之前向当事人和利害关系人告知事实，并说明理由，听取公民、法人或者其他组织的意见。行政机关应当告知公民、法人和其他组织享有陈述意见的权利，并为公民、法人和其他组织提供陈述事实、表达意见的机会。行政复议制度，作为一种争讼制度，一种权利救济制度，应当贯彻正当程序原则。行政复议原则上采取书面审查办法，在书面审查办法不足以保护行政相对人的合法权益时，应当听取行政相对人的意见。行政复议机关拟作出对利害关系人产生不利影响的行政复议决定，应当通知利害关系人参加行政复议，行使复议权利。行政复议机关未履行通知义务，属于程序违法。

案例8：陈刚诉句容市规划局、句容市城市管理局城建行政命令案。① 江苏省句容市人民法院认为，两被告所作责令原告限期拆除所建亭棚的《限期拆除通知书》未适用具体法律条款，未告知原告享有陈述、申辩权利，违反了行政正当程序的要求，故两被告所作具体行政行为程序违法，应予撤销。

从以上四则案例中，可以梳理出正当程序原则在司法实践中的发展脉络。案例5中，法院在没有任何法条依据的情况下，以被告作出退学处理决定没有听取原告田永申辩，也没有向原告本人宣布和送达处理决定为由，认定被告构成程序上的违法。该案被学界称为法官大胆引入正当程序原则的案例。② 正当程序原则在该案中作为判案的附带理由，对该原则的适用处于隐性状态。到了案例6时，法院明确“根据正当程序的要求”作出撤销判决，正当程序原则被作为判案的核心理由。案例7的意义在于，该案是对正当程序原则阐述最多、最完整的生效裁判，也是在裁判要旨中首次出现“正当程序原则”字眼的最权威案例，是公开适用正当程序原则具有标志性的案例。案例8在案例7的基础上，又将正当程序原则的适用推进了一步。该案的裁判要旨中指出，在法律、法规没有明确规定的情况下，人民法院可以把正当程序原则作为判断行政行为合法性的依据。被诉行政行为存在明显违反正当程序原则情形的，可以按照旧《行政诉讼法》第54条第2项第5目作出判决，也就是说，最高人民法院将

① 参见《中国行政审判指导案例（第3卷）》（第106号案例）。

② 参见何海波：《晨光初现的正当程序原则》，载苏泽林主编《中国案例指导制度的构建和应用》，法律出版社2012年版，第220页。

违反正当程序原则归入了滥用职权的范畴。正当程序原则在司法实践中的发展状况令人有理由认为，“正当程序开始成为法律普遍要求的一部分，律师在法庭上主张正当程序不再是‘胡说八道’，援引正当程序也不再是‘恣意造法’。考虑到中国法院在法律上和实际上所受的种种限制，以及行政诉讼实践的短暂，正当程序原则的发展已经相当迅速，迅速到也许能够令普通法的法官称奇”①。正当程序原则在行政诉讼实践中的运用，已然为《行政诉讼法》进一步完善创造了条件，将来入法的正当程序原则必然烙下法官塑造的印迹。

四　本章小结

对行政行为的审查应当确立实质合法性标准，要求行政行为不仅在形式上合法，而且要具有合理性。随着现代行政的发展，传统行政诉讼法上的形式合法性审查标准已经不适应实践发展的需求，我国法院对自由裁量行为的审查不得不隐匿于形式合法性审查标准之下进行。虽然司法实践中已经实际上突破了形式合法性审查的界限，但是法院却偏好于回避直接适用“滥用职权”，只要能够发现证据认定、法律适用等方面有问题，就会按照合法性审查的路径去审理和判决。究其原因，行政诉讼法上确立的形式合法性审查原则束缚了法院的手脚，加上法院在国家权力对比中的弱势地位以及“滥用职权”标准的模糊和难以掌握，大大影响了法院对行政行为合理性审查的效果。

为此，应当在立法精神上实现由形式合法性向实质合法性的转变，在坚持对行政行为进行形式合法性审查的基础上，明确相应的合理性审查标准，从而界定法院审查行政行为合理性的限度，并将违反合理性审查标准的行政行为视为违法。大陆法系国家与英美法系国家对行政行为合理性审查的标准是一致的，即对于行政自由裁量范围内的行政判断予以尊重，但如果行政裁量达到滥用程度的，法院就有权进行审查，从而合理划定了司法权介入行政权的界限。从我国的司法实践运行和发展情况来看，法院对自由裁量权的审查事实上采用了“专横、任性、滥用自由裁量权”标准。

① 何海波：《晨光初现的正当程序原则》，载苏泽林主编《中国案例指导制度的构建和应用》，法律出版社2012年版；该文最初发表于《法学研究》2009年第1期，题目为《司法判决中的正当程序》。

根据《若干解释》第56条第2款的精神，对于行政行为合法但存在合理性问题的，法院虽然持有批评态度，但一般会予以必要的容忍，从而恪守司法谦抑、保证行政效率，只有行政行为达到明显不合理，构成滥用自由裁量权时，法院才会进行必要的干预。但是，行政诉讼法上的“滥用职权”标准往往和追究责任联系在一起，阻碍了该标准的适用，为此，新《行政诉讼法》确立了“明显不当”作为合理性审查的新标准。“明显不当”作为合理性审查的标准，本身是一个抽象的概念，为了保障法院对该标准的准确运用，必须通过立法赋予“明显不当”相对具体的可操作性内容。根据实质合法性审查原则的要求，行政行为不仅要符合制定法上狭义的法律，还要遵循法律原则和精神。近年来，随着学界对案例研究的深入，案例在推动法律发展中的作用开始受到越来越多的重视，法院运用行政法上基本原则裁判的案件为“明显不当”标准的具体化提供了根据。与此同时，近年来行政领域的立法上对基本原则的确认，也为基本原则写入行政诉讼法提供了根据。从我国实际出发，比例原则、平等原则、信赖保护原则、正当程序原则应当作为审查行政行为是否明显不当的具体标准。

第六章　裁判方式：司法权干预行政权的结果

行政诉讼的裁判方式是整个行政诉讼过程的落脚点，包括判决、裁定及应当在行政诉讼法上确立的和解制度，不论是保护相对人的合法权益，还是监督和维护行政机关依法行政，抑或有效解决行政纠纷，都要通过行政诉讼的裁判来宣示。行政诉讼裁判方式也是法院对行政机关和相对人之间权利义务的最终安排，体现的是司法权对行政权干预的结果，在法院通过审理案件并选择采取相应裁判方式的过程中，需要把握好司法权干预行政权的界限，根据案件的实际情况选择适当的裁判方式，从而更好地实现行政诉讼目的，实现司法权与行政权关系的良性互动。从理论和实践上看，行政诉讼的裁判方式种类繁多，其中体现出的司法权对行政权的干预程度存在差别，那些鲜明反映司法权与行政权的冲突，需要法院做到既不“越位”又不“缺位”，审慎选择运用的裁判方式自然成为本书关注的重点。

一　四种行政判决的修正

针对我国行政判决制度存在的不足，学界提出了诸多完善和重构方案，法院也在司法实践中进行了积极探索和尝试。完善我国的行政判决制度，必须要正确处理司法权与行政权的关系，结合当事人诉讼请求、行政诉讼类型、行政诉讼目的进行综合考虑，以保证行政判决制度设计的科学性。一般来讲，由于司法权本身具有被动性，实行不告不理原则，司法判决应当与当事人的诉讼请求对应，以保护主观公权利为主要目的，如果司法权过于主动，法院作为中立裁判者的地位就会受到质疑。但是，行政诉讼除了保护当事人的合法权益之外，还具有对行政权进行监督和制约的功能，这种功能一方面要求法院把握好监督的界限，防止过分干预行政权而招致行政权的对抗，另一方面又要求法院进行利益衡量，兼顾个人利益与公共利益，适时对行政权进行有效干预，以维护客观法秩序，使行政判决实现解决纠纷和为当事人提供完整救济的有机统一。由此可见，行政判决作为司法权干预行政权的最终结果，司法权与行政权的关系在不同的行政诉讼判决中必然会表现出纷繁复杂的状态，通过合理的行政诉讼判决制度为法院正确处理司法权和行政权的关系提供基本准则，无疑是在行政诉讼中正确处理二者关系的重要环节。在以下几种判决制度中，司法权和行政权的关系表现得更加突出和敏感，特别需要从相关理论和司法实践分析入手，提出合理的行政判决制度完善方案。

（一）维持判决之废止

维持判决是我国《行政诉讼法》特有的判决形式，是人民法院经审查认为被诉行政行为合法而予以维持的判决形式，与驳回原告诉讼请求判决以及确认合法、有效判决均属于肯定判决。[①] 关于维持判决的存废，自《行政诉讼法》实施以来就一直是个争议的问题，在2000年颁布的《若干解释》中增加了驳回诉讼请求判决之后，取消维持判决的呼声越来越高，新《行政诉讼法》也采纳了取消维持判决的立法建议，用驳回诉讼请求判决取代了维持判决。本书认为，维持判决的产生有其特定的历史环境，是我国行政诉讼制度初创时期，司法权和行政权在国家权力结构中的地位和力量对比的反映。随着我国行政法治和司法实践的发展，维持判决在现阶段已经没有存在的必要，维持判决在《行政诉讼法》中应当废止。

1. 维持判决的存废之争

主张废除维持判决制度的观点认为，驳回诉讼请求判决不仅涵盖了维持判决的功能，而且具有维持判决所不具有的功能。[②] 对维持判决的缺陷，学者主要从四个方面论证：一是维持判决制度得以确立的直接原因是“维护行政机关依法行使行政职权”的价值观念，这与行政诉讼本身应有的价值目标相背离；二是行政行为一经作出即具发生法律效力，赋予或确认行政行为效力的维持判决没有存在的制度空间；三是维持判决超越了原告的诉讼请求，违反了司法被动性的内在要求，任何超出诉讼请求的问题，

① 参见江必新、梁凤云：《行政诉讼法理论与实务》，北京大学出版社2011年版，第1222页。

② 参见甘文：《行政诉讼法司法解释之评论——理由、观点与问题》，中国法制出版社2000年版，第160页。

法院都不应主动去裁判；四是驳回诉讼请求判决可以承担起目前维持判决、确认合法判决及确认有效判决所承担的任务，维持判决增加了判决正当化的成本，提高了法院审查行政行为的难度，降低了判决正当化的概率。[①]

面对以上质疑，主张保留维持判决的学者主要从以下几个方面提出了论据：[②] 一是维持判决担负着维护公法秩序的功能。维持判决为行政权的合法行使提供了一般标准，有利于促进行政机关依法行政，从而实现维护公法秩序的功能。二是维持判决与行政行为公定力并不冲突。维持判决是确认并维系公定力，并以判决的形式进行宣告使之最终实现。三是诉判一致的诉讼法原理受到行政诉讼性质的制约。行政诉讼与民事诉讼的根本区别就在于，行政诉讼首先是一种客观之诉，而民事诉讼则主要是主观之诉，这种差异是准确认识诉判关系的基础。四是维持判决与经济学原理并不矛盾。虽然就个案来看，维持判决支出的正当性成本较高，但是一份维持判决的形成也意味着为同类行政行为提供了样板，这种指引有助于减少行政机关成为被告的概率，从长远来看有利于诉讼成本的下降和社会效益的提升。五是维持判决和驳回诉讼请求判决适用的情形不同。维持判决制度与行政诉讼合法性审查的制度安排相适应，驳回诉讼请求判决虽然有其适用空间，但是与合法性审查原则关系不够密切，二者不能相互替代。

本书认为，从司法权与行政权关系的角度来看，维持判决带有较强的价值倾向性，体现了司法权对行政权的维护，从字面含义上理解，也很容易将维持判决与旧《行政诉讼法》中的“维护”目的联系起来，忽略“维护”目的中要求司法克制、维护客观法秩序的内涵。在行政权强大、司法权相对弱小的权力格局下，《行政诉讼法》的制定和实施曾一度遭到来自行政机关的反对，有人认为，如果公民可以告政府，会影响政府权威，还有人质问，法院审判人员“审”行政机关工作人员，难道是审判人员比行政执法人员高明吗？[③] 为了减少《行政诉讼法》出台的阻力，立

---

① 参见张旭勇：《行政诉讼维持判决制度之检讨》，《法学》2004 年第 1 期。

② 主张保留维持判决代表性的论文有，张显伟：《废弃抑或保留：对行政诉讼维持判决制度的思考》，《国家行政学院学报》2010 年第 5 期；杨桦、张显伟：《行政诉讼维持判决制度之辩护》，《法学杂志》2010 年第 4 期；邓刚宏：《行政诉讼维持判决的理论基础及其完善》，《政治与法律》2009 年第 4 期。

③ 参见顾昂然：《回顾制定情况，加深对行政诉讼法重要意义的认识》，《行政法学研究》2009 年第 3 期。

法机关作出了妥协和平衡，在行政行为合法的情况下，法院作出维持判决成为行政机关接受司法监督的对价。维持判决的设置印证了司法权在我国长期处于行政权配角的客观状况，在《行政诉讼法》中废止维持判决，代表了司法权与行政权新型关系建立的希望。随着现代行政法控制行政权力的功能获得各界认可，强化司法权对行政权的监督作用成为行政诉讼法完善的方向，废止与这一功能相冲突的维持判决是司法权与行政权关系调整的必然要求。

2. 维持判决制度的实践审视

维持判决在司法实践中遇到的问题是，维持判决使行政机关的被诉行政行为受到拘束，行政机关自己要变更行政行为或重新处理也没有了可能性，否则构成不执行法院生效判决。[①] 因此，维持判决的适用，使得行政机关在事后发现被诉行为违法或不当时，自行改正、纠错的可能被消除，对于相对人而言，同类行政行为的救济渠道也被堵上。从我国行政诉讼的实践来看，法院在判决形态的选取上，一直持实用主义的态度。虽然法院曾在行政诉讼实践中广泛应用维持判决，但维持判决的运用总体上逐步谨慎化，所占比例呈现下滑趋势。

表 6－1　1990—2007 年全国各级人民法院审理一审行政案件主要结案方式②

年份	结案（件）	结案中的维持与驳回判决、撤诉			—
		维持（件）	驳回原告诉讼请求（件）	撤诉（件）	维持占结案总数的比例
1990	12040	4337	—	—	0. 3602
1991	25202	7969	—	—	0. 3162
1992	27116	7623	—	—	0. 2811
1993	27958	6587	—	—	0. 2356

① 参见江必新：《中国行政诉讼制度之发展——行政诉讼司法解释解读》，金城出版社 2002 年版，第 53 页。

② 1990 年至 2005 年的数据来源于《1990～2005 年全国各级人民法院审理一审行政案件情况统计表》，载最高人民法院行政审判庭编《行政审判指导》2006 年第 2 辑，人民法院出版社 2006 年版，第 200 页；2006 年的数据来自《2006 年全国法院审理行政一审案件情况统计表》，《中华人民共和国最高人民法院公报》2007 年第 3 期；2007 年的数据资料来自《2007 年全国法院审理行政一审案件情况统计表》，《中华人民共和国最高人民法院公报》2008 年第 3 期。2008 年、2009 年驳回诉讼请求的数据未公布，故无法进行统计，但此后年份的数据走势未发生显著变化，不影响得出相应结论。

续表 6－1

年份	结案（件）	结案中的维持与驳回判决、撤诉			—
		维持(件)	驳回原告诉讼请求(件)	撤诉(件)	维持占结案总数的比例
1994	34567	7128	—	—	0.2062
1995	51370	8903	—	—	0.1733
1996	79537	11549	—	—	0.1452
1997	88542	11230	—	—	0.1268
1998	96013	13036	—	—	0.1358
1999	95646	14672	—	—	0.1534
2000	84112	13431	—	—	0.1597
2001	93218	15943	—	—	0.1710
2002	84943	15520	5494	—	0.1827
2003	88050	16356	8118	—	0.1858
2004	92192	16393	7361	28246	0.1778
2005	95707	15769	9813	28539	0.1648
2006	95052	16779	11562	31801	0.1765
2007	100683	16832	9198	37210	0.1672

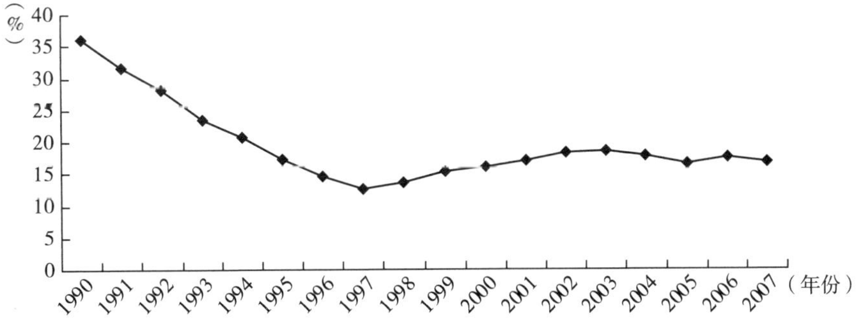

图 6－1 维持判决在全国法院一审行政案件结案总数中所占比例走势图

从以上表 6－1、图 6－1 可以看出，《行政诉讼法》实施伊始的 1990 年，是维持判决适用最多的一年，适用比例高达 36% 以上，从 1990 年至 1997 年的八年间，维持判决适用比例逐年下降，1997 年达到谷底——不足13%。之后维持判决的适用比例震荡回升，大致稳定在16%左右。与此相关，自从2000年《若干解释》创设驳回原告诉讼请求的判决形态以后，驳回原告诉讼请求的判决数量基本成上升态势，同时撤诉结案的方式在数量上与比例上都不断提升，近年来超过了结案总数的三分之一。[①]

从行政审判实践来看，维持判决在比例上呈下滑趋势，是由于法院在维持判决被质疑时，既不恣意撤销、变更被诉行为，又避免维持判决被滥用、误用产生恶劣的效果，同时也尊重行政机关自行灵活机动、改进完善行政行为的权力，表现出司法的克制及对行政纠错、修正可能性的尊重，体现了司法的谦抑。在出现《若干解释》中规定的起诉被告不作为理由不能成立的，被诉具体行政行为合法但存在合理性问题的，被诉具体行政行为合法，但因法律、政策变化需要变更或者废止的等情形时，法院积极地运用驳回诉讼请求判决取代维持判决。

3. 驳回判决取代维持判决

新《行政诉讼法》用驳回判决取代维持判决，表明立法机关试图对行政诉讼中司法权的角色进行重新定位，既明确司法权对行政权的监督作用，赋予其对行政行为的否决权，又要求司法权不能代替行政权的职能，体现司法权的自我克制。司法权对行政权的监督，不能破坏司法权和行政权之间合理的分工，行政诉讼中的审判权只是一种有限的司法权力，原则上只有消极的合法性否决权，而不能代替行政机关来明确肯定行政行为的效力。“设定司法审查的意图仅仅在于维持最低的标准而非确保最适宜或最理想的行政决定”[②]，法院经过审查没有发现行政行为存在明显的或者能够识别的违法之处，从而驳回原告的诉讼请求，这是作为事后监督的法院对行政判断的尊重，是法院“量力而行”和司法谦抑的表现，维护了司法中立、公正的形象，也避免了法院成为行政机关的附庸而使相对人丧失对行政诉讼的信心。

---

① 另外，从笔者所在的珠海市两级人民法院的一审行政案件裁判情况来看，珠海市两级人民法院于2007年共结案195件，其中判决维持28件，维持判决占结案总数比例为14.36%，低于全国的16.72%；判决驳回诉讼请求55件，几乎是判决维持数量的2倍。2008年上半年，共结案66件，其中判决维持8件，维持判决占结案总数比例为12.12%；判决驳回诉讼请求30件，是判决维持数量的3倍多。从总体上看，珠海市两级人民法院维持判决的运用在数量上、比例上均呈现逐步下降的趋势，驳回诉讼请求判决得到了更多运用。

② ［美］欧内斯特·盖尔霍恩、罗纳德·M. 列文：《行政法和行政程序概要》，黄列译，中国社会科学出版社1996年版，第45页。

从操作层面看，驳回诉讼请求判决完全可以替代维持判决的功能。根据旧《行政诉讼法》及《若干解释》的规定，肯定性判决的形式有四种，包括维持判决、驳回诉讼请求判决、确认合法判决和确认有效判决。在通常情况下，对于不支持原告诉讼请求的情形，法院只需作出驳回诉讼请求判决，其功能完全可以代替其他三种判决。《若干解释》中的确认合法判决与确认有效判决不仅在性质上和维持判决同样有司法“越位”之嫌，而且增加了法院选择适用的难度，从提升司法效率的角度看也没有存在的必要性。此外，驳回诉讼请求判决还具有维持判决所不具有的功能。驳回诉讼请求判决最初规定在《若干解释》中，就是为了弥补维持判决在司法实践中的妥当性危机，这也说明了驳回诉讼请求判决的功能要比维持判决全面。从域外立法情况来看，也证明了这一点。在日本、法国及我国台湾地区的“行政诉讼法”上，对行政案件受理后不支持原告诉讼请求的情形，均只设置了驳回判决。例如，我国台湾地区“行政诉讼法”第195条规定：行政法院认原告之诉为有理由者，除别有规定外，应为其胜诉之判决；认为无理由者，应以判决驳回之。也就是说，驳回诉讼请求判决既可以承担维持判决的功能，又弥补了维持判决灵活性的不足。

需要指出的是，新《行政诉讼法》规定适用驳回诉讼请求判决的条件是“行政行为证据确凿，适用法律、法规正确，符合法定程序”，在司法实践中，对于行政行为存在次要证据不足或轻微程序瑕疵，但对原告权利不产生影响的，法院均应作出确认违法判决。新《行政诉讼法》第74条第1款第2项关于程序轻微违法处理的规定，应当拓展适用于行政行为次要证据不足的情形。

（二）重作判决之限度

重作判决也被称为“行政诉讼撤销重作判决”“责令重作判决”或“重新作出行政行为判决”，它是指人民法院对行政案件进行审理后，认为被诉行政行为有依法应当被撤销情形的，在撤销被诉行政行为的同时，可以责令行政机关重新作出行政行为的判决形式。由此可以看出，重作判决并非一个独立的判决种类，而是依附于撤销判决的附带或曰辅助判决。这种判决形式充分体现了司法权对行政权的监督，新《行政诉讼法》并未对重作判决的规定做实质性修改，如何在《行政诉讼法》上完善重作判决制度，以正确把握重作判决适用的必要限度，从而实现司法权对行政权的监督张弛有度，避免司法越界之嫌，则是需要解决的问题。

1. 重作判决存在意义之争

重作判决的质疑者认为，重作判决虽然是出于诉讼经济的考虑，有利于提高解决行政纠纷的效率，但是其明显超出了司法权监督行政权的范围，导致法院实施了本应由行政机关实施的行为。首先，重作判决违背了“依诉择判”的原则。所谓“依诉择判”原则，是指判与诉是相对应的，判决是对诉讼请求的回应，法院不应主动去裁判超出诉讼请求的问题，这是法院解决纠纷的应有之义，更是司法权被动性特征的内在要求，也就是说无诉讼请求即无判决。① 在行政诉讼中，如果相对人的诉讼请求理据充足，法院经审查认为行政行为违法，可以根据相对人的诉讼请求作出撤销判决，如果没有相对人的诉讼请求，法院的重作判决显然是“无诉而判”，难以摆脱违反司法被动性的质疑。② 其次，行政机关作出行政行为无须法院“指示”。对于某一案件，若被诉行政行为被法院撤销，但相对人确有违法行为应当承担行政法律责任时，行政机关完全可以依职权作出新的合法的行政行为，无须法院作出重作判决才能获得权限。同样，对于授益性行政行为，在被法院依法撤销后，行政机关和相对人的权利义务关系重新回归原始状态，只要相对人重新提出申请，行政机关自然可以受理并重新作出行政决定。③

以上质疑有一定的合理性，但是从各国法律规定和行政审判实践看，司法权和行政权在诉讼中的界限和划分并不是刚性的、僵硬的“一刀切”，法院往往根据案件的具体情形采取不同的审查策略，运用一定范围的司法裁量权来最大限度实现法律目的。④ 一个国家司法权和行政权在国家政治、生活中的地位和力量对比，直接制约着行政诉讼制度的运行。在我国设立重作判决，让法院在是否作出重作判决上具有裁量权，有利于防止行政机关消极对抗判决，故意拖延履行法定职责。

---

① 参见邓刚宏：《行政诉判关系的逻辑及其制度构建》，博士学位论文，武汉大学，2009 年，第 108 页。

② 参见张宏、高辰年：《反思行政诉讼之重作判决》，《行政法学研究》2003 年第 3 期。

③ 参见刘涵：《行政诉讼重作判决必要性再探讨》，《西北工业大学学报（社会科学版）》2014 年第 2 期。

④ 参见沈岿：《超越成文法律规则的有限选择——浅议行政诉讼中的司法自由裁量权》，《行政法学研究》1995 年第 3 期。

从比较法的角度考察，重作判决并非是我国独特之制度创设，国外的制度设置与重作判决可谓异曲同工。不可否认，在英美法系国家，法院的权威受到社会各界的普遍认可，判决本身就是法律渊源之一，行政机关对抗法院判决的情况几乎不存在，法院撤销行政决定就意味着发回行政机关重新考虑，法院的判决自然成为行政机关的行动依据，行政机关一般不会一意孤行。实际上，英国法院发出的提审令就包含了命令行政机关修改原行政决定的命令，同时，法院会发出禁制令，在撤销行政决定的同时，禁止行政机关继续作出违法的行政决定，[①] 这同样是对行政机关作出行政决定的干预。法国行政法院虽然具有全面的司法审查权，但是也对行政机关表现出了必要的尊重，不对行政机关直接作出为或不为一定行为的指令。为了保障判决得到执行，法国行政法院会在说服理由部分指出行政机关违法的原因和合法行为本应采取的方式，促使行政机关履行判决。而行政机关基于对行政法院的尊重，保证行政行为的合法性，会自觉根据行政法院的指示作出相应的决定。[②] 日本行政诉讼法虽然没有设置重作判决，但是日本《行政案件诉讼法》第 33 条第 2 款规定："驳回申请或不予受理的处分、驳回审查请求或不予受理的裁决，因判决而被撤销时，作出这种处分或裁决的行政机关，必须按照判决的宗旨重新作出对该申请的处分或对该审查请求的裁决。"从而通过立法对行政机关的重作义务进行了规定。此外，在我国台湾地区行政诉讼实务中也有"撤销原处分决定并谕知被告机关另为适法之处分或决定"的判决样态。[③] 由此看来，即使在法治发达国家，对于行政机关如何重新作出行政决定都会给予必要的关注，只是关注的方式不同而已。

在我国，司法权在社会中的地位显然不能与西方国家同日而语，在行政主导的传统国家权力运行模式下，司法的权威有待进一步提升，司法审查效果往往不尽如人意，行政判决的效力得不到行政机关的尊重。在行政法治状况不尽如人意的情况下，司法权要担负起监督行政权的使命，可谓任重而道远，立法机关必须赋予必要的监督权，以增强司法权监督行政权的能力，促进行政诉讼目的之实现。从司法实践的情况来看，为了督促行

---

① 参见 Clive Lewis, *Judicial Remedies in Public Law*, London: Sweet & Maxwell, 2000, p. 180.

② 参见王名扬：《法国行政法》，中国政法大学出版社 1988 年版，第 661 页。

③ 参见刘宗德、赖恒盈：《台湾地区行政诉讼：制度、立法与案例》，浙江大学出版社 2011 年版，第 329 页。

政机关行使职权，重作判决也确有存在的必要。在法院判决撤销违法的行政行为后，如果行政法律关系中的具体问题没有得到解决，即违法的行政行为处理的问题需要重新处理，且行政机关仍有作出行政行为的必要和可能时，人民法院可以判决行政机关重新作出行政行为。① 一般而言，在三种情况下相关事项有必要得到重新处理：一是被撤销的行政行为属于授益行政行为。授益行政行为被撤销后，该行政行为赋予相对人的某项权益也随之消失，为了最大限度保护相对人的合法权益，法院应当责令行政机关再次赋予相对人以一定的利益。二是相对人存在违法行为，需要行政机关制裁。如果相对人确实存在违法行为，而行政机关的处理行为又因违法被撤销，法院在查明案件事实后，出于督促行政机关维护社会秩序的考虑，应当作出附带的重作判决。例如，甲殴打乙导致乙受伤，公安机关对甲作出了行政处罚，该行政处罚被法院以程序违法为由撤销后，违法行为就未能得到相应处理，也损害了乙的利益，此时，人民法院应当作出重作判决。三是被撤销的行政行为是解决其他争议的前提。例如房地产登记部门依申请给相对人颁发了房产证后，相对人又持房产证办理户籍变更。如果颁发房产证的行为违法被撤销，人民法院应当一并作出重作判决，从而使其他行政争议的前提性法律关系得以明确。②

2. 重作判决制度之完善

当前，在我国司法实践中，有的行政机关对法院的司法监督极不认同，法院撤销违法行政行为后，行政机关往往故意拖延履行职责，消极对抗法院判决。法院为了避免招致行政机关的对抗，对于可以责令重作的案件，往往不愿作出重作判决。③ 如果法院判决重新作出行政行为，行政机关则会以履行法院判决为名，重新作出与原行政行为基本相同的违法行政行为。例如，在周凤林诉定边县人民政府案中，榆林市中级人民法院 3 次

① 参见石佑启：《判决被告重作具体行政行为探析》，《上海政法管理干部学院学报》2001 年第 5 期。

② 参见孙建伟：《重作判决的立法思考与司法适用——以行政权和司法权的关系为视角》，《行政与法》2013 年第 11 期。

③ 因最高人民法院网站上公布的司法统计数据不足，导致无法统计出重作判决在所有撤销判决中的比例。但是，在与某特区法院法官座谈的过程中，一位法官表示，能够撤销行政行为已属不易，再责令重作，法院面临的压力会更大。在他本人从事行政审判的 8 年中，几乎没有遇到过责令重作判决，即使是最乐观估计，责令重作判决的比例也不会超过所有撤销判决的十分之一，这明显是不正常的。

撤销定边县人民政府的行政行为，而县人民政府又4次作出类似的行政行为，前两次的行政行为还公然违反《行政诉讼法》规定，与被撤销行政行为完全相同。[①] 还有的法院虽然作出了重作判决，但是并未明确行政机关重新作出行政行为的期限，给行政机关拖延履行职责制造了空间。由此看来，我国重作判决的制度监督行政机关的作用尚未充分发挥，需要根据我国的实际情况进一步完善。

从总体上说，重作判决的修改应当以强化司法权对行政权的监督为主要目的，适度强化行政机关尊重和服从重作判决的保障措施。首先，重作判决应当具有必要性。在重作判决有必要时，为了使行政纠纷能够全面解决，维护客观法秩序，法院都应当作出重作判决，新《行政诉讼法》第70条采用“可以”的措辞显得笼统、不确定。当然，并不是每个案件都适合附带重作判决，法院作出重作判决也应当把握一定的限度。一般来说，满足以下四个条件才应当适用重作判决：一是必须存在一个撤销被诉行政行为的判决；二是被诉行政行为针对的问题应当重新处理；三是作为被告的行政机关对应当重新处理的问题具有管辖权；四是行政机关客观上能够依职权作出行政行为。[②] 在许多案件中，上述条件并不具备。例如，如果行政机关作出行政行为需要以相关民事争议处理结果为依据的，则不宜直接判决重作，而应当告知当事人先行处理民事纠纷。[③] 此外，法院作出重作判决，只要行政机关自觉履行，足以达到监督行政机关之目的，法院没有必要也不应当责令行政机关作出一个有明确内容的行政行为，以避免招致“诉外裁判”之非议和司法越权之嫌疑。特别是对于专业性、技术性较强的案件，例如是否授予学位证书、涉及确认发明专利的案件，法院认定事实有困难时，更应该把问题交由行政机关处理。如果行政行为属于羁束行政行为，即使出现“裁量缩减为零”的情形，也不宜贸然责令行政机关作出有明确内容的行政行为。比较适当的做法是，法院可以借鉴前述法国行政法院的做法，根据法律规定在判决中对行政机关重新作出羁束行政行为进行指示。

其次，明确责令重作的时限。《若干解释》第60条规定：“人民法院

---

① 参见马守敏、贺丹：《谁在制造行政诉讼难的怪圈》，《人民法院报》2004年6月15日。

② 参见罗英：《论行政诉讼重作判决之价值与适用条件》，《武汉大学学报（哲学社会科学版）》2010年第2期。

③ 参见王振宇：《行政诉讼制度研究》，中国人民大学出版社2012年版，第349页。

判决被告重新作出具体行政行为，如不及时重新作出具体行政行为，将会给国家利益、公共利益或者当事人利益造成损失的，可以限定重新作出具体行政行为的期限。”为了进一步强化对行政机关的监督，只要法院采用撤销附带重作判决的，均应当在判决书中明确行政机关重新作出行政行为的期限。这种期限可以是法律规定的行政机关作出行政行为的期限，如果法律没有规定期限的，也可以是法院结合案件实际情况、参考行政机关内部办事规程酌定的期限。对于情况紧急，不立即重作可能给国家利益、公共利益或者当事人利益造成损失的，应当判决立即重作。[①]

最后，强化防止恶意重作的保障措施。根据行政判决效力的理论，行政判决具有拘束力，而禁止反复效力则是拘束力的重要内容。所谓禁止反复，就是指在撤销判决作出后，禁止行政机关基于同一理由作出与被撤销行政行为相同的行政行为，属于撤销判决的消极性效果。日本《行政事件诉讼法》第 33 条第 1 款规定，撤销判决“对于该案拘束作为当事人的行政机关以及其他相关的行政机关”，虽然并未明确指出禁止反复，但是在日本的法学理论和法院的判例中，禁止反复的效力已经得到了认可。[②]新《行政诉讼法》第 71 条规定：“人民法院判决被告重新作出行政行为的，被告不得以同一的事实和理由作出与原行政行为基本相同的行政行为。”这实际上也是对行政判决禁止反复效力的确认，只是由于我国行政判决效力制度不够完善和出于强化司法监督职能的需要而专门予以强调。根据《若干解释》第 54 条的规定精神，人民法院以违反法定程序为由，判决撤销被诉行政行为的，行政机关重新作出行政行为不受新《行政诉讼法》第 71 条规定的限制。该规定应当纳入《行政诉讼法》中。虽然《行政诉讼法》上确认了禁止反复效力，但是在司法实践中，由于法院判决缺乏权威，行政机关多次重复作出违法行政行为的情况难以有效遏制，必须相应强化司法权对行政权的监督力度以实现行政诉讼法之目的。新《行政诉讼法》第 96 条虽然进一步完善了行政机关拒绝履行判决的应对措施，但并非专门针对重作判决的特点而设计的，法院在司法实践中也很少使用。为此，可以借鉴英国行政法上提审令和禁止令同时使用的制度，当行政机关再次作出违法行政行为后，法院在作出撤销判决的同时，应当

① 参见江必新、梁凤云：《行政诉讼法理论与实务》，北京大学出版社 2011 年版，第 1156 页。

② 参见江利红：《日本行政诉讼法》，知识产权出版社 2008 年版，第 474 页。

附带作出禁止重作判决，禁止行政机关再次作出被撤销的行政决定。也就是说，法院除了可以作出“积极性”的重作判决外，也可以作出“消极性”的重作判决，禁止行政机关反复重作侵犯当事人的合法权益的行政行为。在附带作出禁止重作判决时，如果有具体问题确实需要处理的，法院此时可以代替行政机关直接对相关事项作出处理，以实质解决行政争议。

（三）变更判决之扩展

目前，对于人民法院应当拥有司法变更权已经基本不存在争议，学界认为，变更判决存在的必要性在于有效保护当事人的合法权益、诉讼经济的要求、司法变更事项本质上属于司法权范畴。[①] 随之而来的问题集中在变更判决的适用范围是否应当扩展，以及扩展的界限或程度上。

1. 变更判决扩展范围之辩

关于变更判决扩展到何种范围，梳理学界的观点，总体上可分为积极扩展和有限扩展两类。主张积极扩展变更判决范围的学者认为，在撤销诉讼中，首先将变更判决从显失公正的行政处罚扩展到所有剥夺或限制公民人身权、财产权的行政制裁行为；增设关于自为判决的规定，为羁束或裁量缩减为零的行政给付行为提供相应救济；允许人民法院对行政裁决作出变更；设立关于行政合同诉讼的专门规则，明确法院对行政合同作出变更判决的条件。[②] 还有的学者认为，司法变更的范围包括如下几类案件：涉及公民人身自由的案件；行政合同、行政赔偿、行政补偿等涉及公民重大财产利益的案件；关于行政行为被人民法院撤销后行政主体又以同一事实和理由作出与原行政行为基本相同的案件。[③] 积极扩展变更判决范围的典型代表是行政诉讼法中国人民大学组织起草的行政议论法修改专家建议稿，该建议稿第124条规定：“人民法院认为被诉行政行为显失公正的，可以判决变更原行政行为。”将显失公正的范围扩大到了所有的行政行为。认为应当有限扩展变更判决适用范围的学者认为，变更判决的适用范围应当充分考虑司法权的权力属性和功能，司法机关必须保持谨慎，防止介入行政机关的领地，撤销判决应当是法院优先考虑的救济手段，变更判

---

① 参见孔繁华：《行政变更判决研究——以比较法为视角》，《当代法学》2006年第5期。

② 参见杨欣：《行政诉讼变更判决的理论基础与适用》，《法律适用》2005年第6期。

③ 参见刘守仁、刘志峰：《司法变更行为的运作与完善》，《政法论坛》2005年第2期。

决只能是法院手中掌握的不到万不得已不得使用的最后手段。[①] 有学者认为，适用司法变更权的范围主要集中在行政处罚、金钱类行政给付、行政赔偿及部分行政裁决。[②] 有学者认为，变更判决适用于涉及金钱给付的公法争议、具有民事因素的行政争议。[③] 还有的学者认为，值得考虑的变更判决适用领域是涉及金钱的羁束行政行为和行政裁决行为。[④] 相对于积极扩展的观点，有限扩展的观点在界定司法变更判决适用范围上明显要小得多。基于立法机关对司法权与行政权分工原则的理解，新《行政诉讼法》第77条部分采纳了有限扩展的观点，增加了行政处罚以外的其他行政行为对款额的确定、认定确有错误的情形，包括了抚恤金、最低生活保障费、社会保险金的确定，以及税务案件中应纳税收入的认定等情形。[⑤]

2. 确定变更判决适用范围的根据

变更判决的适用范围背后体现的是司法权干预行政权的界限，确定变更判决的适用范围应当从我国变更判决在司法实践中的适用情况出发，合理借鉴国外相关判决制度及其发展趋势，实现既合理安排司法权与司法权的关系，又有利于实现行政诉讼目的。

首先，从我国司法实践上来看，变更判决的适用逐渐式微。根据学者的统计，在1990年至1995年间，法院适用变更判决的案件占案件的百分比分别为3%、2%、2%、1%、1%，显然这一时期变更判决的运作情况并不乐观。[⑥] 从1998年开始，变更判决的统计数字在最高人民法院发布的司法统计表中被归入“其他”类型结案方式中计算，虽然在2010年的司法统计数据中，恢复了对变更判决的统计，但是经计算变更判决所占比例仅为0.1%。[⑦] 这表明，变更判决在各类结案方式中的地位显然已经被边缘化，变更判决在司法实践中一定程度上已经成为摆设。法院在适用变更判决时往往有多种考虑，有的认为自己的判断不如行政机关专业，有的担

① 参见余凌云：《行政诉讼上的显失公正与变更判决——对〈中华人民共和国行政诉讼法〉第54条第（4）项的批判性思考》，《法商研究》2005年第5期。

② 参见李哲范：《司法变更权限定与扩大的博弈——以司法权界限论为视角》，《吉林大学社会科学学报》2012年第5期。

③ 参见孔繁华：《行政变更判决研究——以比较法为视角》，《当代法学》2006年第5期，。

④ 参见杨伟东：《履行判决变更判决分析》，《政法论坛》2001年第3期。

⑤ 参见信春鹰主编：《中华人民共和国行政诉讼法释义》，法律出版社2014年版，第203页。

⑥ 参见刘守仁、刘志峰：《司法变更行为的运作与完善》，《政法论坛》2005年第2期。

⑦ 数据来源于最高人民法院官方网站司法统计数据。

心有司法权替代行政权之嫌疑，还有的因为外在压力而不敢作出变更判决。由此可见，变更判决并未充分发挥其监督行政权力的作用。

其次，从域外相关制度来看，一定范围的司法变更权被越来越多的国家承认。在英美法系国家，虽然在美国联邦制定的法律中，法院并未被赋予司法变更权，但是在美国《示范州行政程序法》中却突破了既有的制定框架，明确规定如果行政机关因为专断、反复无常的裁决，或滥用自由裁量权性质的裁决，或不正当行使自由裁量权所作出的裁决，对请求审查人的权利造成损害，法院可以变更这样的裁决。① 在英国的司法审查中，通常法院决定取消某一行政决定，而自己又不打算作出决定时，法院可以将案件发回行政机关，并附有适当的指示，相当于一个重作判决，也可以自己作出决定。② 在大陆法系国家，如法国行政法院在性质上是行政机关，因此行政法院对行政机关拥有较多的审查权力。在法国行政诉讼法上的完全管辖之诉中，法官拥有几乎全面的司法审查权力，可以撤销、变更、重新决定行政机关的决定，并可以判决行政机关赔偿损失。典型的完全管辖之诉是关于行政机关的损害赔偿诉讼和关于行政合同的诉讼。③ 我国台湾地区的“行政诉讼法”与德国行政法院法一脉相承，台湾“行政诉讼法”第 197 条规定：“撤销诉讼，其诉讼标的之行政处罚涉及金钱或其他代替物之给付或确认者，行政法院得以确定不同金额之给付或以不同之确认代替之。”第 203 条规定：“公法上契约成立后，情事变更，非当时所得预料，而依其原有效果显失公平者，行政法院的依当事人声请，为增、减给付或变更、消灭其他原有效果之判决。为当事人之行政机关，因防止或免除公益上显然之重大损害，亦得为前项之声请。前二项之规定，与因公法上其他原因发生之财产上给付，准用之。”需要说明的是，台湾地区“行政法院”依据上述规定变更行政决定或行政合同，不受当事人诉讼请求的约束，而德国行政法院在撤销诉讼中为变更判决的，应当以当事人的诉讼请求为根据。④ 从域外行政诉讼制度的发展趋势来看，法院不再拘泥于只是撤销行政决定的判决，而是会根据案件的实际情况，主动变更行政决定，以至于有学者认为，变更判决将会成为行政诉讼的一种核心

① 参见杨欣：《行政诉讼变更判决的理论基础与适用》，《法律适用》2005 年第 6 期。
② 参见张越：《英国行政法》，中国政法大学出版社 2004 年版，第 791 页。
③ 参见王名扬：《法国行政法》，中国政法大学出版社 1988 年版，第 665 页。
④ 参见翁岳生主编：《行政法》，中国法制出版社 2002 年版，第 1443 页。

判决形式。

最后，界定司法权的限度应当有利于实现行政诉讼目的。从理论上说，“司法权和行政权的分工，是人类国家制约与发展的成功经验，使社会公正得以保障，为了控制行政权的膨胀和滥用，法制现状强调司法权对行政权的控制和干预；为了不损害行政权的独立性和效能，法制发展现状同样十分注意司法权对行政权的直接侵犯，司法变更权的有限原则就是这一精神的体现”①。这种司法权和行政权的基本关系格局，主要是基于行政自由裁量权的广泛存在，特别是在专业性较强的行政领域，对于在自由裁量权范围内如何行动更加合理，行政机关的判断优于法官。因此，在行政自由裁量的领域，法院原则上应当采取谦抑的姿态，尊重行政机关的初次判断。但问题在于，行政领域涉及问题众多，专业性突出的技术问题毕竟属于少数，况且随着法院司法审查专业化能力的逐步提升，司法审查经验丰富的法官完全有能力判断某些原本属于专业性较强的问题。从现代司法审查的发展趋势来看，表现为从维护客观法秩序向保护主观公权利转变和二者的融合，与此同时，高效解决纠纷的要求也随着社会经济的发展被强调。在这样的背景下，传统的法院裁判方式在满足行政诉讼目的上表现出了明显的局限性，特别是在解决纠纷的效率方面表现出了滞后，程序运作成本的增加阻碍了社会资源和司法资源的有效配置。于是，恪守司法权与行政权关系的界限已经变得不合时宜，二者的严格界限被实现行政诉讼目的之需要打破，借助必要的司法变更权，在强化对行政行为监督的基础上，增强对相对人权益保护的实效性和提高解决纠纷的效率成为现代行政诉讼制度发展的新动向。

总之，为有效抑制行政权力的专横，发挥司法权监督行政权的作用，变更判决制度的确有现实需要，借鉴德国、我国台湾地区规定适度扩大变更判决适用范围，既有立法经验支持也符合诉讼经济的要求。当然，司法变更权的适用范围应当掌握一定的度，防止法院像上级行政机关一样，模糊了司法权和行政权性质和专业分工的界限。从司法权的本质和我国的现实情况出发，并借鉴各国立法经验，在保障公民合法权益的同时兼顾行政效率，应当是确定变更判决适用范围应当遵循的基本思路。

---

① ［英］威廉·韦德：《行政法》，徐炳等译，中国大百科全书出版社1997年版，第233页。

3. 变更判决制度的整合与完善

新《行政诉讼法》虽然扩展了变更判决的适用空间，但客观上仍有拓展的余地，变更判决的适用条件也需要进一步完善。从我国实际出发，相对完备的变更判决制度应当包括以下几点内容。

（1）法院对明显不当的行政处罚有变更权。虽然通常行政机关行使行政处罚权往往具有较大的自由裁量空间，但是行政处罚的实施并不涉及较强的专业性，对于公民权益的不利影响也最大，法院对行政处罚的审查应当采用较高的审查强度，从司法实践来看，作为高强度审查结果的变更判决在保护公民合法权益方面的作用也有待进一步增强。

（2）法院对行政给付数额有变更权。行政给付的争议主要包括发放养老保险金、国家赔偿金、抚恤金、补偿金等方面的争议，也可以将行政合同纠纷包括在内。行政给付的数额或财物法律通常具有明确的规定，行政给付基本上属于羁束行政行为不涉及或较少涉及专业性或行政裁量因素，在案件事实清楚、争议明确的情况下，法院完全可以从诉讼经济原则出发，直接对争议数额进行变更。

（3）法院对款物数量计算错误有变更权。对款物数量的计算通常有法律规定的标准和方法，属于羁束行政行为，法院完全可以直接变更以提高纠纷解决的效率。

（4）增加对法院对行政裁决的变更权。行政裁决是行政机关对平等主体之间的民事争议所作的裁决，对行政裁决的争议，本质上属于民事争议。根据新《行政诉讼法》第 61 条，民事争议当事人要求法院一并解决民事争议的，法院可以一并审理。如果法院要对民事争议一并审理，自然意味着对违法行政裁决的变更。行政裁决针对的民事争议往往涉及当事人的切身利益，或当事人众多、社会影响较大、案件持续时间长，对这类案件如果因行政裁决违法而发回行政机关重新处理，只会增加案件的不确定性，赋予法院司法变更权有利于纠纷顺利及时解决。对新《行政诉讼法》第 61 条的规定应当理解为当然认可了司法变更权。

（5）禁止不利变更。新《行政诉讼法》第 77 条第 2 款吸收了《若干解释》第 55 条的精神，规定人民法院判决变更，不得加重原告的义务或者减损原告的权益，但利害关系人同为原告且诉讼请求相反的除外。这是现行诉讼制度中关于禁止不利变更原则的规定，源自于刑法上“上诉不加刑”理论，其目的是为了保护原告顺利行使诉权，防止行政审判纠正违法行政的功能受到阻碍。当然，禁止不利变更也有例外，如果利害关系人同为原告时，作为利害关系人的原告与作为被处罚人的原告就可能存在相逆的利益，禁止不利变更原则就不能体现公平的要求了。需要进一步完善的是，在扩展变更判决适用范围的同时，应当将不利变更的适用范围做相应协调一致的扩展，不论法院是对任何种类的行政行为进行变更，均不得作出对原告更为不利的变更，利害关系人同为原告的除外。

（6）尊重行政机关的首次判断。《若干解释》第55条规定，人民法院审理行政案件不得对行政机关未予处罚的人直接给予行政处罚。虽然法院在审理案件过程中可能会发现行政机关未对应予处罚的相对人进行处罚，但是考虑到司法权和行政权的分工以及行政审判的目的是对被诉行政行为进行监督，如果法院直接判决处罚，就违背了立法的目的，构成权力僭越。当然，尊重行政机关的首次判断不应当仅仅限定在行政处罚领域，未经行政机关处理的争议，法院均应当对行政权力给予尊重，不得直接判决变更，只能通过提出司法建议的方式促使行政机关积极行使权力，这是需要通过完善《行政诉讼法》或出台司法解释来进一步明确的内容。

（四）履行判决之重构

新《行政诉讼法》第72条、第73条是关于履行判决的规定，其进一步完善既涉及对行政不作为的理解，又涉及对“法定职责”“给付义务”的解析，还涉及履行判决内容的规定。

1. 行政不作为的界定

履行判决旨在迫使行政机关履行某种当为而未履行的义务，是针对行政机关的不作为设定的救济制度。因此，如何理解行政不作为关系到履行判决的适用范围和相对人如何选择救济途径。关于行政不作为的理解，我国学界目前仍未达成共识，以至于影响了履行判决在司法实践中的应用。一种观点认为，行政不作为包括行政机关的明示拒绝作为、不予答复、拖延履行等情形。[①] 另一种观点认为，行政不作为仅指不予答复和拖延履行，不包括明示拒绝作为的情形。[②] 两种观点的分歧在于，明示拒绝作为

---

① 参见马怀德主编：《行政法与行政诉讼法》，中国法制出版社2000年版，第179页；叶必丰：《行政不作为略论》，《法制与社会发展》1996年第5期。

② 参见林莉红：《行政诉讼法学》，武汉大学出版社2001年版，第204页；章剑生：《判决重作具体行政行为》，《法学研究》1996年第6期。

是否属于不作为，相应地，第一种观点认为对明示拒绝作为应当作出履行判决，要求行政机关履行行政义务；第二种观点认为法院应当作出撤销判决，并可以责令行政机关重新作出行政行为。

从国外的相关法律规定来看，对于行政机关拒绝作为的救济方式经过了一个发展变化的过程。日本在《行政案件诉讼法》修订之前，对于行政不作为的理解与第二种观点相同，且法院只能对行政机关接受申请后未采取任何决定的情形作出违法确认判决，其意义仅在于督促行政机关作出答复，不能给予当事人实质性救济。[①] 而对于行政机关已明示或默示拒绝当事人请求的情形，当事人只能提起撤销拒绝处分的诉讼，法院在认定行政机关未履行法定义务时也只能作出撤销判决。[②] 2004 年修订后的《行政案件诉讼法》中增加了履行之诉，将拒绝履行和未履行均纳入该救济途径中。该法第 37 条之 3 规定："第 3 条第 6 款第 2 项中规定的履行之诉，限于具备下列要件之一的，才能够提起：（1）对基于该法令的申请或审查请求，在相当的期间内未作出任何处分或裁决的；（2）对基于法令的申请或审查请求，作出了驳回或不予受理的处分或裁决，该处分或裁决应被取消、无效或不存在的。"与此同时，学界也将履行之诉分为规制权限发动性履行之诉和申请拒绝处分型履行之诉，这意味着日本学界对行政不作为的理解采取了前述的第一种观点。同样，我国台湾地区在 1998 年修订"行政诉讼法"之前，也是对拒绝作为的案件适用撤销诉讼，修正后的"行政诉讼法"第 5 条规定："人民因'中央'或地方机关对其依法申请之案件，于法令所定期间内应作为而不作为，认为其权利或法律上利益受损害者，经依诉愿程序后，得向行政法院提起请求该机关应为行政处分或应为特定内容之行政处分之诉讼。人民因'中央'或地方机关对其依法申请之案件，予以驳回，认为其权利或法律上利益受违法损害者，经依诉愿程序后，得向行政法院提起请求该机关应为行政处分或应为特定内容之行政处分之诉讼。"也就是说不作为包括了应为而不为、申请之驳回两种情形，均适用课予义务诉讼。此外，德国、英国、美国等国家也均采用了这样的救济方式。[③]

从以往行政诉讼制度的运行情况看，对不作为的理解只包括不予答复

---

① 参见王名扬主编：《外国行政诉讼制度》，人民法院出版社 1991 年版，第 250 页。

② 参见［日］盐野宏：《行政法》，杨建顺译，法律出版社 1999 年版，第 416 页。

③ 参见杨伟东：《履行判决变更判决分析》，《政法论坛》2001 年第 3 期。

和拖延履行。在最高人民法院2004年12月8日印发的《关于印发〈一审行政判决书样式（试行）〉的通知》中，一审行政判决书分为作为类行政案件用、不作为类行政案件用以及行政赔偿案件用三种，对不作为类行政案件用判决书样式说明中指出："本判决书样式供各级法院在受理不作为（仅指拖延履行和不予答复）类行政案件后，按照行政诉讼法规定的第一审程序审理终结，并就案件的实体问题作出处理时使用。"按照该规定，履行判决只能在拖延履行和不予答复类行政案件中适用。在司法实践中，法院对于行政机关明示拒绝的行为，一般适用撤销判决。《最高人民法院关于审理行政许可案件若干问题的规定》第11条规定："人民法院审理不予行政许可决定案件，认为原告请求准予许可的理由成立，且被告没有裁量余地的，可以在判决理由写明，并判决撤销不予许可决定，责令被告重新作出决定。"该规定将撤销判决作为法院的裁判方式，可能会增加当事人的讼累，不利于纠纷彻底解决。

对于行政不作为过于形式和僵化的理解，忽视了行政不作为的实质，不利于对相对人提供充分的救济。如果相对人的申请符合法律规定的条件，虽然行政机关不予答复或明示拒绝在形式上有所区别，但是本质上都是行政机关没有满足相对人请求的违法行为。因此，如果以行政机关是否满足符合法定条件的申请为标准，行政机关的不予答复和明示拒绝都可以归入不作为之列。从法院审查的方法来看，不论是不予答复还是明示拒绝，法院都应当查明相对人的请求是否符合法定条件，并以此判断行政机关的不作为是否合法，而对于作为类行政案件，法院则是以行政行为为中心进行审查的。如果将本应属于同一类型的请求用不同的方法审查，必然影响对相对人的充分救济。前已述及，我国台湾地区在修订"行政诉讼法"之前，对明示拒绝的审查适用撤销诉讼，但鉴于撤销判决救济的不充分性和违背诉讼经济原则而改为适用课予义务诉讼。"若依传统行政诉讼之设计，原本应以撤销诉讼谋求救济，……但旧制不仅违反诉讼经济之原则，而且纵然经过一再撤销重为处分后，峰回路转原告依然不获救济，乃屡见不鲜之事。传统制度无法发挥救济功能，致为人诟病者，其故在此。"① 因此，对于不作为应当做宽泛理解，并适用同样的诉讼类型更有利于实现对相对人的救济。据此，新《行政诉讼法》第72条规定的"不履行"应当理解为包括明

① 吴庚：《行政争讼法》，三民书局1999年版，第112页。

示拒绝履行和默示不予答复、拒绝履行。同样，法院根据新《行政诉讼法》第 73 条规定判决被告履行给付义务，应以行政机关明示或默示的不作为为条件。新《若干解释》第 22 条即将“不履行”界定为“违法拒绝履行或者无正当理由逾期不予答复”，这意味着在今后的司法实践中，不论是明示的拒绝履行还是默示的不予答复，均应适用履行判决。

2. 从法定职责、给付义务到行政义务

本书认为，作出履行判决的根据应当是外延更加广泛的“行政义务”而不仅仅限于新《行政诉讼法》上的“法定职责”和“给付义务”。所谓行政义务，是指行政机关所应当承担的公法上的义务。行政义务的范围除了法律规定的概括式或者列举式的法定职责外，还包括因公法合同、行政承诺等产生的义务，[①] 自然也包括新《行政诉讼法》第 73 条中的给付义务。

从国外的情况看，法院对于行政不作为的认定往往不局限于法律规定的范围。在美国，行政机关的作为义务不仅可以基于制定法的明确规定，而且法院还可以通过解释制定法以确定被告是否具有作为的义务。对于行政不作为的救济不仅限于行政行为，还扩大到行政命令和事实行为等。[②] 在德国，对于行政不作为的救济途径非常宽泛。《联邦德国行政法院法》第 42 条第 1 项规定，对于行政机关的拒绝行为或未予答复的行为，可以向法院提起课予义务诉讼，除此以外，针对其他不作为还有公法上的一般给付诉讼，主要包括财产上的给付诉讼、非财产的给付诉讼、预防的不作为诉讼、公法上的契约给付诉讼四种。从我国的情况来看，根据立法机关对新《行政诉讼法》第 72 条、第 73 条的解读，针对行政机关不作为的履行判决的适用范围要窄得多。从立法本意上看，第 72 条中“不履行法定职责”对应的是第 12 条中“申请行政机关履行保护人身权、财产权等合法权益的法定职责，行政机关拒绝履行或者不予答复的”规定，并不包括第 12 条中“申请行政许可，行政机关拒绝或者在法定期限内不予答复”的情形。立法机关认为，拒绝行政许可行为可以在撤销诉讼中解决问题。[③] 第 73 条中“负有给付义务”对应的是第 12 条中“认为行政机关没有依法支付抚恤金、最低生活保障待遇或者社会保险待遇的”情形。[④]

---

① 参见杨海坤、章志远主编：《行政诉讼法专题研究述评》，中国民主法制出版社 2006 年版，第 549 页。

② 参见江必新、梁凤云：《行政诉讼法理论与实务》，北京大学出版社 2011 年版，第 1776 页。

③ 参见信春鹰主编：《中华人民共和国行政诉讼法释义》，法律出版社 2014 年版，第 193 页。

④ 参见信春鹰主编：《中华人民共和国行政诉讼法释义》，法律出版社 2014 年版，第 193—194 页。

一方面，立法机关对第 72 条适用情形的解释在逻辑上是矛盾的。行政许可与支付抚恤金等行为均属于依申请的授益性行政行为，既然对拒绝发放抚恤金的行为适用履行判决，对于拒绝行政许可同样应当适用履行判决。另一方面，对给付义务的理解限定在支付抚恤金等情形，实际上将公法上的一般给付义务排除在外，缩小了履行判决的适用范围。随着我国公共行政的发展，因行政契约和政府承诺等行政机关的一般给付义务引发的纠纷越来越多，迫切需要在诉讼法上创设合适的救济解决途径，以规范案件审理程序，更高效地保护相对人的合法权益。如果将新《行政诉讼法》第 72 条、第 73 条规定合并，将行政诉讼法上的“法定职责”“给付义务”用“行政义务”取代，就能够赋予法院较大的裁量权，使法院通过法律解释扩大履行判决的适用范围，不仅能够体现世界范围内司法审查的现代化成果，而且可以有效避免对“法定职责”“给付义务”理解的争议，有效提升司法救济的品质。

3. 关于履行判决内容之确定性

学界争议的焦点在于法院能否明确要求行政机关如何履行行政义务。有学者认为，从权力分立的角度出发，法院只应当确定行政机关是否应当履行某项职责，至于如何履行该职责，属于行政机关自行决定的权限，法院不应当干预以避免造成司法权侵犯行政权的首次判断权。[①] 但是，这种观点和理由值得商榷。从最大限度保护相对人合法权益出发，法院确定履行义务的内容有助于避免相对人再次起诉，减少讼累，节约司法资源，而且这一做法并不构成司法权侵越行政权。主要理由有二：一是法院告知行政机关履行义务的具体内容，使行政机关明确了法律规定的内容和行使自由裁量权的界限，这正是司法审查的职责所在，况且行政决定仍然由行政机关自行作出，行政法律关系是通过行政机关的决定而非法院的判决建立的；[②] 二是即使认为法院判决中明确了行政义务的内容属于司法权间接代替行政权，但由于行政机关没有适时行使本应履行的义务，在进入诉讼程序后，就可以视为其职责已转移给法院，法院确定履行义务的内容，属于司法权对行政权的正当干预，并不会破坏司法权与行政权的平衡。[③]因此，

---

① 参见［日］南博方：《日本行政法》，杨建顺、周作彩译，中国人民大学出版社 1998 年版，第 122 页。

② 参见［德］韩内持：《德国的行政司法》，载宋冰编《程序、正义与现代化——外国法学家在华演讲录》，中国政法大学出版社 1998 年版，第 67 页。

③ 参见吴庚：《行政争讼法》，三民书局 1999 年版，第 192 页。

法院在原则上应当尽可能详细确定行政机关履行义务的内容。

当然，并不是在任何情况下，行政机关的履行义务在判决中都是明确的，它受到裁判时机是否成熟的限制。裁判时机成熟就是案件事实已经调查清楚，适用法律法规问题已经明确，达到了法院作出裁判的时机。由于履行判决的作出涉及法院与行政机关对行政事项的处理权限，裁判时机成熟的问题就成为一个关键问题。而撤销判决只是在行政行为完成后法院对是否撤销行政行为的评判，因此不涉及行政事项的裁判时机问题。裁判时机成熟需要满足两个要件：一是案件事实已经查明，行政行为违法性和权利侵害得到确认；二是被诉行政行为应当是羁束行政行为，或者虽然属于自由裁量行为，但是自由裁量权在本案中已经缩减为零，也就是只存在一种行动的可能性。如果案件事实复杂，例如行政机关无管辖权，事实需要进一步专业性的调查结果或多方权衡，或者作出特定判决已然不可能的，或者涉及行政机关专业性评判的，则无法达到裁判时机成熟的程度，此时法院就应尊重行政机关的首次判断权。相应地，对于裁判时机成熟的案件，法院可以作出要求行政机关履行含有特定内容作为义务的判决，否则只能作出一般性、概括性的履行判决。例如，我国台湾地区“行政诉讼法”第200条规定，行政法院对于人民依第5条规定请求应为行政处分或应为特定内容之行政处分之诉讼，应为下列方式之裁判：原告之诉不合法者，应以裁定驳回之；原告之诉无理由者，应以判决驳回之；原告之诉有理由，且案件事证明确者，应判命行政机关作成原告所申请内容之行政处分；原告之诉虽有理由，惟案件事证尚未臻明确或涉及行政机关之行政裁量决定者，应判命行政机关遵照其判决之法律见解对于原告作成决定。[①] 需要指出的是，履行判决的内容是否特定，与诉讼对象是拒绝履行还是怠于履行没有直接联系，只要裁判时机成熟，法院均可作出含有特定义务内容的履行判决。

从新《行政诉讼法》的规定来看，并未明确指出法院是否可以作出包含明确内容的履行判决。《最高人民法院关于审理行政许可案件若干问题的规定》第12条规定：“被告无正当理由拒绝原告查阅行政许可决定及有关档案材料或者监督检查记录的，人民法院可以判决被告在法定或者

① 参见［德］弗里德赫尔穆·胡芬：《行政诉讼法》，莫光华译，法律出版社2003年版，第443—446页。

合理期限内准予原告查阅。”根据该条规定，法院被赋予了作出包含明确内容的履行判决的权力。在司法实践中，法官总体上显得保守，比较普遍的做法是采取一般性、概括性判决的方式，但是法院指出具体内容的履行判决也并不少见，“杨宝玺诉天津服装技校不履行法定职责案”[①] 的判决主文是：“自本判决生效之日起六十日内，被告天津市服装技术学校颁发原告杨宝玺的毕业证书，第三人天津纺织集团（控股）有限公司予以协助办理。”可以说，虽然《行政诉讼法》并未明确指出法院是否可以作出包含具体内容的判决，但是司法实践已经给出了最好的答案。为解决理论上的争议，统一法律适用，应借鉴我国台湾地区“行政诉讼法”的规定，在行政诉讼法上应当明确规定，法院在案件事实清楚时，应当明确要求行政机关在一定期限内履行原告申请的行政义务的具体事项、相关要求和财物数额等内容，以提高诉讼效益，防止重复诉讼。为弥补新《行政诉讼法》的不足，新《若干解释》第22条规定，人民法院可以判决被告在一定期限内依法履行原告请求的法定职责，尚需被告调查或裁量的，应当判决被告针对原告的请求重新作出处理，从而对司法实践中的做法给予了确认。

需要说明的是，对于行政机关明示拒绝的案件，为避免判决作出后产生对行政机关拒绝行为效力的争议，法院在判决书中可以对拒绝的行为予以撤销。判决书的格式可以参考德国行政法院的做法：被告应撤销其……的决定和……的复议决定，并履行向原告颁发……许可的义务。[②]

二　两种法院裁定的透视

行政诉讼中的裁定与判决一样，是法院基于一定的事实和法律作出的判断，这种判断所依托的行政诉讼制度，同样体现出司法权与行政权二者的关系。在这里，某种裁定本身并非研究的目标，透过某种裁定去研究其所依托的行政诉讼制度，以实现该制度的修正和完善才是目的所在。当然，研究的前提是找准行政诉讼中典型的裁定，从这种裁定背后透视出的行政诉讼制度安排，能够突出体现司法权与行政权二者关系的协调，而停

① 参见《中华人民共和国最高人民法院公报》2005年第7期。

② 参见［德］弗里德赫尔穆·胡芬：《行政诉讼法》，莫光华译，法律出版社2003年版，第590页。

止执行裁定和非诉行政执行裁定就是这种典型的裁定。停止执行裁定从属于我国行政诉讼法的起诉停止执行制度，该制度涉及权利保护和行政效率何者优先的问题，需要法院权衡诉讼双方的关系作出判断；非诉行政执行裁定自然从属于非诉行政执行制度，在非诉行政执行领域同样需要研究如何合理配置司法权和行政权。于是，透过这两种裁定，起诉停止执行制度和非诉行政执行制度被推到了前台，对现行《行政诉讼法》相关制度的研究便是接下来的任务。

（一）起诉停止执行原则之确立

1. 原则与例外的选择

在起诉是否停止行政决定执行的问题上，存在着两种不同的立法例：有的国家以起诉不停止执行为原则，以停止执行为例外；有的国家以起诉停止执行为原则，以不停止执行为例外。

起诉不停止执行原则的立法例为许多大陆法系国家所采用，它起源于法国、奥地利等传统欧陆国家，由日本转承接受。按照这一原则，“行政决定除法律另有规定外，不因当事人的起诉而停止执行”①。目前，在英美国家也存在类似的规定，美国的司法审查制度中就有在法定条件下，法院才可以裁定停止执行的规定。我国行政法理论初创时，取法大陆法系国家较多，在该制度的设计上也受到了大陆法系的影响。因此，新《行政诉讼法》第 56 条延续了以往的立法思路，规定了起诉不停止执行原则。一般认为，确立该理论的出发点有二：一是行政行为效力的先定性。法国行政法学理论认为，行政处理具有效力先定特权，行政行为一经作出后，就被推定为合法有效，对行政主体和行政相对人产生约束力。二是保证行政管理活动的连续性和稳定性的需要。如果行政行为在行政诉讼过程中停止，将不利于行政管理活动的顺利执行，并可能使整个行政管理活动陷入瘫痪状态，国家利益和公共利益将不可避免地受到损害。因此，司法审查权的行使不能阻断行政决定的执行。

采取起诉停止执行原则的国家以德国为典型。根据《联邦德国行政法院法》第 80 条第 1 款第 1 句，要求撤销行政行为的撤销诉讼具有延缓

---

① 王名扬：《法国行政法》，中国政法大学出版社 1997 年版，第 646 页。

效力，同时在该条第 2 款中规定了例外情况。[①] 依据德国学者的观点，在德国之所以采取该原则是基于这样的理由：行政机关可以对公民作出即时生效的单方面调整，并且按照行政程序法第 43 条的条文和含义的支持，行政行为在被撤销之前一直具有效力。为了避免人民提起行政诉讼，请求权利保护的救济制度因为在诉讼期间由于人民的权利已经遭受侵害而变得无意义，因此，法律救济手段至少在时间上应当可以阻止执行的发生，直到法院对诉讼标的作出裁判。即“你对措施之合法性的疑虑被独立法官消除后，才忍耐”取代了绝对主义时代通行的“忍耐并计费”。[②]

由上述可知，德国虽然是采取诉讼停止执行原则的典型，但是也有不停止执行的例外。所以，在以停止执行为原则的立法例中，势必会规定有停止执行的例外，而且这种例外在实践中得到了广泛的适用，大有越俎代庖之势。法国向来采取起诉不停止执行的原则，但是法律规定及行政法院命令则具有停止效力的例外，且近年来不停止执行原则也在不断改革。所以，在不停止执行的立法例中，同样设置有停止执行的例外，且这种例外开始在实践中占优势地位，颇具反客为主之态。[③] 在我国，这样的情况表现得更为明显，虽然新《行政诉讼法》第 56 条规定了不停止执行的原则，但是与旧《行政诉讼法》相比又增加了不停止执行的例外情形，并且赋予当事人以复议权。因此，从现象上来看，诉讼停止执行与诉讼不停止执行之间处于一种不断趋近、不断融合的状态，二者之间并非是非此即彼、完全对立的。但问题是，在立法上，两种立法例之间必择其一。究竟应采用哪一种模式来完善我国的行政诉讼法律制度，这是面临的选择。

2. 利益与价值的权衡

在我国改革开放之前与之初，强大的政治语境使得公共利益在与个人利益的博弈中占据了优势地位，按照当时主流的价值观，个人利益应当无条件服从公共利益，为了公共利益，必要的时候甚至应当牺牲个人利益。但是现在，公共利益优先的认识正在改变。从法律的角度看，不论是公益或私益，只要是合法的利益都是法律要保护的利益，都反映了人民的意志，因此二者在法律上不存在谁先谁后的问题。只有根据宪法的规定，为

---

① 参见［德］弗里德赫尔穆·胡芬：《行政诉讼法》，莫光华译，法律出版社 2003 年版，第 495 页。
② 参见［德］弗里德赫尔穆·胡芬：《行政诉讼法》，莫光华译，法律出版社 2003 年版，第 488 页。
③ 参见张艺耀、沈军、张智华：《原则抑或例外——论行政诉讼（不）停止执行制度》，《中国人民公安大学学报》2003 年第 2 期。

了增进明显而必要的公共利益，才能以立法限制个人利益，但这种限制只限于立法上，不能也不应适用于执法和司法领域。在执法领域，执法主体应当做到利益无涉而不应以公共利益的代表自居。之所以提出这样的观点，主要是因为现实存在着执法主体打着公共利益的旗号，行部门与私人利益之事，违背公共利益的情况；同时，对于公共利益的认识理论上并没有达到统一，[①] 因此，执法主体对公共利益的判断实践中难免存在偏差。那么，如果执法主体按照首先确定什么是公共利益然后对之加以维护的思维方式来执法，很难保证前提的正确；并且不容否认的是，行政法律关系已经开始从传统的双方关系转为三方甚至多方关系，相对人、行政机关与国家，第三人与国家，相对人与第三人之间的利益平衡，使得行政法律关系中的利益变得更加复杂，我们不应当片面地保护公共利益，而应当对各种利益进行权衡，以决定哪个利益值得保护，这更要求执法主体以一个独立的姿态才能处理好其中的关系。在司法领域，对一切合法利益的保护都应当是平等的，这是法律面前人人平等的要求。在行政判决确定前，争讼的法律关系尚未明了，公共利益、个人利益何者是应予保护的尚未明了，加上行政决定的执行可能造成无法回复的结果，因此，不论在执法和司法中，都不能以公共利益的名义作为不停止行政决定执行的依据和理由，公共利益优先的选择是值得怀疑的。

从价值层面来看，公正与效率都是法律追求的价值，行政与司法自然应以其为价值追求。但是，行政权与司法权本身的特性，决定了两者对公正与效率的侧重不同。国家行政需要处理大量复杂的日常事务，为了保证国家机器的正常运转和社会秩序的维护，势必要求行政决定能够得到迅速而有效的实施。因此，在行政领域里，效率的要求超过了其他方面，也正是由于这个原因，行政行为被赋予了先定力。而当一个行政决定被法律程序带入司法领域，关注的目标就转向了公正。现代司法尤其关注通过正当程序来保障公正的实现，因而设置了严格的诉讼程序。因此，在司法领域如果仍基于效率的要求而支持行政行为效力的先定与内容的执行，是与司法权的精神相悖的。

不可否认的是，保护公益与私益的冲突使立法陷入权衡之中，而现代社会的价值判断也变得错综复杂，由此可以不难得出两个结论：一是将谁

---

① 本书认为，公共利益的维护更应从对不确定多数的数量上的重视转向对公共利益质量的重视。

作为原则的选择，仅仅是“原则”的选择而已，绝不能否认例外的存在；二是原则的选择也因而具有了立法者政策选择与倾向的色彩，即一个国家是以表现为公共利益的统治者的意志优先，以强力维护秩序的稳定，保障国家机器高速运转为选择，还是应当强调对个人的尊重，保护个人的利益不受强权的侵犯，以实现社会正义为追求。虽然新《行政诉讼法》增加了不停止执行的例外情形，但却是基于“国家利益”“社会公共利益”的考量，即使在客观上维护了相对人的权益，在主观上也依然是保守的。

党的十八大以来，我国法治建设进程逐步加快，依法治国的观念已经深入人心。根据法治的精神，立法机关的职能在于创造和维持使个人尊严和利益得到维护的条件；法治要求防范行政权力的滥用，要求社会中的冲突必须要由司法最终裁决，从而保障个人的权利不受权力的侵蚀和保证社会正义的实现。[①] 因此，在行政诉讼过程中，为了保证宪法和法律赋予公民的权利能够得到有效的保护，防止法律的保护来得太迟，使得行政决定由于单方面的有效调整（这种调整有可能是行政权力的滥用），已经得到了不可逆转的执行，造成某种既成事实，就应当重视法院审查行政决定的合法性之前的暂时法律保护。基于此，让司法程序的启动能够停止行政决定的执行应当是注重个人权益的维护与社会正义，实现法治国家的立法取向。

3. 起诉停止执行的原则与例外

当选择了以起诉不停止执行为原则时，就意味着对《行政诉讼法》规定的否定，必须在新的原则下对起诉不停止执行的制度进行重新构建。

（1）原则的规定。遵循起诉不停止执行的原则，当行政机关作出了一个对原告不利的行政行为，原告提起诉讼要求撤销该行政行为时，该要求撤销行政行为的诉讼具有停止行政行为的效力。只要当事人的起诉符合法定条件，这一效力就应随着诉讼的提起而开始，一切有可能被采取的执行措施都应当中止或取消。并且这一停止执行的效力应当延续到法院不予撤销行政行为的判决的生效。即如果一审判决作出后原告不服提起上诉，则在上诉期间，该停止执行的效力就应当继续存在，直至二审判决生效；如果对一审判决原告不提起上诉，该停止执行的效力就应当在法定的上诉

① 参见陈金钊：《法治与法律方法》，山东人民出版社 2003 年版，第 20—30 页。

期限届满时结束。

（2）例外的阐述。实际上，停止执行只是暂时权利保护中的一项原则性规定，有原则就有例外。实际上，是否停止执行行政行为，在司法过程中也存在着价值和利益上的衡量，并表现为一种在“执行利益”与“延缓利益”两者之间的风险分担与妥协。[①] 因此，停止执行原则只是适用于通常情况，立法中例外的规定也就变得必要了。当公共利益或者第三人的“执行利益”的优先地位得到了一般的推定，即这种优位是显而易见的，那么，行政机关就可以依法直接予以执行，或者申请人民法院执行。[②]当然，这种例外的情况必须遵循说明理由等程序，以保持最低限度公正的存在。

起诉停止执行原则是以保护相对人权益为价值取向，不停止执行作为例外往往是基于重大公共利益，并且这种重大公共利益应当是显而易见或者经过正当的立法程序确认的。例外情况在法律上的列举应当尽可能明确，防止过分扩大，损害相对人的权益。德国行政诉讼法上不停止执行存在于下列情形中：特别的法律（根据立法法的精神只能是法律）有明文规定不停止执行的；对于公共的税收的缴纳和公共费用（不包括罚款和滞纳金）收取的行政命令提起的诉讼没有停止执行的效力；对由警察机关在紧急情况下作出和采取的必须即时执行的命令和措施提起的诉讼也没有停止执行的效力。这些情形可以为我国《行政诉讼法》的完善提供借鉴。

（3）法院的作用。由于停止执行制度在司法实践中实际上表现为法院对利益的衡量，因此，在停止执行的法定例外情况未出现时，法院可以为了公共利益或者某一参加人（如第三人）的重大利益而特别裁定即时执行，但是法院的这一裁定必须基于当事人的申请，对于申请人来说，在必要时应提供担保。同时，如果对上述法院的裁定，当事人有异议或者当事人的申请被拒绝，都可以申请复议，但复议期间不停止法院裁定的执行。正如前面所说，法院为了公共利益或者某一参加人的重大利益而即时执行，并不是因为公共利益较之于个人利益绝对更加值得保护，而是一种

---

① 参见［德］弗里德赫尔穆·胡芬：《行政诉讼法》，莫光华译，法律出版社 2003 年版，第 497 页。

② 在我国，大部分行政机关没有行政行为的执行权，因此行政决定主要由行政机关向法院申请执行。

权衡的结果。在这一权衡的过程中，赞成的理由和反对的理由以及对案件的主体事务胜诉的前景都应当被纳入权衡的范围。

（二）非诉行政强制执行权力之配置

实施行政强制执行的过程，实际上是一定的主体行使行政强制执行权的过程，由于行政强制执行权的强制性，它在保证行政机关所作出的决定得到执行的同时，又对行政相对方的人身、财产等权益造成了现实的损害或构成了潜在的危险。因此，在行政强制执行过程中，应重视发挥司法权对于行政权的审查制约作用，实现司法权对行政权的制衡，科学的行政强制执行制度，必然是一种公正与效率之间的价值平衡状态。而行政强制执行模式作为行政强制执行制度的首要问题，[①] 其实质就是行政强制执行权的归属问题，即行政强制执行权应当如何配置，是由行政机关行使，还是由法院来行使。

1. 我国行政强制执行模式立法现状

行政强制执行模式是指行政强制执行的模型与范式，体现了一个国家行政强制执行权的归属。新《行政诉讼法》并未对行政强制执行制度进行实质修改，新《行政诉讼法》第 97 条规定："公民、法人或其他组织对行政行为在法定期间不提起诉讼又不履行的，行政机关可以申请人民法院强制执行，或者依法强制执行。"同时，根据《行政强制法》第 13 条，行政强制执行由法律设定，从而取消了以往法规对行政强制执行的设定权。有学者指出，我国行政强制执行模式分为三项原则：法律赋予行政机关行政强制执行权的，只能由行政机关自身实施强制执行，不得申请人民法院强制执行；法律没有赋予行政机关行政强制执行权的，行政机关只能申请人民法院强制执行，自身不得实施强制执行；法律规定既可以由行政机关依法强制执行，也可以申请人民法院强制执行的，行政机关可以申请人民法院执行，也可以自己实施强制执行。行政机关申请人民法院强制执行的，人民法院可以受理，也可以不受理。[②] 据此，学界通行的观点认为我国已经形成了"以申请人民法院强制执行为原则，以行政机关自行强

① 参见杨海坤、章志远：《中国行政法基本理论研究》，北京大学出版社 2004 年版，第 353 页。
② 参见金伟峰主编：《中国行政强制执行法律制度》，法律出版社 2003 年版，第 18 页。

制执行为例外”[1] 的行政强制执行模式。

2. 行政强制执行权属性的理解

行政强制执行权分配模式的构建在很大程度上取决于对行政强制执行权属性的理解。关于行政强制执行权的属性，我国学界存在三种不同的观点。第一种观点认为行政强制执行权属于行政权。理由是行政强制执行权的性质取决于执行依据作出时体现的国家机关的性质，既然行政强制执行的依据是行政行为，行政强制执行权就属于行政权。第二种观点认为行政强制执行权属于司法权。理由是法院的行政强制执行是法院根据行政机关的申请所进行的执法行为，是法院在行政机关不能执行行政决定的情况下，依据明确条件和程序实施的强制执行，已经转化为司法行为。第三种观点认为行政强制执行权视个案的不同，可以有行政权和司法权双重属性。理由是行政机关依法自行强制执行的是行政行为，申请法院强制执行的，就转化为司法强制，从行政权转变为司法权。[2]

虽然这三种观点之间纠缠不清，但是从研究问题的方法上看，都存在着共同的误区。无论是哪种观点，对于行政强制执行权属性的判断均是建立在我国现行的行政强制执行制度基础上，并以该制度的实际运作状态为依据的。因此就不难理解，在不同的人看到不同的主体行使行政强制执行权之后，便“顺理成章”地认为行政强制执行权是行政权、司法权或者二者兼而有之。但是，判断行政强制执行权的属性，不能仅仅以一国现行的制度为依据，行政强制执行权由什么机关行使，并不能影响行政强制执行权的属性，“事实上，行政强制执行权的性质与谁来行使是两个不同问题。无论是哪个机关行使行政强制执行权，其性质都不会改变”[3]。从法律规定的行政强制执行制度来界定行政强制执行的性质实际上陷入了循环论证的怪圈，忽略了行政强制执行权的属性作为应然状态对于实然状态的否定和批判作用。

反思以往学界对于行政强制执行权的理论研究，实际上是对行政强制执行模式现状的抽象，并未对行政强制执行权的制度设计提供带

---

① 应松年：《论行政强制执行》，《中国法学》1998 年第 3 期。

② 参见信春鹰：《我国的行政强制法律制度——十届全国人大常委会法制讲座第十六讲》，http：//news. xinhuanet. com/politics/2008 -01/31/content_ 7532907. htm，2009 年 6 月 1 日。

③ 沈开举、王红建：《试论行政强制执行权的分配模式》，《南京工业大学学报（社会科学版）》2006 年第 3 期。

有本源性、基础性的理论指导，而解析行政强制执行权属性能够为行政强制执行权的合理配置提供理念上的出发点和指引。为此，首先要明确何为司法权，何为行政权。从根本上来讲，司法权和行政权在本质上是不同的，其特征也非常鲜明，司法权的本质内容为判断，是判断权，[①] 而行政权以执行为本质内容，是执行权。虽然随着社会的发展，在各国政治制度中司法和行政在职能上存在交叉或不能精确区分的情况，也即它们之间并没有明确的分水岭，存在着权力交错、重叠的现象，行政机关有时也会行使某些裁决权，而司法机关有时也会行使某些执行权，但这种设计和安排并不能改变判断权和执行权分属于司法权和行政权的属性。而从行政强制执行行为本身来看，它包含决定是否执行，执行的时间、方式、范围等内容，以及实际实施强制相对人履行义务或达到与履行义务相同状态的手段或措施两部分内容，分别行使的是执行的裁决权和执行的实施权，因此，行政强制执行行为兼有司法行为和行政行为两方面的特点。由此可知，行政强制执行权实际上包含了执行裁决权和执行实施权两个权能，前者属于司法权，后者属于行政权。“司法权和行政权的有机结合构成了复合、独立、完整的强制执行权。”[②] 由于行政权所具有的主动性、单向命令性、倾向性等特征，容易导致对于快速、经济的价值目标过分追求，忽略对于相对人权益的尊重。而司法权所具有的公正性、中立性特征，正好可以对行政权的冲动进行必要的控制。因此，在行政强制执行权行使过程中必须给予司法权足够的权重，使其有必要的手段对行政权进行审查并对相对人合法权益实施救济，以实现对行政权的制约和平衡。

3. 外国行政强制执行权配置的典型实证借鉴

为实现行政强制执行权在行政机关和法院之间合理配置，西方国家进行了有效的探索。这里分析一下普通法系和大陆法系行政强制执行模式的典型代表——美国模式和德国模式，从中找出一些普遍性问题和特征。

（1）美国模式。按照英美法系国家的法治理念，司法权优于行政权，行政机关行使权力，尤其是行使剥夺公民权利、设定公民义务的权力，行

① 参见孙笑侠：《司法权的本质是判断权——司法权与行政权的十大区别》，《法学》1998 年第 8 期。

② 刘翰、张根大：《强制执行权研究》，载信春鹰、李林主编《依法治国与司法改革》，中国法制出版社 1999 年版，第 432 页。

使对公民人身和财产权利产生较大影响的权力，都必须受到法院的严格监控。[①] 因此，在美国，行政机关在相对一方不履行行政义务时，原则上不能自己采取强制执行手段，只能向法院提起民事诉讼，请求法院以命令形式促使其履行。如果相对方不履行法院命令，法院将以藐视法庭罪处以罚金或拘禁。当然，根据法律规定，在少数情况下，行政机关可以自力执行。[②] 也就是说，在当事人不自动执行行政决定、最后只能以剥夺当事人的自由和财产权作为强制手段时，这种权力原则上只能由法院掌握，经过司法程序确定，由法院审查该履行争议，这种审查的理由在于防止行政机关行使专横的执行权力。这主要体现在以下两方面：首先，法院在裁决执行以前，必须审查行政决定是否合法成立，这实际上是对公民的间接性救济；其次，法院在执行前必须审查当事人是否违反了行政机关的决定，如果当事人的行为不构成拒绝执行行政机关的决定，也不发生执行问题。[③] 但是，在权力分配上值得注意的是，美国的法院如果裁定应当执行某一行政决定时，其具体执行的任务是由联邦执行机构（美国执行署）的联邦执行官或者州的强制执行机构（县司法行政官办公室）的司法行政官承担的，[④] 法院并无执行组织。

（2）德国模式。在以德国为代表的大陆法系国家，为了维护一个稳定、有效的法律秩序，行政行为被广泛赋予公定力、确定力、拘束力和执行力。与这一理论相呼应，行政机关自身享有完全的行政强制执行权成为执行力的体现。第二次世界大战后，德国颁布了新宪法——《德意志联邦共和国基本法》，新宪法强调保障人的尊严和人身权、财产权等基本人权，对限制公民基本权利的法律和公共权力行为提供诉讼权的保护，并且规定，剥夺公民人身自由的裁判只能由法官作出。这样，在宪政体制上，

---

① 参见朱新力主编：《外国行政强制法律制度》，法律出版社2003年版，第17页。

② 参见城仲模：《行政法之基础理论》，三民书局1994年版，第288页。

③ 参见王名扬：《美国行政法》，中国法制出版社2005年版，第527—531页。

④ 联邦执行机构美国执行署是联邦最古老和多专业的执法机构之一，设立于1789年。该署共有94个地区办事处，相应地也就共有94个联邦执行官（Marshal），均由美国总统任命，接受司法部长的领导。大多数州的强制执行机构是县司法行政官办公室（Sheriffs Offices）。有时州也通过立法授权给某些机构的人员以执行权。例如，纽约州就曾授予Erie与Westchester两个县的市法院执法官员与司法行政官在金钱执行方面同样的权力。参见严亚群：《美国强制执行法述评》，《河海大学学报（哲学社会科学版）》2006年第2期。

独立的司法权力和司法机关开始有效地制约行政权力。[①] 在新宪法理念的倡导下，德国行政法学者对战前的强制执行理论做了深刻的检讨，以佛鲁斯特霍弗（Frnst Forsthoff）教授为前导的行政法学界，把行政命令权和为实现行政命令的强制执行权视为各自独立、互不牵连的行政上的行为，两者各须有法律上的根据，才能享有发动命令权或强制执行权。[②] 相应地，1953 年 4 月颁布的《联邦德国行政强制执行法》规定，限制人身自由的拘留，在给予义务人听证后，由地方行政法院依行政机关的申请作出拘留裁定。[③] 也就是说，基本法所保障的人身自由如受限制，须由司法机关作出裁判并执行，行政机关不能染指。但是，法院并不参与具体的执行活动，拘留裁定的执行是由法院执行员这一独立的司法服务机构来完成的。[④] 而对于金钱债权、行为、容忍和不作为的行政执行，分别由可主张债权的行政机关和该行政行为的作出机关予以执行。[⑤] 如果行政相对人对执行性行为不服的，原则上都可以向行政法院提起行政诉讼，[⑥] 但不允许行政相对人对执行性行为的前提，即已经发生确定力的基础性行为再提起行政诉讼。

综上，虽然由于各国传统、国家体制和分权状况的差异，各国行政强制制度不尽相同，但二者在许多方面也有共同之处。例如，两种模式都注重对于相对人权益的保护，美国模式充分体现了法院的事前监督职能，而且这种监督还依据严格的诉讼程序进行，有效地保障了公民合法权益。德

---

① 参见刘莘、张江红：《行政强制执行体制探析》，《法商研究》2001 年第 1 期。

② 参见城仲模：《行政法之基础理论》，三民书局 1994 年版，第 198 页。

③ 参见《联邦德国行政强制执行法》第 16 条。

④ 德国的法院执行员是独立的司法服务机构，虽然其名称中有“法院”二字，但却并不是法院的下属机构。法院执行员是由州司法部管辖的公务员，州司法部按照人事编制计划将其分派到一个初级法院的辖区，但法院执行员并不隶属于该初级法院，而是在该初级法院的辖区内设一个自己的办公室，独立行使职务。每个法院执行员有自己的固定辖区。法院执行员在行使职务时不受法院的指示约束，初级法院只负责对其进行职务监督。参见郑冲：《德国法院执行员制度改革之争》，《比较法研究》2007 年第 6 期。

⑤ 参见《联邦德国行政强制执行法》第 4 条、第 7 条。

⑥ 第一，对于行政机关自力执行金钱债务的行政强制执行行为，执行债务人可以向行政法院提起确认之诉、撤销之诉、给付之诉和义务之诉。第二，对于作为、不作为和容忍义务的强制执行，按照《联邦德国行政强制执行法》第 18 条第 1 款的规定，告诫属于行政行为，相对人可以提起撤销之诉；强制执行决定在任何情况下都是行政行为，相对人可以提起撤销之诉；采取强制执行措施的行为是事实行为，如果不服，应当提起给付之诉和确认之诉。参见应松年主编：《比较行政程序法》，中国法制出版社 1999 年版，第 283 页。

国模式下，在法律授予行政机关行使替代行为、强制执行罚款、直接强制等手段的同时，给义务人提供的也是完整的、实在的诉权保障。从执行机构来看，不论是美国模式还是德国模式，行政强制执行的具体实施都是由行政机关来完成的，即使在实行司法执行模式的美国，法院也并不具体负责行政行为的具体实施，而是专司裁判，具体实施依然交由行政机关去完成。总的来看，为了保证行政职能的实现，提高行政效率，维护公共利益，同时有效保护相对人合法权益，各国都在寻找和实现有效的制度和方法，来实现行政强制执行问题上权力的制衡以及公正与效率的平衡。研究实现我国行政强制执行权合理配置的路径，可以从各国行政强制制度中有所借鉴，从而最大限度地实现行政强制执行的合法公正，保证行政强制执行的顺利进行。[①]

4. 实然状态下行政强制执行模式的问题与发展

实际上，我国现行法律关于行政强制执行模式的规定，是由立法当时的客观条件决定的，完全是基于现实的需要。改革开放之初，高度集中的计划经济体制被打破，社会结构也发生了深刻的变化，行政相对人摆脱了从属性的地位，成为有自身利益、独立的一方法律主体。在这种背景下，行政相对人拒不履行行政行为确定的义务的情况多有发生，建立相应的行政强制执行制度势在必行。[②] 然而，由于行政机关的机构设置不健全、必要的执行手段缺乏，威信不足，从现实需要出发，为了保证客观的执行效果，不得不寻求行政机关以外的法院力量介入强制执行，以确保行政行为的内容得以实现。就当时的情况而言，法院仍具有专政机构的色彩，由法院负责实施更具有权威性，也有利于达到实现行政决定内容的目的。由此可以看出，我国现行行政强制执行模式，是长期的行政执法实践经验积累的结果，纯粹是出于保证客观执行效果的考虑，并未如英美法系或大陆法系国家那样，将行政强制执行模式建立在特定的法理观念基础之上。[③] 正如有的学者指出，“行政案件的执行……为何部分交给法院负责、部分保留在

---

① 参见赵晓华：《试论我国行政强制执行权的合理配置》，《河北法学》2005 年第 4 期。

② 参见应松年主编：《当代中国行政法》，中国方正出版社 2005 年版，第 897 页。

③ 在不同观念的影响下，行政强制执行的主体是行政机关还是司法机关，两大法系有重要区别。英美法系国家长期以来形成了司法权优于行政权的观念，认为行政机构依法行使的权力应该受到法院的监控。但大陆法系中的一些国家则将行政强制执行权看成是行政权的一部分，行政强制执行由行政机关负责。参见庄天逸：《论行政强制执行的法律救济》，《河北法学》2008 年第 8 期。

行政机构内部，而不统一交给法院或保留在行政机构内部？理论研究表明，这种分工并无充分的理由”[①]。这种模式在实践中导致了一系列问题。

首先，以法院为主的行政强制执行模式造成行政行为所确定的义务难以及时实现，大大影响行政效率。现行的行政强制执行制度要求行政机关自力执行的前提是法律有明文规定，但是从立法上看，不仅法律明确规定行政机关享有强制执行权的情形为数很少，而且执行手段也非常有限。比如关于人身权方面的强制执行主要授权公安机关行使，关于财产权方面法律授予执行权的行政机关就更少了，仅有税务、海关、审计等少数机关。同时，法律明确规定行政机关采取的执行手段、方法必须有法律依据，导致有的行政机关对于行政行为的执行，只有直接强制手段，而无间接强制手段；有的相反，只有间接强制手段，却无直接强制手段，从而在实践中导致难以及时、全面地实现行政目的的尴尬局面。[②] 享有自行强制执行权的行政机关尚且欠缺必要的手段，不享有自行强制执行权的行政机关执行起来就更为艰难，由于其没有法律的一般授权，所有行政决定的执行都须申请法院，而申请法院强制执行，程序烦琐，时间太长，难免导致一拖再拖，客观上助长了行政违法行为的泛滥，不利于有效地维护公共利益和社会秩序，[③] 以致一些数额较小又无争议的罚款、没收处罚或责令停止违法行为的处罚难以得到及时执行。

其次，法院审查程序流于形式和救济程序的欠缺，导致法院的监督作用有限，相对人的权益难以得到保护。之所以建立申请人民法院强制执行的机制，是希望这样的制度设计能够起到“合法性”安全阀的作用，包含有保护相对人权益的良好愿望。然而在司法实践中，法院对于行政机关申请强制执行的案件通常进行形式审查而不进行实质审查，加上法院人力和物力上的缺乏，有的地方法院还要由行政庭承担行政强制执行任务，这虽然违背了审查和执行分离的要求，但即便如此，也往往无法解决如此繁多的执行案件，最终的实际结果导致许多申请执行案件的审查流于形式、马虎过关。“在目前这种机制下，法院如果予以支持（现实中大多数申请

---

① 汤维建：《执行体制的统一化构建——以解决民事“执行难”为出发点》，《现代法学》2004 年第 5 期。

② 参见杨建顺：《关于行政执行权力配置的思考》，《人民法院报》2002 年 8 月 12 日。

③ 参见石佑启：《论我国行政强制执行的模式选择及其运作》，《河北法学》2001 年第 2 期。

执行案件得到法院支持并付诸执行），则相对人很难获得相应的救济。”①因为其经法院审查程序后已经不再是原来的行政行为，对其不服的，亦不能请求行政复议。而法院审查程序的设置也欠缺法律规定，一般不进行口头辩论，缺少最低限度的正当程序，相对人对其不服的，亦不能提起上诉，虽然有唯一的申诉途径，但现实中基本上难以达到“救济”的水准。其结果使得“法院对行政机关的支撑功能远远超过了监督功能”，“法院成了政府机关的执行部门，司法权与行政权又形成一股合力来对付行政相对人，实际上否定了行政诉讼制度存在的基础”，② 切断了行政诉讼案件的来源，导致行政诉讼案件与非诉讼行政执行案件两极分化、畸形发展，行政诉讼的本质被歪曲，民告官的行政诉讼发生了令人担忧的变异。③

最后，大量的申请强制执行案件导致司法职能与行政职能混淆，法院不堪重负，最终损害司法权威。人民法院作为审判机关，审判职能就是它的主要职能。我国现行强制执行模式将绝大部分行政强制执行权分配给法院，许多行政机关因没有法定强制执行权而不得不申请法院强制执行，导致大量的申请执行案件涌入法院，一定程度上削弱了法院自身的审判职能与执行职能。据统计，在全国范围内，行政机关申请强制执行的案件，普遍占全部行政案件的70%以上，④ 法院几乎已经成为行政机关强制执行的工具。更有甚者，行政机关与法院“联手”设立派出法庭、巡回法庭等机构，法院出名义，行政机关出钱、出办公设施，共同强制执行，这样“行政机关就成了裁判所，法院倒成了行政机关，成了执行行政行为的机关”，造成司法与行政角色的严重错位，分不清哪些是行政职能，哪些是司法职能，极其不利于甚至严重损害了法院的形象和权威性。⑤ 同时，随着社会经济的进一步发展，社会对行政权的需求随之增大，行政领域的不断拓宽又促使行政行为成倍增加，行政机关申请行政强制执行的案件也相应日益增多，这使得法院的负担也越发沉重。最近几年，以

---

① 参见杨建顺：《关于行政执行权力配置的思考》，《人民法院报》2002年8月12日。

② 参见石佑启：《论我国行政强制执行的模式选择及其运作》，《河北法学》2001年第2期。

③ 参见吴国强：《论非诉讼行政执行》，《行政法学研究》1999年第3期。

④ 参见武楠：《非诉行政执行研究》，硕士学位论文，中国政法大学，2003年，第1页。

⑤ 参见杨建顺：《关于行政执行权力配置的思考》，《人民法院报》2002年8月12日。

"唐福珍事件"[①] 为代表的因法院暴力强拆引发的群体性事件时有发生，大大损害了司法权威。

从2011年下半年到2012年年初，不少地方法院开始从暴力拆迁事件中汲取经验教训并以下发规范性工作意见、通知的形式对本地法院的非诉执行工作进行指导，在现有法律的框架内提出了多项"力所能及"的应对措施，最大限度降低行政强制执行给法院工作带来的负面影响。[②] 而最高人民法院于2012年3月26日发布的《关于办理申请人民法院强制执行国有土地上房屋征收补偿决定案件若干问题的规定》（以下简称《若干规定》），则是最高人民法院对各地法院应对措施的肯定和完善，其中的一条重要措施就是开始推行"裁执分离"模式。首先明确对征收补偿决定的强制执行实行"裁执分离"模式的是上海市高级人民法院（以下简称上海高院）。[③] 根据上海高院的指导意见，人民法院裁定准予执行的，被拆迁房屋内物品的搬离、现场执行的维护等工作均由行政机关负责，人民法院对政府实施强制执行工作进行现场监督，如果发现强制执行预案不完备或者出现不宜继续执行情形

---

① 2009年11月13日，成都市金牛区拆迁户唐福珍在与城管执法者对抗中点燃了身上的汽油自焚。《成都城管官员介绍拆迁户自焚死亡事件》，http：//news. sina. com. cn/c/2009-12-02/104219173137. shtml，2014年11月8日。

② 2011年6月，吉林省高级人民法院、吉林省住房和城乡建设厅联合发布《关于做好国有土地上房屋征收与补偿工作的意见》，浙江省高级人民法院下发《关于切实做好〈国有土地上房屋征收与补偿条例〉实施后相关司法应对工作的通知》，北京市高级人民法院下发《关于〈国有土地上房屋征收与补偿条例〉施行前已取得拆迁许可证项目所涉案件有关审判、执行工作的若干意见（试行）》，杭州市中级人民法院下发《关于做好国有土地上房屋征收与补偿案件审判和执行工作的意见》；2011年7月，海南省高级人民法院下发《关于受理与〈国有土地上房屋征收与补偿条例〉相关案件的指导意见（试行）》；2011年8月，宁波市中级人民法院下发《关于办理国有土地上房屋征收和补偿案件审判和执行工作的意见》。以上文件在下文中统一简称为"指导意见"。虽然最高人民法院和最高人民检察院于2012年1月18日联合下发了《关于地方人民法院、人民检察院不得制定司法解释性质文件的通知》，但是这并不影响将这些文件作为研究样本使用。

③ "法院判定应当强制执行的，该强制执行的具体实施交由行政机关来担任，而不是按照现行申请人民法院强制执行的制度安排由法院自己承担具体的实施。这就是'裁执分离'模式。"参见杨建顺：《"司法强拆"悖论的探析》，《中国审判》2011年第1期。实际上，上海高院早在2011年3月就下发了《关于〈国有土地上房屋征收与补偿条例〉施行前已取得房屋拆迁许可证项目所涉案件有关审判、执行工作的若干意见》，只是在当时的宣传报道中，表明法院服务大局的决心是主流，该意见中规定的"裁执分离"模式并未成为宣传的亮点。而在一年之后的司法宣传中，新闻标题中"裁执分离"的字眼却显得十分醒目。参见《上海探索"裁执分离"拆迁强制执行模式》，《人民法院报》2012年3月14日。

的，应当及时停止强制执行。最高人民法院的《若干规定》对上海的做法给予了确认："法院裁定准予执行的，一般由作出征收补偿决定的市、县级人民政府组织实施，也可以由人民法院执行。"从语义表述上看，这样的规定应当理解为以行政机关执行为原则，以人民法院执行为例外，只有在人民法院更便于执行的情况下，法院才可以实施。人民法院之所以不去组织实施拆迁，从法学理论上讲，是因为行政强制执行权实际上包含了执行裁决权和执行实施权两个权能，但是，人民法院急于在拆迁执行案件中推行"裁执分离"模式另有深意，这实际上是人民法院和行政机关之间权力、利益博弈的体现。房屋征收补偿决定涉及相对人的切身利益，强制执行不当将会严重损害司法公信力和司法权威，为了避免把自己推向社会矛盾的"风口浪尖"，最高人民法院对法律上"申请人民法院强制执行"的概念作出了限缩解释，将其限定在"裁定准予执行"的范畴内，而将"组织实施"的内涵剔除出概念之外，从而实现了执行裁决权和执行实施权的分离。这可以说是在改革行政强制执行体制上的有益探索。

5. 行政强制执行权力分配与制度完善

从理论上分析，既然行政强制执行权所包含的执行裁决权和执行实施权分别属于司法权和行政权，那么执行裁决权和执行实施权就应当分别由法院和行政机关行使，同时，为了防止行政权的滥用，司法权必须对行政权进行必要的制衡，这不论是在美国模式国家还是在德国模式国家都是通行的做法。当然，并不排除随着社会的发展和社会事务的复杂化，行政机关为了维持社会秩序和增加公共福利而行使必要的裁决权，这也反映出行政强制执行权分配模式选择还应注意到公正与效率的价值协调。基于以上考虑，我国行政强制执行权分配的模式应当为：由法律广泛赋予行政机关行政强制执行权，通常情况下，执行裁决权和执行实施权都由行政机关行使，[①] 当执行行为涉及相对人重大人身权和财产权时，行政机关需向法院

① 在明确裁决权的司法权属性的理论基础上，执行裁决权由行政机关行使是保证行政效率的要求。行政机关行使司法权的典型例子是行政司法行为，它是行政机关行使裁决权的典型表现。这种行为本质上属于行政行为，但是其中也融入了司法程序的特征。行政司法行为是行政管理的专业化、技术化趋势下，政府进行市场调节的重要手段，成为既保持公正、合法，又简便、迅捷、灵活、低耗费地解决纠纷的有效手段。当然，在行政机关行使执行裁决权的过程中，司法程序的特征因为效率的要求而被大幅缩减。

提出执行申请，法院对该申请进行审查并作出是否执行的裁定，由行政机关依据法院裁定负责实施行政强制执行。

（1）在执行体制上，分解并重新配置行政强制执行权，将执行实施权分离出法院系统。执行体制改革是人民法院司法改革的一项重要内容，在《中共中央关于全面推进依法治国若干重大问题的决定》中明确提出要“完善司法体制，推动实行审判权和执行权相分离的体制改革试点”，而要实现行政强制执行权中的执行裁决权和执行实施权的彻底分离，就应当将执行实施权分离出法院，交由专门的执行机关负责实施执行，法院只负责行使执行裁决权，① 从而恢复司法权判断权的性质，减轻法院的社会压力。由于执行实施权的行政权属性，执行权可以、也应该以行政权的组织方式来运作，将其分离出法院系统后就应当授予行政机关行使。为此，从终极目标来看，可以设置由司法部统一管理、垂直领导、独立于地方政府的司法行政机关行使执行实施权，该机关在人事、财政上独立于地方政府，并设立专门的执行队伍体系，配备必要的物质力量。现阶段，可以由作为申请人的行政机关自己组织执行。这样的制度设计实现了“两权”的真正分离和制约，恢复了司法权的本来面目，同时保证了执行人员的专业化，避免了执行力量的不足，垂直管理的体制也大大降低了地方干预的可能性。

（2）完善人民法院对行政机关执行申请的审查机制。行政强制执行权主要由行政机关行使的优点在于能够保证行政效率，但同时也容易产生侵害公民合法权益的危险。为此，必须建立和完善人民法院审查行政行为的相关机制，充分发挥司法权对于行政权的制约作用。针对我国司法实践中存在的问题，应当完善以下三方面内容。第一，审查内容具体化。人民法院对行政机关的申请应当进行实质审查，一是审查行政强制执行所依据的行政行为是否合法；二是在行政行为合法的情况下，审查相对人是否存在不履行行政行为所确定的义务的情况。之所以进行实质审查，主要是因为行政强制执行权主要由行政机关行使后，法院的负担会相对减轻，能够有更多的精力对行政行为的合法性进行审查；同时，考虑到我国有的地方

① 执行裁决权的内容包括：审查权、执行异议的裁决、参与分配的裁决、复议决定权、其他重大事项的裁决权。执行实施权的内容包括：调查权、实施强制措施权、执行财产处分权、其他执行行为实施权。参见童兆洪：《民事执行权的配置及运行设计》，《浙江社会科学》2002 年第 5 期。

行政机关执法水平不高，且仍然存在相对人“不敢告”“不愿告”的情况，由法院在审查行政机关申请过程中进行实质审查，有利于发挥司法权保护公民合法权益的能动性。[①] 第二，审查程序规范化。即在人民法院审查行政机关的申请过程中，除坚持由行政审判庭组成合议庭对被执行行政行为进行合法性审查外，还应当引入执行听证制度，[②] 由行政机关阐明申请强制执行的事实、理由和依据，相对人可以进行质证和抗辩，人民法院根据听证案卷作出相应的裁决。过去法院对于行政机关申请的审查流于形式的一个重要原因就在于对审查的程序缺乏必要的规定，导致审查的任意性加大。引入听证制度则可以强化对抗机制，增强审查程序的民主性和公正性，也有利于提高相对人履行义务的自觉性，保证行政效率。当然，听证程序不应过分复杂，即使在采取诉讼审查方式的美国，其程序也是简捷扼要（short and sweet），我国法院对行政决定的审查采取非诉讼方式，从理论上讲，应比美国的更加简捷。[③] 第三，审查裁定要式化。裁定书中应当对听证过程进行说明，包括控辩双方的主要观点；增强裁定书的说理性，对行政行为的合法性、当事人是否有不履行行政行为确定义务的情况进行说明；如果裁定准予执行行政行为，应当明确行政强制执行的内容和范围，如强制执行的机关、时间、地点、对象、方式等。目前，人民法院的行政执行裁定书内容主要包括行政行为的内容、法院的说理以及裁定结论，内容简单、说理性不强，随意性大，不利于充分发挥人民法院对于行政机关的监督作用。由于行政强制执行权主要由行政机关行使后，向法院提出申请的行政行为通常对相对人的权益影响较大，因此，增强行政执行裁定书的说理性，实现行政执行裁定书的要式化，才有利于强化法院对行政行为的审查作用，更好地保护相对人的合法权益。考虑到《行政强制法》已经有关于申请人民法院强制执行的程序规定，因此在《行政诉讼法》上只需对行政

---

① 这与美国的司法控制模式有所不同。虽然在美国的行政强制执行程序中，法院拥有对行政行为的司法审查权，并且也可以从行政行为的合法性、相对人是否履行了行政义务两方面进行审查，但是，如果相对人未在法定期限内未对行政行为申请司法审查，那么在执行程序中，法院就会侧重保护行政行为的稳定性，不再审查行政行为的合法性。这样的制度设计显然不符合我国行政诉讼的现状，不利于公民合法权益的保护。参见傅士成：《行政强制研究》，法律出版社 2001 年版，第 339 页。

② 实践中许多地方法院已经开始实行执行听证，在立法中应当对该制度予以确认。

③ 参见余凌云：《行政强制执行理论的再思考》，《中国人民大学学报》1998 年第 4 期。

强制执行体制进行原则性规定，具体审查程序可以通过修改《行政强制法》来完善。

三　行政诉讼和解制度的构建

行政诉讼和解是现代国家行政诉讼法上的一项重要制度，在我国被称为行政诉讼调解。近年来，在解决行政争议领域，行政诉讼和解作为纠纷解决机制在审判实践中得到了大力提倡，一大批行政纠纷通过和解的方式得以及时、顺利化解，有效维护了社会稳定与和谐。[①] 虽然新《行政诉讼法》第 60 条规定了可以调解的情形，但不适用调解依然是行政诉讼的一项基本原则，行政诉讼和解依然是作为一种司法工作机制存在，从而阻碍了我国行政诉讼和解制度的构建。本书认为，行政诉讼和解有其存在的正当性基础，域外也有立法先例和司法实践，在我国构建行政诉讼和解制度有其必要性和可行性。

（一）行政诉讼和解的界定

1. 行政诉讼和解的概念

我国《行政诉讼法》中并未规定行政诉讼和解制度，但是通过比照民事诉讼中的调解制度可以知道，行政诉讼和解发生在诉讼过程中，也就是说行政诉讼和解以行政纠纷进入司法程序为前提，并且在成立的时间上是从法院立案时起，至法院作出判决之前；同时，行政诉讼和解是为解决行政机关和相对人之间的行政争议而达成的协议。关于行政诉讼和解制度，德国的法律规定和我国台湾地区的规定较为详尽，日本在行政诉讼实践中亦承认了和解的容许性，这些国家和地区对行政诉讼和解的研究比较深入。有学者认为，行政诉讼和解系指诉讼当事人于诉讼系属中，在法院之前，以终结诉讼全部或一部为目的，而约定相互让步以终止就一个法律

---

① 相关案例报道可参见《古城在和谐中“整容”——苏州行政审判践行法治理念见闻》，《人民法院报》2006 年 7 月 31 日；《化解纠纷促和谐——保康行政案件协调工作纪实》，《人民法院报》2006 年 10 月 31 日；《闽东经验——宁德中院行政诉讼协调和解机制调查》，《人民法院报》2006 年 12 月 17 日；《河南审理行政案件实现两个效果有机统一》，《人民法院报》2007 年 1 月 21 日；《贵池行政诉讼重协调》，《人民法院报》2007 年 2 月 4 日；《力促官民更和谐——成都法院探索行政案件协调机制调查》，《人民法院报》2007 年 3 月 25 日。

关系所生之“争执”之合意行为。[①] 也有学者将行政诉讼和解表述为“指当事人在法院面前，就诉讼物的全部或部分，以终结诉讼为目的而缔结的和解”[②]。这些定义说明，和解可能是当事人之间自行协商的结果，也可能是在法院的引导和帮助下达成的，但必须是在诉讼过程中达成的，和解的内容应当是双方所争议的权利义务关系，和解需要双方相互让步，并且和解是以全部或部分终结诉讼程序为目的的。因此，行政诉讼和解的概念可以表述为：在行政诉讼过程中，当事人双方通过自行协商或者在法院的引导和帮助下，为解决行政争议所涉及的权利义务关系，互相让步达成协议，以终结行政诉讼为目的的活动。

2. 关于行政诉讼“和解”与“调解”的区别与选择

虽然上文已经对行政诉讼和解的概念进行了阐释，但是在最高人民法院发布的《关于进一步发挥诉讼调解在构建社会主义和谐社会中积极作用的若干意见》中提出“人民法院可以根据案件实际情况，参照民事调解的原则和程序，尝试推动当事人和解”，这一规定，实际上将行政和解机制纳入了诉讼调解制度的范畴中，对“和解”与“调解”并未进行明确的区分。同时，学界在对行政诉讼和解进行研究的过程中，对于行政诉讼和解的称呼并未统一，而是同时使用着“行政诉讼调解”的概念。在许多学者的著作中，对于行政诉讼和解与行政诉讼调解的概念多是在同一意义上使用，[③] 在研究国外诉讼和解制度时，对于相关法律条文的翻译也未把握住“和解”与“调解”的真正区别。[④]

① 参见陈计男：《行政诉讼法释论》，三民书局2000年版，第591页；盛子龙：《当事人对诉讼标的之处分权作为行政诉讼上和解之容许性要件——以税务诉讼上之事实和解为中心》，《台湾本土法学》2005年第6期。

② ［日］南博方：《行政诉讼中和解的法理（上）》，杨建顺译，《环球法律评论》2001年春季号。

③ 以国内关于行政诉讼和解的硕士学位论文为例，绝大部分论文未对“和解”与“调解”的概念进行区分，将二者在同一意义上使用。有的论文直接在标题中使用行政功能诉讼调解的概念，而研究的内容却与有关行政诉讼和解的论文高度一致。

④ 例如，有的《联邦德国行政法院法》中文版将该法第106条翻译为：“为完全或部分了解争议案件，诉讼参与人能就和解对象进行处分的，可达成和解并请法院、委托法官或某一被请求的法官予以笔录。法院、庭长或主审法官以裁定的方式作出的建议由诉讼参与人书面接受时，亦可达成法院主持的调解。”而实际上，德国的“调解”制度往往代表的是诉讼外的纠纷解决机制。参见章武生、张大海：《论德国的起诉前强制调解制度》，《法商研究》2004年第6期。还有的学者将《联邦德国行政法院法》第106条作为德国法院行政诉讼调解的依据。参见赵艳花、耿宝建：《行政诉讼中的调解——西方的经验与中国的选择》，《行政法学研究》2009年第3期。

不可否认的是，虽然用文义解释方法对“和解”与“调解”本身所代表的意义进行区分是可以的，[①] 但是从实践上来看，很难将二者明确区分开来。[②] 问题在于，如果仅仅限于将行政诉讼和解作为一种活动或者现象来描述的话，对于“和解”还是“调解”的区别意义并不重要，但是，如果将行政诉讼和解作为制度来研究的话，那么，在行政诉讼调解与行政诉讼和解二者之间做出选择，则是对行政诉讼和解进行研究不可逾越的基本起点和必要步骤。这不仅是因为概念是构成制度的基本单位，而且在这一选择背后是“和解”与“调解”所代表的立法理念的不同，而这种理念必然会在具体制度中体现出来。从域外的法律规定情况来看，不论是大陆法系还是英美法系，都不约而同地将“调解”的概念归于诉讼外的纠纷解决制度中，而“和解”概念则专属于诉讼制度范畴。例如，法国的民事调解制度、行政调解专员制度，德国的诉前强制调解制度，都属于诉讼外纠纷解决制度，而在民事诉讼法、行政诉讼法中则根据需要规定了诉讼和解制度；英美法系也不例外，通常将调解制度纳入 ADR 纠纷解决机制中，而和解制度则属于诉讼法的范畴。[③] 这样的选择并不是仅仅为了区分的方便，也不是纯属巧合，而是体现着不同的概念背后蕴含的立法理念。

---

① “调解”与“和解”的区别，主要在于是否有第三方介入以及介入的程度如何，这可从我国民事诉讼的角度进行分析：首先，法院调解是人民法院行使审判职权的活动；和解则是双方当事人自己行使诉讼权利的行为。其次，法院调解较多受到法官的干预，法官会积极促使双方当事人达成和解；和解则完全是双方当事人在不受任何干预的情况下，自行协商的结果。也就是说，调解与和解的区别主要是法院参与的程度不同。参见柴发邦主编：《民事诉讼法学新编》，法律出版社1992 年版，第 248 页。《中华人民共和国行政复议法实施条例》第 40 条对“调解”与“和解”的区分也是基于相同的理由。

② 不论是调解制度还是和解制度并不排除第三方的介入并施加影响，在诉讼中，如果由法官促成双方和解，那么这种介入在多大程度上属于“调解”，在什么范围内属于“和解”，很难有一个明确的尺度进行衡量。而且不论第三方介入程度如何，第三方都不能对纠纷的解决作出决定，纠纷解决最终要靠纠纷双方达成协议。在纠纷解决过程中，“调”是过程，而“和”是结果，二者实际上是同一个事物的两个不同方面。参见闫庆霞：《法院调解论》，博士学位论文，中国政法大学，2004 年，第 44 页。

③ 相关的资料参见闫庆霞：《法院调解论》，博士学位论文，中国政法大学，2004 年，第 22 页；王建学：《从行政调解专员到基本权利保护专员——法国行政调解专员制度改革评述》，《国家行政学院学报》2008 年第 5 期；章武生、张大海：《论德国的起诉前强制调解制度》，《法商研究》2004 年第 6 期；于博：《略论行政过程中的 ADR 及其在中国的构建——立基于美国与韩国 ADR 制度的比较研究》，《甘肃行政学院学报》2007 年第 3 期；《法国新民事诉讼法典》，罗结珍译，中国法制出版社 1999 年版，第 7—29 页；白绿铉：《美国民事诉讼法》，经济日报出版社 1998 年版，第 116 页。

虽然说从各国诉讼的实践状况来看，似乎越来越多的法官把和解看成他们审判工作的有机组成部分，但这并不意味着对司法中立原则的放弃。在诉讼和解制度下，和解被定位于当事人之间的合意，法官的和解工作无论多么积极主动，都应当被视为当事人合意之外的因素，当事人应当成为和解制度设计的核心。而在诉讼调解制度下，调解被定位于法院的依职权行为，当事人被视为调解工作的对象，法官在调解过程中起到了主导、推动作用，调解的制度设计也是围绕如何充分发挥法院的调解职能来设计的。

在我国的民事诉讼中，不论是从立法上来看还是在司法实践中，法院调解所具有的突出地位是任何一个国家的诉讼和解制度不可比拟的。调解制度不可避免地使得法官强制调解的可能性扩大，民事诉讼调解中的诟病一直以来遭受了众多非议和批评。由于行政诉讼中双方当事人实际地位的不平等，如果在行政诉讼中建立调解制度，那么法官超越职权调解可能形成的危害无疑会比民事诉讼更加严重，这已经为我国法院“协调和解”的实践所证实。实际上，不论是“和解”还是“调解”，其首要价值都应当是自由，[①] 都属于以当事人合意解决纠纷的制度，是对当事人意思自治和程序权利的尊重。只是由于我国调解制度构建在职权主义的基础上，调解制度中的自愿原则往往被过于积极主动的法院依职权调解所掩盖，当事人的自主性往往在调解过程中被忽略或压制。而“和解”不仅在文义上排除了第三方过多介入干涉，而且有着司法中立原则与当事人主义理念的支持，更能反映法院的这种活动本应具有的素质，也比“调解”更能体现制度中的自由价值，更能体现对当事人自由、自愿的尊重。因此，选择“和解”无疑是更合适的。

3. 行政诉讼和解的性质

关于行政诉讼和解的性质，德国学者认为，诉讼和解“除实体法上的效力以外，诉讼和解对行政诉讼本身具有直接效力。法庭和解的达成，使参加人得以通过相互妥协终结法律纠纷的全部或者部分。因此，诉讼和解既是一种诉讼行为，又是一种公法合同”[②]。日本的判例和学说也认为行政诉讼和解“具有诉讼行为及公法契约之两面性，故行政诉讼上和解一方面为诉讼行为，另一方面则具备公法契约之性质”[③]。我国台湾地区

① 关于行政诉讼和解的价值，将在下文详细讨论。
② ［德］弗里德赫尔穆·胡芬：《行政诉讼法》，莫光华译，法律出版社2003年版，第576页。
③ ［日］南博方：《行政诉讼の制度と理论》，有斐阁1990年版，第133页。

学者认为，行政诉讼和解“一方面属于以终结行政诉讼为目的之诉讼行为”，“另一方面，行政诉讼上和解系经由双方相互之让步，就实体法而言，双方当事人系缔结行政法上之和解契约”。[①]

从行政诉讼和解的概念中可以看出，行政诉讼和解具有三个方面的特征：第一，与行政诉讼程序相关联。行政诉讼和解所要解决的纠纷处于司法管辖范围，且发生于行政诉讼程序进行中，诉讼外的和解与执行中的和解都不属于这里要探讨的和解的范畴。第二，体现当事人之间的合意。和解协议是当事人双方通过协商、让步所达成的意思表示一致的结果。达成诉讼和解协议的过程，就是当事人合意解决纠纷的过程，法院应当充分尊重双方的合意，不应过度介入协商过程中。第三，包含行政因素。缔结和解协议的一方主体是行政机关，依据的是行政法律法规，和解协议生效会导致行政法上权利义务关系的变更。由是观之，行政诉讼和解的性质具有两重性：从实体法上看属于行政契约；[②] 从程序法上看属于诉讼行为。

（二）行政诉讼和解的正当性基础

对于行政诉讼和解的正当性，学界结合政治学、经济学、社会学等相关学科的知识，从顺应中国社会结构变迁的发展趋势，符合诉讼经济原则，与中国传统社会文化相容，体现能动司法的要求，契合我国行政诉讼改革方向等角度进行了分析和论证，从而为行政诉讼和解的存在和发展提供了正当性根据、界定了正当性范围。[③] 根据立法机关的观点，行政诉讼不适用调解的主要理由在于，行政权力是法律赋予的国家公权，行政机关一般不得自行处分。[④] 这反映在行政诉讼和解问题上，便是“在行政诉讼中，行政主体除了依法提供证据以及行使其诉讼权利来证明自己所作的具体行政行为合法、适当外，无权就争议涉及的行政权作出实质让步。相对

① 参见盛子龙：《行政诉讼法上诉讼和解之研究》，“行政院”国家科学委员会专题研究计划成果报告，2003 年 10 月。

② 根据余凌云教授的观点，界定行政契约的实质标准即“发生、变更或消灭行政法律关系的合意”。参见余凌云：《论行政契约的含义——一种比较法上的认识》，《比较法研究》1997 年第 3 期。

③ 相关的观点可参见谭炜杰：《行政诉讼和解研究》，中国政法大学出版社 2012 年版，第 72—113 页。

④ 参见信春鹰主编：《中华人民共和国行政诉讼法释义》，法律出版社 2014 年版，第 160 页。

人也不能就行政争议涉及的行政权与行政主体讨价还价”[①]。于是，在对待行政诉讼和解的问题上，法院也就不能以和解作为审理方式，更不能以和解作为结案方式。然而，从理论与实践上来看，行政权力并非不可处分。

1. 对“处分”的辨析

关于“处分”一词的理解，我国台湾地区学者认为，“公法及私法之领域，均有‘处分’之用语。处分在行政法，有行政处分一词；在私法则指权利之抛弃、负担及其他权利内容变更之意思表示”[②]。日本学者认为，“‘处分’这个词，在行政法上，是作为行政行为的同义词来使用的。与此同时，在私法上……‘处分’是指放弃、委托或负担直接权利，或者变更其他权利内容的意思表示。但是，实施行政行为，通常却不说‘进行处分’”[③]。而所谓行政权力不可处分中的“处分”，显然指的是权力的转让、委托、抛弃、分割等，这种处分的效果只及于权力本身，并未涉及权力行使所指向的对象。不可否认，行政机关的行政权力是基于国家的授权，行政机关在享有权力的同时还必须履行职责，行政权力自然不可以任意转让和抛弃，但这并不妨碍行政机关对行政事务享有日常处理权，这种处理并非是对行政权力的处分而是行政权力的行使。行政机关在日常工作中按照“有错必纠”的要求改变已经作出的违法的行政行为，正是行使行政权力的表现，而非对行政权力的任意抛弃。因此，行政机关完全可以在行政诉讼过程中在与相对人达成合意后，纠正其违法的行政行为，行政权力不可处分实际上成为行政诉讼和解的“假想敌”。而且，随着现代公共行政的发展，完全、绝对的行政权力不可处分也开始受到挑战。

2. 行政裁量的广泛存在与扩张

行政权力不可处分从属于传统的依法行政观念，即行政权力必须受到法律的严格限制而不得自由处分。但是，即使在传统的管理行政模式下，行政裁量的广泛存在也是不可避免的。所谓行政裁量，是相对于羁束行政而言的，“法律规定之特定构成要件事实存在，行政机关即应为特定法律

① 沈林荣编著：《行政诉讼法理论与实务》，河海大学出版社2001年版，第37页。

② 徐瑞晃：《行政诉讼撤销之诉在诉讼上之和解》，载台湾行政法学会主编《行政契约与新行政法》，元照出版公司2002年版，第331页。

③ ［日］南博方：《行政诉讼中和解的法理（上）》，杨建顺译，《环球法律评论》2001年春季号。

效果之行为”[①] 称为羁束行政，而“特定构成要件事实虽然存在，但行政机关有权选择作为或不作为，或选择作成不同法律效果之行政处分”[②] 即所谓行政裁量。行政裁量也称为自由裁量，其存在的必要性源于现代社会变迁迅速、行政事务日益复杂，立法机关难以预见未来发展变化，行政机关必须根据具体情况作出决定，而且现代行政具有技术性强、范围广、领域宽的特点，立法机关无力制定行政活动需要的全部法律，而行政机关也需要不断积累经验，进行必要的价值判断。这都导致了行政机关自由选择范围的扩大，不仅包括决定的内容，而且可能是执行任务的方法、时间、地点或侧重面，以及作为或不作为。[③] 行政裁量的广泛存在意味着行政机关拥有较大的权力处分空间，行政机关不仅可以在宏观上从多种行政行为的方案中作出选择，而且可以在具体的行政行为中根据行政裁量的幅度进行调整。行政裁量的广泛性和灵活性为行政机关和相对人的协商提供了基础，行政诉讼中的和解可以看作是行政机关在诉讼阶段对行政裁量权的重新启动。因此，“那种主张行政机关绝对不能处分行政权力的观点是站不住脚的”，“正是由于存在自由裁量行为，所以法律禁止调解几乎是不可能的，而且实践中几乎所有的行政案件都不同程度地存在调解和和解”。[④]

3. 立法对行政程序中和解的认可

在行政程序中，行政权力不可处分早已被法律规定打破。实际上，早在 1999 年颁布实施的《中华人民共和国行政复议法》中，就没有再继续沿用 1990 年国务院《行政复议条例》中关于不适用和解的规定。历史地来看，这意味着取消了行政复议不适用和解的规定，打破了行政权力不可处分的禁区。随着实践的发展和国务院《全面推进依法行政纲要》的实施，行政法治的理念不断革新，和解在行政复议中得到了普遍运用。2007 年 8 月 1 日起施行的《中华人民共和国行政复议法实施条例》第 40 条对行政复议中的和解作出了相关规定：“公民、法人或者其他组织对行政机关行使法律、法规规定的自由裁量权作出的具体行政行为不服申请行政复

---

① 吴庚：《行政法之理论与实用》，中国人民大学出版 2005 年版，第 77 页。

② 同上。

③ 参见王名扬：《美国行政法》，中国法制出版社 1995 年版，第 545—547 页。

④ 参见马怀德主编：《司法改革与行政诉讼制度的完善——〈行政诉讼法〉修改建议稿及理由说明书》，中国政法大学出版社 2004 年版，第 326 页。

议，申请人与被申请人在行政复议决定作出前自愿达成和解的，应当向行政复议机构提交书面和解协议；和解内容不损害社会公共利益和他人合法权益的，行政复议机构应当准许。”这一规定虽然是对行政复议过程中行政机关和相对人和解的认可，但是应当理解为将行政执法过程中的和解也吸纳其中，意味着对行政机关在行政执法过程中以和解的方式创设、变更或消灭行政法律关系的当然准许，因为行政执法过程中和解的容许应当成为行政复议中和解成立的前提，否则，行政复议中的和解无从谈起。此外，从一些国家行政程序法的相关规定来看，并未专门对复议程序中和解的相关规则作出规定。在德国，“复议程序也可以通过和解结束”，“应适用关于公法上（和解）合同的一般规定（《行政程序法》第 79 条结合第 55 条）”。[①] 这也说明了行政执法程序中的和解在逻辑上是先于行政复议中的和解而存在的，我国之所以在行政复议程序中确认和解，是由于行政程序法的缺失造成的。既然在行政执法程序和行政复议程序中均认可了行政权力与相对人的和解，那么在行政诉讼过程中，为了解决行政机关与相对人之间的纠纷，将行政诉讼和解看作是行政程序中和解的延伸，似乎不存在行政权力不可处分的障碍。

（三）当代中国行政诉讼和解的发展进路

在我国，行政诉讼和解作为一种已经客观存在并运行的行政审判方式，是社会转型时期和谐社会理念及相关司法政策的产物，理念倡导的成分多于制度建设。在行政诉讼法上承认和解的容许性，并构建相应的行政诉讼和解制度应当成为行政诉讼和解的发展进路。

1. 在行政诉讼中承认和解的容许性

承认和解的容许性并不代表行政诉讼中的和解是不受任何限制的，即使是将调解作为基本原则的民事诉讼，也应当在自愿、合法的基础上进行调解，行政诉讼中的和解同样应当遵循自愿、合法的要求，且不能违反公共利益。实际上，虽然新《行政诉讼法》第 60 条并未承认行政诉讼适用和解，但是其认可“行政机关行使法律、法规规定的自由裁量权的案件可以调解”，在客观上已经达到了容许和解的效果。这是因为随着立法机关的立法日益宽泛，行政机关获得的裁量空间也随之不断扩展，行政裁量

① 参见［德］弗里德赫尔穆·胡芬：《行政诉讼法》，莫光华译，法律出版社 2003 年版，第 108 页。

已经深入到了公共行政的每一个角落，传统意义上典型的羁束行政存在的空间已大为缩小，以至于可以认为一切行政行为都是可以裁量的。行政裁量权的扩大不仅来自于越来越多的单行实体法的授权，而且现代的法律保留也认可在法律未作明确规定的情况下，行政机关可以直接根据组织法规定的权限主动追求行政目标的实现，并考量时势的需要选择适当的行政手段，而与相对人协商和解当然属于行政机关选择的行政手段之一。对于协商和解的方式而言，行政机关不仅可以根据法律特别授权享有与相对人进行协商和解的权力，而且只要法律不禁止，行政机关就可以为达到行政目的在管辖行政事务范围内与相对人进行协商和解。因此，行政裁量的广泛存在和扩张使得行政机关拥有了广泛的行政事务处分权，而这种处分权体现在参与诉讼程序的过程中，就构成了实体法上和解的充分条件。此外，行政诉讼和解作为化解行政纠纷的有效方式早已广泛开展起来，行政诉讼法上不适用和解的规定已经被实践所打破。

2. 构建体系完整的行政诉讼和解制度

在法律规定了行政诉讼和解制度的国家和地区，行政诉讼和解制度不仅以相应的法学理论为基础，而且行政诉讼中的和解规则也比较完善，形成了一套相对独立的诉讼和解制度。反观我国人民法院出台的协调和解机制，并未形成一套完整的和解制度体系，对行政诉讼和解的具体制度进行设计与安排，显得十分必要。

首先，行政诉讼和解实体法上的成立要件明确了合法性审查的标准。行政诉讼和解在实体法上具有行政契约的性质，因此应当符合行政契约成立的一般要件，例如当事人应当具有缔结行政契约的权利能力和行为能力，[①] 准用民法的规定，当事人应当具有缔结行政契约的意思表示等。除此之外，当事人对和解标的具有处分权是当事人达成和解的核心要件。“所谓当事人就诉讼标的具有处分权，指当事人就诉讼标的，事实上有处

① 如我国台湾地区“行政程序法”第21条规定：“有行政程序之当事人能力者如下：一、自然人。二、法人。三、非法人之团体设有代表人或管理人者。四、行政机关。五、其他依法律规定得为权利义务之主体者。”第22条规定：“有行政程序之行为能力者如下：一、依民法规定，有行为能力之自然人。二、法人。三、非法人之团体由其代表人或管理人为行政程序行为者。四、行政机关由首长或其代理人、授权之人为行政程序行为者。五、依其他法律规定者。无行政程序行为能力者，应由其法定代理人代为行政程序行为。外国人依其本国法律无行政程序之行为能力，而依中华民国法律有行政程序之行为能力者，视为有行政程序之行为能力。”

分的可能，法律上有处分之权限。”[①] 德国和我国台湾地区在立法上均确立了该项要件，例如，《联邦德国行政法院法》第106条规定：“只要参与人对和解的标的有处分权，为完全或部分终结诉讼，参与人可在法院作出笔录，或在指定或委派的法官面前作出笔录以达成和解。”我国台湾地区“行政诉讼法”第219条规定：“当事人就诉讼标的具有处分权并不违反公益者，行政法院不问诉讼程序如何，得随时试行和解。”在行政诉讼和解立法上限定当事人进行和解必须具有处分权目的在于防止行政诉讼和解被滥用而导致缔结一个在实体法上无效的行政契约。从我国司法实践中行政诉讼协调和解的实际情况来看，存在着人民法院对行政诉讼和解协议的审查流于形式，当事人的合法权益和公共利益、第三人利益未得到有效保障的问题，因此，在构建我国行政诉讼和解制度过程中引入处分权的概念，能够为人民法院对行政诉讼和解协议的审查提供标准，明确审查范围，有利于人民法院有效发挥“事前过滤”功能，依职权对和解协议进行合法性审查。

其次，行政诉讼和解诉讼法上的要件体现了对当事人诉讼程序上处分权的尊重。作为一种建立在当事人自愿与合意基础上的诉讼制度，在行政诉讼和解程序设计过程中，应当充分尊重当事人的程序处分权。“处分权原则是当事人的主体性在诉讼中的底线，倘若不承认处分权原则，则当事人在诉讼中的地位将沦为维护客观法秩序、实现国家机关之间权力制衡的工具，虽然在表面上可能一时维护了法律的纯洁性，但从根本上却是违背尊重个人主体性的宪政精神的。”[②] 在诉讼和解过程中，尊重当事人的处分权表现为：一是尊重当事人对纠纷解决方式的选择，当事人有对达成和解的选择权和启动权，即使法院认为案件适宜和解，也仅可以向当事人提出试行和解的建议；二是和解过程的进行由当事人自主决定，是否继续进行已经启动的和解以及是否选择终止和解程序，均由当事人决定；三是和解协议的达成应当是基于双方当事人的合意，而非法官的强迫，在法院对行政诉讼和解协议进行审查时，也需要判断和解是否出于当事人的真实意思表示。

最后，对行政诉讼和解效力的承认使其成为解决行政争议的有效方

---

① 这里的诉讼标的应理解为和解标的。翁岳生主编：《行政法》，中国法制出版社2002年版，第1465页。

② 杨丽敏：《处分权原则和辩论原则在我国行政诉讼中的适用性》，《国家检察官学院学报》2009年第6期。

式。为解决行政争议，法院根据当事人的合意制作的行政和解书具有终结诉讼的作用，与这种作用相应，有必要承认行政诉讼和解与判决具有同等法律效力。按照我国台湾地区学者的观点，行政诉讼和解具有确定力（包含形式确定力和既判力）、羁束力、执行力和形成力。行政诉讼和解的效力起到了解决行政争议的作用。一是行政诉讼和解的既判力可以有效阻断当事人再次起诉。按照既判力原理，法院的判决确定之后，无论该判决有无误判，当事人均受判决的拘束，不得就该判决的内容再进行争执。同时作为享有国家审判权的法院当然也必须尊重自己以国家名义所作出的判断，即使是把同一事项再次作为问题在诉讼中提出时，亦应以该判断为基础斟酌当事人之间的关系。[①] 因此，在诉讼程序上就有了“一事不再理”的原则与制度设计，从而阻断了当事人的再次起诉，行政诉讼和解的既判力同样具有这种效果。二是行政诉讼和解的执行力保证了和解协议得到履行。“所谓判决的执行力，是指判决生效后，在义务人没有履行义务时，权利人可以向法院申请强制执行，法院依法强制债务人履行其义务的效力和作用。”[②] 具有给付内容的行政诉讼和解协议因当事人的合意和司法的确认同样具有了执行力，避免了和解协议得不到履行的诉讼风险，维护了当事人的合法权益。三是行政诉讼和解的羁束力使被诉行政行为和原审裁判的效力受到限制。行政诉讼和解的羁束力要求行政机关应当按照和解协议撤销或者变更原行政行为，这就切断了行政行为的存续力，也使行政纠纷得到彻底解决。羁束力对法院而言，指法院必须受到和解内容的羁束，不得任意撤销或者变更。这里的法院包括了上级法院、下级法院和其他同级法院，也就是说，上级法院作出的行政和解书对下级法院发生拘束力，原审裁判自然不会发生法律效力。

（四）关于行政诉讼和解范围的探讨

行政诉讼和解的范围是与行政诉讼和解的成立要件紧密相关的问题，虽然从理论上讲，只要当事人对于和解标的具有处分权，就可以进行诉讼上的和解，但是和解并非毫无限制，不同类型的案件中当事人的处分权范围是不

---

① 参见叶自强：《论既判力的本质》，《法学研究》1995 年第 5 期。

② 张卫平：《判决执行力主体范围的扩张——以实体权利转让与执行权利的获得为中心》，《现代法学》2007 年第 5 期。

同的，从而决定了案件和解空间的大小。自从行政诉讼和解被作为一项法律上的诉讼制度或者一种解决纠纷的有效方式在国内外广泛推广以来，理论和实务界关于行政诉讼和解范围的探讨就没有停止过，人们都在试图定义哪些案件适用或者不适用和解，并希望找到一个可以明确界定何种行政案件可以适用和解的标准。然而，这个美好的愿望是否已经实现却未有定论。

1. 国内理论和实践上对行政诉讼和解范围的界定标准

一是以行政诉讼案件种类为标准。这是审判实践中通常采用的界定标准，根据该标准，通常将行政赔偿案件、自由裁量案件、行政裁决案件、不履行或拖延履行法定职责案件、行政合同案件、行政奖励等案件作为可以适用和解的案件类型。行政赔偿案件可以适用和解是基于行政诉讼法的规定；行政机关在自由裁量的幅度和范围内，可以与相对人协商并作出让步和妥协也不存在争议；行政裁决案件可以适用和解的原因在于这类案件通常涉及相对人的民事权益，人民法院在诉讼过程中可以根据当事人的要求对相关民事争议一并审理，既然民事纠纷可以通过和解解决，那么这类案件自然可以通过和解解决；在诉讼中，行政机关基于对不作为违法性的认识，主动履行法定职责或者在履行职责已无必要时，主动赔偿相对人损失的，也可以与相对人达成合意解决纠纷；行政合同具有合同的基本特征，既然合同是在合意的基础上达成的，就可以通过协商的方式确定双方的权利义务，达成和解。行政奖励案件能够和解的理由在于这类案件与公共利益基本无涉，因而当事人协商的空间也相应较大。①

但是，以这种列举的方法来确定和解的范围并不合理。首先，从理论上讲，各种行政案件种类之间并不存在明确的分类标准，例如自由裁量的概念在内涵上是与羁束裁量相对的，而在外延上又可能将其他案件类型包括在其中。这种存在交集的分类方法显然是不科学的。其次，只要列举就可能存在不能穷尽的问题，如果在列举之后再设定兜底性条款就相当于和解的范围趋向于无穷大，实际上适用和解的范围还是没有界定明确。此外，以上被列举的案件中所包含的情况也很复杂，并非在所有情形下，这类案件和解的空间都比其他种类的案件大。以行政奖励案件为例，由于法律规定的不同，行政奖励可以分为羁束裁量性质的行政奖励和自由裁量性

① 参见成都中院课题组：《四川省行政案件协调和解情况的调查与思考》，http：//cdfy. chinacourt. org/public/detail. php？ id＝17679，2010 年 12 月 1 日。

质的行政奖励。对于羁束裁量性质的行政奖励而言，法律已经明确规定了行政奖励适用的条件、标准、范围、方式、数额等内容，行政机关必须根据法律的规定作出相应的奖励。而自由裁量性质的行政奖励，法律仅对其作出了原则性的规定，行政机关就可以在自由裁量的幅度内作出行政奖励。[①] 可见，在行政奖励案件中，和解的空间并不总是很大。同样，在有关法律规定已经对国家赔偿的标准、范围、方式、数额等作出具体规定的情况下，行政机关必须根据法律的规定执行，不存在就赔偿与否、赔偿多少与当事人讨价还价的余地。因此，以列举行政案件种类的方式界定行政诉讼和解的适用范围，并不总是十分准确。

二是以行政行为的种类为标准。这是一种非此即彼的分类方法。该观点认为，根据行政行为受到法律拘束的程度不同，可以将其分为羁束行政行为和自由裁量行政行为，由于法律已经对羁束行政行为的内容、方式、程序等作出了详细、明确、具体的规定，行政机关只能严格按照法律规定作出行政行为，不存在自由选择的可能，如果允许通过和解的方式加以变更或撤销，必将损害法律的权威性和公共利益。而自由裁量行为则不同，行政机关在法律规定的构成要件实现时，仍可以在一定范围、种类、幅度内进行选择，因而存在和解的余地。[②] 本书认为，以羁束行政行为和自由裁量行政行为的区别为标准来划定和解的范围也是不适当的。

首先，这种分类方式容易造成在被诉行政行为是羁束行政行为情况下就不得和解的误解。虽然行政机关在此时不得违反法律规定通过变更、撤销行政行为的方式与相对人妥协，但是这并不妨碍相对人主动放弃自己的权益做出让步而成立和解。例如，在税务行政诉讼中，虽然行政机关按照法定标准计算出口退税的行政决定不能任意变更，但是相对人对自己权益的处分却是自由的，他完全可以自愿放弃部分财产权从而与行政机关达成和解。在行政裁决案件中，行政裁决的羁束性也并不影响民事争议的当事人达成妥协使案件以和解的方式终结。其次，自由裁量的存在虽然是由行政任务的复杂性和多样性决定的，但是“行政机关行使裁量权，并非不

① 参见段小京：《〈关于行政诉讼撤诉若干问题的规定〉的理解与适用》，《人民司法》2008 年第 3 期。

② 参见李杰、许琳、周公法：《试论我国行政诉讼和解制度的构建》，《法律适用》2007 年第 7 期。

受任何拘束之自由裁量，其行政裁量除应遵守一般法律原则外，也应符合法令授权之目的，并不得逾越法定之裁量范围”[①]。“裁量决不意味着个人的任意，而必须作为符合法律规定的价值标准的合义务裁量来理解”[②]，“自由裁量系指任何事情都应当在当局自由裁量的范围内行使，即应当按照合理和公正的规则行事，而不是按照个人观点行事，应按照法律行事，而不是随心所欲。它应该是法定的和固定的，而不是独断的、模糊的、幻想的”[③]。同时，如果我们做进一步考查的话，会发现虽然从表面上看，裁量意味着行政机关可以在不同的处理方式之间选择，但是，在具体的案件中选择余地可能压缩到一种方式，[④] 也就是说只有一种决定是没有裁量瑕疵的，是不违法的，以至于我们可以忽略行政行为到底属于哪一种类。实际上，羁束与自由裁量的划分只存在于行政机关作出行政决定的过程当中，而对相对人来说的法律效果并不起决定作用。所以，在英国的司法审查中，并没有刻意区分二者，而是统一采用了越权无效原则，“如果某一地方当局的细则显失公平或令人难以忍受，那么法院就会说，议会从未打算制定这样的规则，它们是不合理的是越权的”[⑤]。所以，从长远来看，随着时间的推移和社会向法治化的迈进，这种理论划分将会丧失生存的土壤，其划分的意义将会消失，如果我们仍然僵化地坚持行政机关自由裁量行为的理论，并以此标准来对行政法学问题进行研究，是与法治社会的发展背道而驰的。

三是以行政行为依据的事实或法律关系是否明确为标准。该分类方式为部分我国台湾地区学者所采用。根据该标准，虽然我国台湾地区“行政诉讼法”第219条对行政诉讼上可以成立和解作出明确规定，但是成立和解仅限于符合“行政程序法”第136条规定的情形，即“行政机关对于行政处分所依据之事实或法律关系，经依职权调查仍不能确定者，为有效达成行政目的，并解决争执，得与人民和解，缔结行政契约以代替行政处分”，也就是说，行政诉讼上的和解应当以法律上已经存在“和解”制度为前提，“行政诉讼法”中使用的“和解”概念特指“行政程序法”第136

① 翁岳生主编：《行政法》，中国法制出版社2002年版，第246页。
② ［德］平特纳：《德国普通行政法》，朱林译，中国政法大学出版社1999年版，第57页。
③ ［英］威廉·韦德：《行政法》，徐炳等译，中国大百科全书出版社1997年版，第63页。
④ 参见［德］哈特穆特·毛雷尔：《行政法学总论》，高家伟译，法律出版社2000年版，第132页。
⑤ ［英］威廉·韦德：《行政法》，徐炳等译，中国大百科全书出版社1997年版，第57页。

条中的“和解”，“行政处分所依据之事实或法律关系具有不明确性”[①]是行政诉讼和解成立的实体法要件，除此以外，在行政诉讼上不得成立和解。

本书认为，我国台湾地区“行政诉讼法”上的“和解”应当作广义理解，而不应局限于“行政诉讼法”第136条中的情形。前已述及，行政诉讼和解在实体法上具有行政契约的性质，而行政契约的种类是非常广泛的，显然不仅局限于只有在事实或法律关系不明确的情况下所缔结的契约。根据我国台湾学者的观点，“行政诉讼法”第136条规定的契约属于和解契约，与其相并列的还有互易契约等行政契约，二者均属于隶属契约的范畴。[②]从现代行政法的契约理念出发，行政法上的法律关系可以契约设定、变更和消灭，以代替高权性的行政行为，我国台湾地区的“行政程序法”第137条也对此作出了规定，因此，“只要事物性质或法规规定并未禁止以行政契约作为行为形式者，行政机关即得依其合义务性裁量，选择以行政契约来作为其行为形式”[③]。行政诉讼中建立和解制度的目的在于为当事人提供通过合意解决纠纷的机制，促进纠纷解决，增进诉讼效益，只要当事人对和解标的具有处分权且和解不违反公共利益，就可以为有效终结行政纠纷而达成行政诉讼和解。如果对行政诉讼中的“和解”作限缩解释，将行政机关与当事人缔结契约仅仅局限于事实或法律关系不明确的情况，不仅与现代行政法的契约理念不符，而且也背离了建立行政诉讼和解制度的初衷。从我国台湾地区的行政诉讼实践来看，和解的情形也并不限于事实或法律关系不明确的情形，许多案件的事实或法律状态均无不确定性可言，但是这并不妨碍当事人成立包含对待给付内容的契约。退一步讲，即使行政诉讼和解的成立应当以存在“和解”法律制度为前提，那么这种前提也应当从民法和民事诉讼法中寻找，以民法的原理和民事诉讼法的相关规定为根据，而民事纠纷中和解的外延显然不限于所谓事实或法律状态不明下

---

① 李柏杉：《行政诉讼上和解之研究——以民事诉讼法与行政诉讼法比较为中心》，硕士学位论文，台湾中原大学，2005年，第60页。

② 我国台湾地区学者认为，根据契约当事人之间是处于平等关系还是隶属关系，行政契约可以区分为对等关系行政契约和隶属关系行政契约。而隶属关系契约又包括和解契约和互易契约两种主要类型。和解契约即指“行政程序法”第136条规定的契约，互易契约指行政机关为达成行政目的而与相对人缔结的为对待给付的契约。参见翁岳生主编：《行政法》，中国法制出版社2002年版，第752—757页。

③ 盛子龙：《行政诉讼法上诉讼和解之研究》，“行政院”国家科学委员会专题研究计划成果报告，2003年10月。

的和解。

实际上，我国台湾地区“行政程序法”对和解契约的界定本意是扩大行政契约的适用范围，不料却成为部分学者主张限制行政诉讼和解适用范围的根据。本书认为，以这种标准来划分诉讼和解的范围，如果在传统行政法中公权力不可任意处分的观念下也许是可以成立的，但是，在高权行政的领域逐渐退缩与契约观念日益兴起的社会管理发展趋势下，适度扩大行政契约的适用范围，以有利于行政目的的达成和社会纠纷的解决才是符合法律发展规律的选择。因此，随着行政契约制度在我国未来的行政程序法上的建立和逐步完善，行政诉讼和解的范围完全可以相应适度扩展。在我国当前的行政诉讼实践中，也完全可以做些适度超前的尝试，将这种对于行政契约的分类方法，作为扩展行政诉讼和解适用领域的根据。如果行政争议中的事实或法律关系经行政机关依职权调查仍不能确定，或者调查将导致行政成本过高时，为了提高行政管理的效率，促进纠纷迅速解决，当事人之间完全可以相互让步并在处分权限度内达成和解。例如，在税务机关征收营业税时，纳税人的账册不全或因不可抗力损毁，税务机关则无法查实营业额，加上没有相当的同业营业额标准作为比较参照，税务机关和纳税人就纳税额必然会发生争议，税务机关的计税依据是否客观无疑会成为争议的焦点，如果通过行政判决来处理，必然易导致纠纷久拖不决。[①]而在我国台湾地区，大量类似的税务行政诉讼案件都是通过双方当事人在事实或法律认定上达成和解而解决的，在大陆地区的行政诉讼实践中，同样可以容许此类案件成立和解。

四是以行政诉讼类型为标准。根据行政诉讼原告请求判决的内容，可以将行政诉讼分为撤销诉讼、给付诉讼和确认诉讼三种类型。有学者据此认为，给付诉讼和确认诉讼原则上仅涉及当事人之间的权利义务关系，只要当事人对和解标的具有处分权且和解内容不涉及他人利益的，不论是法

① 本书认为，之所以此类案件通过诉讼难以彻底解决，与司法的谦抑性有很大原因。虽然在行政诉讼中法院得依职权调查事实，但是在对于案件事实的认定上，行政机关是专家，司法的谦抑性就表现为对行政机关作出的事实认定的尊重。在事实难以调查清楚的情况下，行政机关基于专业的角度对于事实的判断只要没有出现裁量瑕疵，法院就应当予以尊重。从这个角度看，难免会使原告产生“官官相护”的误解，纠纷无法根本解决也就难免了。关于司法谦抑的观点可参见谭炜杰、栗燕杰：《司法谦抑在行政诉讼中的确立与表现》，载董暭主编《司法一线报告》，人民法院出版社 2009 年版，第 37—50 页。

院作出判决以确定当事人的权利义务，还是由当事人自行协商通过合意确定彼此之间的权利义务在法律效果上并没有实质差异，因此，在给付诉讼和确认诉讼中当事人可以进行和解；而撤销诉讼则常常与公共利益密切相关，法院在行政诉讼中应当加强对行政行为的控制，依职权对被诉行政行为是否合法是否侵害相对人的合法权益进行审查，不应受到当事人主张的拘束，因此，在撤销诉讼中不应允许行政机关和相对人进行合意成立和解而终结诉讼。①

这种分类标准的合理之处除了分类界限清晰，外延不存在交集之外，还在于这种分类标准与依法行政原则相关联。具体来讲，在给付诉讼和确认诉讼中，诉讼对象以授益行政行为居多，而在撤销诉讼中，通常涉及的是负担行政行为。从现代行政法治发展的趋势来看，依法行政原则对授益行政行为和负担行政行为的约束程度是不同的。就授益行政行为来看，行政法对其倾向于放松规制，即使不存在明确的法律规定，行政机关也可以根据法律的一般原则和精神对公民作出授益行政行为。也就是说，只要行政机关作出授益行政行为不违反、不抵触法律的相关规定，就可以认为是符合依法行政原则的，对于授益行政行为的规制更多地遵循法律优越原则。而负担行政行为则不同，它必须有法律的明确依据方可被作出，否则就会因越权而导致无效。因此，负担行政行为受到法律控制的程度要比授益行政行为高得多，行政机关必须在符合法律保留原则的情况下才能实施。这种区别反映在行政诉讼和解上，就表现为在给付诉讼和确认诉讼中，当事人对和解标的往往享有较大的处分权，协商、妥协的空间也较大，人民法院对此类诉讼中成立和解的合法性审查标准可以适当放宽；而在撤销诉讼中，当事人的处分权则会比较有限，尤其对于行政机关来讲，必须遵循合义务裁量的要求，不能违反法律规定与相对人和解。因此，这种分类标准对于确定行政诉讼和解的范围有一定的参考和借鉴作用。

但问题在于，虽然在诉讼和解损害公共利益时应当加以限制和禁止，但是否侵害公共利益应当以和解标的为审查对象，以法律的具体规定为判断标准，而不应当以公共利益作为一般的、抽象的理由。② 不论在撤销之

---

① 参见张文郁：《行政诉讼程序中关于撤销诉讼和解之研究》，“行政院”国家科学委员会专题研究计划成果报告，2003 年 10 月。

② 参见徐瑞晃：《行政诉讼撤销之诉在诉讼上之和解》，载台湾行政法学会主编《行政契约与新行政法》，元照出版社 2002 年版，第 329 页。

诉还是给付之诉、确认之诉中，诉讼标的都有可能涉及公共利益而导致和解的空间缩小。例如，行政机关对涉及公共安全的重大行政许可项目的批准同样会涉及项目周边群众的切身利益，如果以公共利益为标准，虽然此类诉讼多属于给付之诉，但由此引起的行政争议也不得成立和解。而现实则与此相反，这类案件经常是通过和解的方式终结纠纷的。而在违法情节轻微的行政处罚案件中，虽然相对人提起了撤销之诉，但很难说其中包含了很大的公共利益而禁止成立和解。由此看来，结论只能是行政诉讼和解不仅可以适用于给付之诉和确认之诉，而且可以适用于撤销之诉，只不过是在前者中和解的可能性较大而已。

2. 西方国家法律界对适用和解案件的探索与选择

出于节约司法成本，减轻案件负担，并使司法体系更容易被当事人接受的考虑，20 世纪末以来，不论是英美法系国家还是大陆法系国家纷纷开始积极尝试用非诉讼方式来解决行政纠纷，诉讼外的调解和诉讼中的和解已经被法院作为一项合法的司法审查替代措施而使用。在英国，政府甚至在 2001 年 3 月颁布了一个通过 ADR 方式解决争议的承诺书，强调只要相对人接受，政府就会考虑在所有适宜的案件中通过 ADR 解决纠纷。[①] 在美国，人们已经认识到，虽然与政府的纠纷不可避免，但是诉讼是可以避免的，“一个令人信服的数字就是只有大约 2% 的政府纠纷是通过法院的审判来解决的”[②]。在德国柏林地方行政法院，每年结案约 400 件，其中以非裁判方式终结诉讼（包括当事人基于对方在诉讼程序中之特定声明而撤回诉讼、和解等）之比例高达 97%。[③] 在日本的判例法上也承认了和解的容许性。在推动调解或和解的同时，西方国家对适宜调解或和解案件的选择也非常慎重。

在英国，调解通常被用于解决那些严格适用法律将无法得到满意解决的案件。同时，在 2001 年 3 月颁布的政府承诺书中也指出有些案件不适宜通过 ADR 方式解决，例如“恶意违法的案件，滥用公权力案件，国际公法案件，人权案件和当事人缠讼的案件，以及采用 ADR 方式会违反公共利益

① Settlement of Government Disputes through Alternative Dispute Resolution, DCA Annual Report for the Period 2004/2005, p. 2.

② 耿宝建、赵艳花：《行政诉讼中的调解：西方的经验与中国的选择》，《行政法学研究》2009 年第 3 期。

③ 参见翁岳生主编：《行政法》，中国法制出版社 2002 年版，第 1463 页。

的案件"[①]。而且对于一些需要通过裁判来创造先例以澄清法律的案件，也不适宜通过 ADR 的方式解决。[②] 但是这些标准也并非绝对，即使是涉及例如居住权的案件，法院也仍然要求当事人首先通过协商解决纠纷。[③]

法国行政法院也多次尝试把审前和解程序整合到行政法院程序中，他们认为自由裁量权是法国传统上行政活动中使用的工具，对这类诉讼只能适用司法审查来控制其合法性，法国的行政机关在使用这些权力时既不得协商也不能和解。和解主要适用于需要根据合同或非合同进行谈判并作出赔偿的案件；公共机关与服务提供商之间存在持续法律关系的案件，这种法律关系可能会因为诉讼而导致无法挽回的破坏；通过法律解决会导致不公正结果的案件；处理涉及诸如大型公共工程，牵涉大量当事人并且有重大政治影响的群体性案件。对于这些案件，通过司法审查常常无法高效地解决，以和解的方式"一揽子"解决问题反而能收到良好的效果。

德国法院对适用和解案件的选择主要考虑五个因素。一是行政机关或公共机构所行使的权力的种类，如果是自由裁量权就有协商的余地，也就可以考虑适用和解。二是案件的复杂程度，如果案件非常复杂，和解就可以成为厘清事实认定的平台。三是涉及当事人的数量，如果行政决定的过程复杂，涉及多方参与，需要保护利害关系人的利益，和解就是一种有效的纠纷解决机制。四是涉及权益的类型，如果纠纷涉及的是一定数量的金钱给付义务，和解比判决更合适。五是案件处理结果的后续影响，如果当事人之间存在持续的法律关系，法院的审判就可能会使这种连续性受到威胁。在以上情况下，法院会将和解方式强烈推荐给当事人。反之，如果案件涉及一个法律规定的解释或者是合法性问题，和解就不适用。[④]

此外，在澳大利亚，法院并不去具体确定哪些行政诉讼案件可以和解，哪些不得和解。一些在英国被认为不适宜和解的案件，例如涉及公共利益、税收、移民的案件，都以和解的方式解决。而在荷兰，通过协商和

---

① Settlement of Government Disputes through Alternative Dispute Resolution, DCA Annual Report for the Period 2004/2005, p. 2.

② 参见耿宝建、赵艳花：《行政诉讼中的调解：西方的经验与中国的选择》，《行政法学研究》2009 年第 3 期。

③ R. (on Cowl) v Plymouth City Council (2001) EWCA Civ 1935, (2002) 1 WLR 803.

④ 英国、法国和德国对适用和解纠纷的选择均参考自 Sophie Boyron, "The Rise of Mediation in Administrative Law Disputes: Experiences from England, France and Germany", *Public Law*, 2006, pp. 326 – 327.

解的方式解决纠纷是荷兰人的文化传统，据统计，在所有适用和解的案件中，75%是民事案件，25%是行政案件，包括一些税收案件。[①]

由此可知，虽然西方各国都在试图定义哪些行政案件适宜或者不适宜和解，但是这些尝试都是从实用主义的立场出发的，并未形成明确的理论性标准。由于受到行政法传统的影响，各国对适宜和解的案件区分标准也并不一致，甚至发生冲突，例如，德国和法国在涉及自由裁量权的案件能否和解的问题上可谓是南辕北辙。虽然也有学者试图从理论上对适宜和解的标准进行提炼和总结，但均宣告失败。例如，德国学者在确定和解适用范围上曾经提出至少五种标准，但都被日本学者南博方证明不成立。[②] 但无论如何，西方国家标准中合理部分是值得我们借鉴的。

3. 界定我国行政诉讼和解范围的方法与载体

虽然国内理论和实践上的界定标准几乎都经不起推敲，但是这并不妨碍我们吸取其中的有益成分，不可否认，根据上述标准界定的适宜和解的行政案件起码在多数情况下是存在较大和解空间的。西方国家对于调解或和解范围的界定虽然理论性不强且存在相互冲突的情形，但是他们基于自身情况提出的标准是非常实用的。因此，本书认为，如果继续煞费苦心地去寻找区分哪些行政案件适宜和解的理论标准，也许永远不会成功，界定行政诉讼和解的范围应当从根本上抓住处分权这个要件，明确行政纠纷原则上都可以通过缔结契约的方式解决，只是由于个案中当事人处分权的差异，形成契约的自由限度不同而已。至于具体哪些案件适宜和解，可以借鉴西方国家的方法，从实用的角度出发，根据个案的情况和社会因素、公共利益去决定是否需要通过和解的方式来解决纠纷，并对司法实践中成熟的经验及时进行总结概括。当然，这种司法经验的总结和概括也需要选择合适的载体，这种载体就是司法解释。从我国目前的司法解释体制来看，人民法院可以根据处理行政纠纷的经验发布抽象性的司法解释，对适宜和解的案件所具有的某些共性特征进行概括总结，通过列举的方式形成具有抽象性的审判指导意见供法院在处理案件过程中参考。这种列举不要求具

---

① 参见 Niemeijer, B., Court-Based Mediation in the Netherlands Research, Evaluation, and Future Expectations, http://www.allacademic.com/meta/p117443_ index.html, 2011 年 2 月 1 日。

② 这五种标准分别是客观上不明确的法律状态，不定型请求权的基准，事实和解与法律和解的区别，请求权的原因与数额的区别，代替可能性的基准。参见［日］南博方：《行政诉讼中和解的法理（上）》，杨建顺译，《环球法律评论》2001 年春季号。

有多强的法学理论性，只要具有实用性，能够满足司法实践需要即可。[①]其次，从长远来看，随着我国立法的逐步完善，司法解释的发展趋势是逐步实现由判例解释取代抽象的司法解释。[②] 将判例解释作为指导和解的有效载体，通过发布具有较强指导意义的案例，对案件适用和解的原因、合理性进行分析说明，并提炼出具体的司法规则，能够为人民法院提供更为直观和有效的指导，并通过判例推动和解范围的逐步明朗和规范化。[③]

四 本章小结

维持判决是我国行政诉讼法特有的判决形式，关于维持判决的存废，自《行政诉讼法》实施以来就一直是个争议的问题。从司法权与行政权关系的角度来看，维持判决带有较强的价值倾向性，在行政诉讼法上废止维持判决，代表了司法权与行政权新型关系建立的希望。维持判决在司法实践中遇到的问题是，维持判决的适用使得行政机关在事后发现被诉行为违法或不当时，自行改正、纠错的可能被消除，对于相对人而言，同类行政行为的救济渠道也被堵上。从行政审判实践来看，维持判决在比例上呈下滑趋势，在出现《若干解释》中规定的情形时，法院积极地运用驳回诉讼请求判决取代维持判决。新《行政诉讼法》用驳回判决取代维持判决，表明立法机关试图对行政诉讼中司法权的角色进行重新定位，有利于维护司法中立、公正的形象，避免法院成为行政机关的附庸而使相对人丧失对行政诉讼的信心。从操作层面看，驳回诉讼请求判决既可以承担维持判决的功能，又弥补了维持判决灵活性的不足。在司法实践中，对于行政

---

① 上海市高级人民法院于2007年4月《关于加强行政案件协调和解工作的若干意见》中对可以协调和解案件的列举就比较具体和实用：一、被诉具体行政行为违法，但撤销该具体行政行为将会给国家利益、公共利益或者他人合法权益造成重大损失的；二、被诉行政行为合法，但存在合理性问题的；三、法律规定不明确或者法律规定与相关政策不统一的；四、涉及行政机关对平等主体之间民事争议所作的裁决，或者其他以当事人生活、生存权益为基本内容的行政行为；五、涉及农村土地征用、城市房屋拆迁、劳动和社会保障、企业改制、资源环保等矛盾容易激化，可能引起群体性利益冲突，或者对国家利益、公共利益和社会稳定可能造成影响的；六、不履行法定职责的；七、行政相对人的诉讼请求难以得到法院支持，但又确实存在亟待解决的实际困难的；八、其他依法可以进行协调处理的情形。

② 参见董皞：《司法解释论》（修订版），中国政法大学出版社2007年版，第395页以下。

③ 关于中国判例解释制度的生成与运作，参见董皞主编：《中国判例解释构建之路》，中国政法大学出版社2009年版。

行为存在次要证据不足或轻微程序瑕疵，但对原告权利不产生影响的，法院应作出确认违法判决。

重作判决形式充分体现了司法权对行政权的监督，从比较法角度考察，重作判决并非我国独特之制度创设，国外的制度设置与重作判决可谓异曲同工。在我国，司法权的地位不能与西方国家同日而语，为促进行政诉讼目的实现，立法机关必须赋予必要的监督权，以增强司法权监督行政权的能力。从司法实践的情况来看，为了督促行政机关行使职权，重作判决也确有存在的必要。首先，在有必要时，为了使行政纠纷能够全面解决，维护客观法秩序，法院都应当作出重作判决，而不是像新《行政诉讼法》第70条采用“可以”的措辞。但是，法院作出重作判决，只要行政机关自觉履行，足以达到监督行政机关之目的，法院没有必要也不应当指明行政机关作出行政行为的具体内容，以避免招致“诉外裁判”之非议和司法越权之嫌疑。其次，明确责令重作的时限。最后，当行政机关再次作出违法行政行为后，法院在作出撤销判决的同时，应当附带作出禁止重作判决，禁止行政机关再次作出的被撤销的行政决定。在附带作出禁止重作判决的时候，如果有具体问题确实需要处理的，法院可以代替行政机关直接对相关事项作出处理，以实质解决行政争议。

目前，人民法院应当拥有司法变更权已经基本不存在争议，问题集中在变更判决的适用范围是否应当扩展，以及扩展的界限或程度上。关于变更判决扩展到何种范围，梳理学界的观点总体上可分为积极扩展和有限扩展两类。新《行政诉讼法》部分采纳了有限扩展的观点。变更判决的适用范围背后体现的是司法权干预行政权的界限，确定变更判决的适用范围应当从我国变更判决在司法实践中的适用情况出发，合理借鉴国外相关判决制度及其发展趋势，实现既合理安排司法权与行政权的关系，又有利于实现行政诉讼目的。本书认为，相对完备的变更判决制度应当包括以下几点内容：一是法院对明显不当的行政处罚有变更权；二是法院对行政给付数额有变更权；三是法院对款物数量计算错误有变更权；四是增加对法院对行政裁决的变更权；五是禁止不利变更；六是尊重行政机关的首次判断。

履行判决旨在迫使行政机关履行某种当为而未履行的义务，是针对行政机关的不作为设定的救济制度。不作为包括应为而不为、申请之驳回两种情形。行政义务的范围要比法定职责广得多，除了法律规定的概括式或者列举式的职责外，还包括因公法合同、行政承诺等产生的义务。将《行政诉讼法》中的“法定职责”用“行政义务”取代，可以有效避免对“法定职责”理解的争议，有效提升司法救济的品质。法院在原则上应当尽可能详细确定行政机关履行义务的内容。当然，并不是在任何情况下，行政机关的履行义务在判决中都是明确的，它受到裁判时机是否成熟的限制。为解决理论上的争议，统一法律适用，法院在案件事实清楚时可以明确要求行政机关在一定期限内履行原告申请的行政义务的具体事项、相关要求和财物数额等内容，以提高诉讼效益，防止重复诉讼。

在起诉是否停止行政决定执行的问题上，存在着两种不同的立法例：一种是以起诉不停止执行为原则，以停止执行为例外；一种是以起诉停止执行为原则，以不停止执行为例外。从发展变化的角度看，诉讼停止执行与诉讼不停止执行之间处于一种不断趋近不断融合的状态，二者之间并不是非此即彼、完全对立的。但问题是，在立法上，两种立法例之间必择其一。在行政诉讼过程中，让司法程序的启动能够停止行政决定的执行应当是注重个人权益的维护与社会正义，实现法治国家的立法取向。停止执行原则适用于通常情况，停止执行的例外存在于下列情形中：特别的法律有明文规定不停止执行的；对于公共的税收的缴纳和公共费用（不包括罚款和滞纳金）收取的行政命令提起的诉讼没有停止执行的效力；对由警察机关在紧急情况下作出和采取的必须即时执行的命令和措施提起的诉讼也没有停止执行的效力。在停止执行的法定例外情况未出现时，法院可以为了公共利益或者某一参加人（如第三人）的重大利益而特别裁定即时执行，但是法院的这一裁定必须基于当事人的申请，对于申请人来说，在必要时应提供担保。同时，如果对上述法院的裁定，当事人有异议或者当事人的申请被拒绝，都可以申请复议，但复议期间不停止法院决定的执行。

学界通行的观点认为我国已经形成了以申请人民法院强制执行为原则，以行政机关自行强制执行为例外的行政强制执行模式。行政强制执行权实际上包含了执行裁决权和执行实施权两个权能，前者属于司法权，后者属于行政权。以法院为主的行政强制执行模式造成行政行为所确定的义务难以及时实现，大大影响行政效率；法院审查程序流于形式和救济程序的欠缺，导致法院的监督作用有限，相对人的权益难以得到保护；大量的申请强制执行案件导致司法职能与行政职能混淆，法院不堪重负，最终损害司法权威。基于以上考虑，我国行政强制执行权分配的模式应当为由法律广泛赋予行政机关行政强制执行权，通常情况下，执行裁决权和执行实施权都由行政机关行使，当执行行为涉及相对人重大人身权和财产权时，行政机关需向法院提出执行申请，法院对该申请进行审查并作出是否执行的裁定，由行政机关依据法院裁定负责实施行政强制执行。为此，在执行体制上，应分解并重新配置行政强制执行权，将执行实施权分离出法院系统，同时完善人民法院对行政机关执行申请的审查机制。

行政诉讼和解是在行政诉讼过程中，当事人双方通过自行协商或者在法院的引导和帮助下，为解决行政争议所涉及的权利义务关系，互相让步达成协议，以终结行政诉讼为目的之活动。行政诉讼和解的性质具有两重性：从实体法上看属于行政契约，从程序法上看属于诉讼行为。根据立法机关的观点，行政诉讼不适用调解的主要理由在于，行政权力是法律赋予的国家公权，行政机关一般不得自行处分。然而，从理论与实践上看，行政权力并非不可处分。

在行政诉讼法上承认和解的容许性，并构建相应的行政诉讼和解制度应当成为行政诉讼和解的发展进路。承认和解的容许性并不代表行政诉讼中的和解是不受任何限制的，行政诉讼中的和解同样应当遵循自愿、合法的要求，且不能违反公共利益。构建体系完整的行政诉讼和解制度，首先要明确行政诉讼和解实体法上的成立要件。行政诉讼和解在实体法上具有行政契约的性质，因此应当符合行政契约成立的一般要件，当事人对和解标的具有处分权是当事人达成和解的核心要件。其次，作为一种建立在当事人自愿与合意基础上的诉讼制度，在行政诉讼和解程序设计过程中，应当充分尊重当事人的程序处分权。最后，有必要承认行政诉讼和解与判决具有同等法律效力。

界定行政诉讼和解的范围应当从根本上抓住处分权这个要件，明确行政纠纷原则上都可以通过缔结契约的方式解决，只是由于个案中当事人处分权的差异，形成契约的自由限度不同而已。至于具体哪些案件适宜和解，可以借鉴西方国家的方法，从实用的角度出发，根据个案的情况和社会因素、公共利益去决定是否需要通过和解的方式来解决纠纷，并对司法实践中成熟的经验及时进行总结概括，通过司法解释固定下来。

参考文献

一　中文著作

1. 白绿铉：《美国民事诉讼法》，经济日报出版社 1998 年版。
2. 蔡震荣：《行政法理论与基本人权之保障》，五南图书出版公司 1999 年版。
3. 蔡志芳：《行政救济与行政法学》，三民书局 1993 年版。
4. 陈计男：《行政诉讼法释论》，三民书局 2000 年版。
5. 陈金钊：《法治与法律方法》，山东人民出版社 2003 年版。
6. 陈新民：《中国行政法学原理》，中国政法大学出版社 2002 年版。
7. 城仲模：《行政法之基础理论》，三民书局 1994 年版。
8. 董皞：《司法解释论》（修订版），中国政法大学出版社 2007 年版。
9. 董皞主编：《司法一线报告》，人民法院出版社 2009 年版。
10. 董皞主编：《中国判例解释构建之路》，中国政法大学出版社 2009 年版。
11. 方世荣：《论具体行政行为》，武汉大学出版社 1996 年版。
12. 傅士成：《行政强制研究》，法律出版社 2001 年版。
13. 甘文：《行政诉讼法司法解释之评论——理由、观点与问题》，中国法制出版社 2000 年版。
14. 龚祥瑞主编：《法治的理想与现实》，中国政法大学出版社 1995 年版。
15. 何海波：《司法审查的合法性基础——英国话题》，中国政法大学出版社 2007 年版。
16. 何海波：《实质法治：寻求行政判决的合法性》，法律出版社 2009 年版。

17. 胡康生主编：《行政诉讼法释义》，北京师范学院出版社 1989 年版。
18. 胡建淼主编：《行政诉讼法修改研究——〈中华人民共和国行政诉讼法〉法条建议及理由》，浙江大学出版社 2007 年版。
19. 胡肖华：《行政诉讼基本理论问题研究》，湖南人民出版社 1999 年版。
20. 胡肖华主编：《权利与权力的博弈——行政诉讼法修改纵横谈》，中国法制出版社 2005 年版。
21. 黄先雄：《司法谦抑论——以美国司法审查为视角》，法律出版社 2008 年版。
22. 黄先雄：《行政诉讼中的权力关系》，中南大学出版社 2012 年版。
23. 江必新：《中国行政诉讼制度之发展——行政诉讼司法解释解读》，金城出版社 2001 年版。
24. 江必新主编：《中国行政诉讼制度的完善：行政诉讼法修改问题实务研究》，法律出版社 2005 年版。
25. 江必新、梁凤云：《行政诉讼法理论与实务》，北京大学出版社 2009 年版。
26. 江必新主编：《最高人民法院关于审理政府信息公开行政案件若干问题的规定理解与适用》，中国法制出版社 2011 年版。
27. 江必新主编：《最高人民法院最新行政诉讼司法解释汇编》，中国法制出版社 2012 年版。
28. 江必新、邵长茂：《新行政诉讼法修改条文理解与适用》，中国法制出版社 2015 年版。
29. 姜明安主编：《行政法与行政诉讼法》，法律出版社 2003 年版。
30. 江利红：《日本行政诉讼法》，知识产权出版社 2008 年版。
31. 金伟峰主编：《中国行政强制执行法律制度》，法律出版社 2003 年版。
32. 李哲范：《行政诉讼司法权界限》，中国书籍出版社 2013 年版。
33. 刘善春：《行政诉讼原理及名案解析》，中国法制出版社 2001 年版。
34. 刘宗德、赖恒盈：《台湾地区行政诉讼：制度、立法与案例》，浙江大学出版社 2011 年版。
35. 罗豪才、孙琬钟主编：《与时俱进的中国法学》，中国法制出版社 2001 年版。

36. 马怀德主编：《司法改革与行政诉讼制度的完善——〈行政诉讼法〉修改建议稿及理由说明书》，中国政法大学出版社 2004 年版。
37. 马怀德主编：《行政诉讼原理》，法律出版社 2003 年版。
38. 沈林荣编著：《行政诉讼法理论与实务》，河海大学出版社 2001 年版。
39. 沈宗灵：《比较法总论》，北京大学出版社 1987 年版。
40. 谭炜杰：《行政诉讼和解研究》，中国政法大学出版社 2012 年版。
41. 王名扬：《法国行政法》，中国政法大学出版社 1988 年版。
42. 王名扬主编：《外国行政诉讼制度》，人民法院出版社 1991 年版。
43. 王名扬：《美国行政法》，中国法制出版社 2005 年版。
44. 王振宇：《行政诉讼制度研究》，中国人民大学出版社 2012 年版。
45. 翁岳生主编：《行政法》，中国法制出版社 2002 年版。
46. 吴庚：《行政争讼法》，三民书局 1999 年版。
47. 吴庚：《行政法之理论与实用》，中国人民大学出版 2005 年版。
48. 信春鹰、李林主编：《依法治国与司法改革》，中国法制出版社 1999 年版。
49. 信春鹰主编：《中华人民共和国行政诉讼法释义》，法律出版社 2014 年版。
50. 肖峋：《我国行政诉讼法实施周年笔谈》，中国政法大学出版社 1991 年版。
51. 熊先觉、方昕主编：《行政诉讼参考资料荟编》，中国政法大学出版社 1988 年版。
52. 杨海坤、章志远：《中国行政法基本理论研究》，北京大学出版社 2004 年版。
53. 杨海坤、章志远主编：《行政诉讼法专题研究述评》，中国民主法制出版社 2006 年版。
54. 杨建顺：《日本行政法通论》，中国法制出版社 1998 年版。
55. 杨伟东：《权力结构中的行政诉讼》，北京大学出版社 2008 年版。
56. 应松年主编：《比较行政程序法》，中国法制出版社 1999 年版。
57. 应松年、刘莘主编：《中华人民共和国行政复议法讲话》，中国方正出版社 1999 年版。
58. 应松年主编：《行政诉讼法学》，中国政法大学出版社 2002 年版。

59. 应松年主编：《当代中国行政法》，中国方正出版社2005年版。
60. 余凌云：《行政自由裁量论》，中国人民公安大学出版社2005年版。
61. 张尚鷟主编：《走出低谷的中国行政法学：中国行政法学综述与评价》，中国政法大学出版社1991年版。
62. 张树义：《冲突与选择——行政诉讼的理论与实践》，时事出版社1992年版。
63. 张越：《英国行政法》，中国政法大学出版社2004年版。
64. 中华人民共和国司法部宣传司编审：《中华人民共和国行政诉讼法讲话》，法律出版社1990年版。
65. 朱新力主编：《外国行政强制法律制度》，法律出版社2003年版。

二　报刊论文

1. 包骞：《行政法院在中国的不可行性分析》，《湖北师范学院学报（哲学社会科学版）》2008年第4期。
2. 陈端洪：《对峙——从行政诉讼看中国的宪政出路》，《中外法学》1995年第4期。
3. 陈红：《论建立我国行政法院体制的必要性和可行性》，《浙江学刊》2001年第4期。
4. 陈宏光、尚华：《行政诉讼受案范围动态分析与现实思考》，《政法论坛》2002年第1期。
5. 陈俊：《公私法之分与合的理论思考》，《法学家》2007年第2期。
6. 邓刚宏：《行政诉讼维持判决的理论基础及其完善》，《政治与法律》2009年第4期。
7. 邓刚宏：《论我国行政诉讼功能模式及其理论价值》，《中国法学》2009年第5期。
8. 段小京：《〈关于行政诉讼撤诉若干问题的规定〉的理解与适用》，《人民司法》2008年第3期。
9. 方世荣：《论我国行政诉讼受案范围的局限性及其改进》，《行政法学研究》2012年第2期。
10. 甘文：《WTO与司法审查》，《法学研究》2001年第4期。

11. 高秦伟：《中国宪政架构下的行政权与司法权关系之重构》，《文史哲》2003 年第 1 期。
12. 耿宝建、赵艳花：《行政诉讼中的调解——西方的经验与中国的选择》，《行政法学研究》2009 年第 3 期。
13. 耿宝建：《再谈中国是否应当设立行政法院》，《上海政法学院学报：法治论丛》2013 年第 3 期。
14. 何海波：《困顿的行政诉讼》，《华东政法大学学报》2012 年第 2 期。
15. 何海波：《晨光初现的正当程序原则》，载苏泽林主编《中国案例指导制度的构建和应用》，法律出版社 2012 年版。
16. 贺小荣：《掀开司法改革的历史新篇章》，《人民法院报》2013 年 11 月 16 日。
17. 胡志风、杨淑香：《复议机关作出不予受理决定的复议前置案件的司法救济》，《人民司法》2011 年第 10 期。
18. 黄先雄：《论我国行政诉讼之现状——以司法权与行政权的关系为视角》，《行政与法》2005 年第 9 期。
19. 江必新：《是恢复、不是扩大——谈〈若干解释〉对行政诉讼受案范围的规定》，《法律适用》2000 年第 7 期。
20. 江必新：《WTO 与我国的司法审查制度》，《法律适用》2001 年第 3 期。
21. 江必新：《司法解释对行政法学理论的发展》，《中国法学》2001 年第 4 期。
22. 江必新：《在全国法院行政审判工作座谈会上的讲话》，载最高人民法院行政审判庭编《行政执法与行政审判》（2003 年第 4 辑），法律出版社 2003 年版。
23. 江必新、李春燕：《统一行政行为概念的必要性及其路径选择》，《法律适用》2006 年第 1—2 期。
24. 江必新：《完善行政诉讼制度的宏观思考》，中国行政法学研究会 2012 年年会论文，上海，2012 年 10 月。
25. 姜明安：《行政诉讼法修改的若干问题》，《法学》2014 年第 3 期。
26. 姜明安：《扩大受案范围是行政诉讼法修改的重头戏》，《广东社会科学》2013 年第 1 期。

27. 孔祥俊：《建立与 WTO 要求相适应的司法审查制度》，《中国法学》2001 年第 6 期。
28. 孔繁华：《行政变更判决研究——以比较法为视角》，《当代法学》2006 年第 5 期。
29. 孔繁华：《从性质看我国行政诉讼立法目的之定位》，《河北法学》2007 年第 6 期。
30. 李广宇、王振宇、梁凤云：《行政诉讼法修改应关注十大问题》，《法律适用》2013 年第 3 期。
31. 李浩：《民事程序选择权：法理分析与制度完善》，《中国法学》2007 年第 6 期。
32. 李洪雷：《英国行政复议制度初论》，《环球法律评论》2004 年春季号。
33. 李杰、许琳、周公法：《试论我国行政诉讼和解制度的构建》，《法律适用》2007 年第 7 期。
34. 李林：《立法机关》，载李步云主编《宪法比较研究》，法律出版社 1998 年版。
35. 李哲范：《司法变更权限定与扩大的博弈——以司法权界限论为视角》，《吉林大学社会科学学报》2012 年第 5 期。
36. 梁凤云：《关于对中国特色行政法院体系的基本设想》，《行政法学研究》2015 年第 1 期。
37. 刘飞：《建立独立的行政法院可为实现司法独立之首要步骤——从德国行政法院之独立性谈起》，《行政法学研究》2002 年第 3 期。
38. 刘涵：《行政诉讼重作判决必要性再探讨》，《西北工业大学学报（社会科学版）》2014 年第 2 期。
39. 刘守仁、刘志峰：《司法变更行为的运作与完善》，《政法论坛》2005 年第 2 期。
40. 刘莘、张江红：《行政强制执行体制探析》，《法商研究》2001 年第 1 期。
41. 罗豪才：《现代行政法制的发展趋势》，《国家行政学院学报》2001 年第 5 期。
42. 罗英：《论行政诉讼重作判决之价值与适用条件》，《武汉大学学报（哲学社会科学版）》2010 年第 2 期。

43. 吕艳滨：《日本、韩国的行政复议制度——行政复议司法化的若干实例》，《环球法律评论》2004 年第 1 期。
44. 马怀德、解志勇：《行政诉讼案件执行难的现状及对策——兼论建立行政法院的必要性与可行性》，《法商研究》1999 年第 6 期。
45. 马怀德、葛波蔚：《WTO 与中国行政诉讼制度的发展——兼论对现行行政诉讼法的修改》，《政法论坛》2002 年第 2 期。
46. 马怀德：《行政审判体制重构与司法体制改革》，《国家行政学院学报》2004 年第 1 期。
47. 马守敏、贺丹：《谁在制造行政诉讼难的怪圈》，《人民法院报》2004 年 6 月 15 日。
48. 莫于川：《关于修改我国行政诉讼法的若干建议》，《检察日报》2011 年 10 月 10 日。
49. 沈开举、王红建：《试论行政强制执行权的分配模式》，《南京工业大学学报（社会科学版）》2006 年第 3 期。
50. 沈岿：《超越成文法律规则的有限选择——浅议行政诉讼中的司法自由裁量权》，《行政法学研究》1995 年第 3 期。
51. 沈岿：《行政诉讼确立“裁量明显不当”标准之议》，《法商研究》2004 年第 4 期。
52. 湛中乐：《行政法上的比例原则及其司法运用——汇丰实业发展有限公司诉哈尔滨市规划局案的法律分析》，《行政法学研究》2003 年第 1 期。
53. 盛子龙：《行政诉讼法上诉讼和解之研究》，“行政院”国家科学委员会专题研究计划成果报告，2003 年 10 月。
54. 盛子龙：《当事人对诉讼标的之处分权作为行政诉讼上和解之容许性要件——以税务诉讼上之事实和解为中心》，《台湾本土法学》2005 年第 6 期。
55. 石佑启：《论我国行政强制执行的模式选择及其运作》，《河北法学》2001 年第 2 期。
56. 石佑启：《判决被告重作具体行政行为探析》，《上海政法管理干部学院学报》2001 年第 5 期。
57. 宋朝武：《民事诉讼受理制度改造的理性视角》，《法学论坛》2007 年第 3 期。

58. 宋炉安：《司法最终权——行政诉讼引发的思考》，《行政法学研究》1999 年第 4 期。
59. 孙国华、杨思斌：《公私法的划分与法的内在结构》，《法制与社会发展》2004 年第 4 期。
60. 孙建伟：《重作判决的立法思考与司法适用——以行政权和司法权的关系为视角》，《行政与法》2013 年第 11 期。
61. 孙笑侠：《司法权的本质是判断权——司法权与行政权的十大区别》，《法学》1998 年第 8 期。
62. 谭炜杰：《对行政法中信赖保护原则的探讨》，《判例与研究》2007 年第 2 期。
63. 谭宗泽：《行政诉讼目的新论——以行政诉讼结构转换为维度》，《现代法学》2010 年第 4 期。
64. 汤维建：《执行体制的统一化构建——以解决民事“执行难”为出发点》，《现代法学》2004 年第 5 期。
65. 童兆洪：《民事执行权的配置及运行设计》，《浙江社会科学》2002 年第 5 期。
66. 万永海、姜福先：《我国不宜单设行政法院——兼论我国行政审判解困之出路》，《法律适用》2003 年第 6 期。
67. 王汉斌：《关于〈中华人民共和国行政诉讼法（草案）〉的说明——1989 年 3 月 28 日在第七届全国人民代表大会第二次会议上》，《中华人民共和国最高人民法院公报》1989 年第 2 期。
68. 王建学：《从行政调解专员到基本权利保护专员——法国行政调解专员制度改革评述》，《国家行政学院学报》2008 年第 5 期。
69. 王名扬：《评行政诉讼法草案》，《政法论坛》1989 年第 1 期。
70. 王鹏：《独立行政法院否定化思考——兼论行政诉讼困境之解决理念》，《行政与法》2008 年第 1 期。
71. 王万华：《〈行政复议法〉修改的几个重大问题》，《行政法学研究》2011 年第 4 期。
72. 王雪梅：《司法最终原则——从行政最终裁决谈起》，《行政法学研究》2001 年第 4 期。
73. 吴国强：《论非诉讼行政执行》，《行政法学研究》1999 年第 3 期。
74. 吴晓庄：《行政诉讼维持判决适用重点若干问题》，《华东政法学院学报》2002 年第 6 期。
75. 徐瑞晃：《行政诉讼撤销之诉在诉讼上之和解》，载台湾行政法学会主编《行政契约与新行政法》，元照出版公司 2002 年版。
76. 薛刚凌、王霁霞：《论行政诉讼制度的完善与发展——〈行政诉讼法〉修订之构想》，《政法论坛》2003 年第 1 期。
77. 薛刚凌：《行政诉讼法修订基本问题之思考》，《中国法学》2014 年第 3 期。
78. 严亚群：《美国强制执行法述评》，《河海大学学报（哲学社会科学版）》2006 年第 2 期。
79. 杨海坤、蔡翔：《行政行为概念的考证分析和重新建构》，《山东大学学报（哲学社会科学版）》2013 年第 1 期。
80. 杨桦、张显伟：《行政诉讼维持判决制度之辩护》，《法学杂志》2010 年第 4 期。
81. 杨建顺：《关于行政行为理论与问题的研究》，《行政法学研究》1995 年第 3 期。
82. 杨建顺：《关于行政执行权力配置的思考》，《人民法院报》2002 年 8 月 12 日。
83. 杨建顺：《“司法强拆”悖论的探析》，《中国审判》2011 年第 1 期。
84. 杨丽敏：《处分权原则和辩论原则在我国行政诉讼中的适用性》，《国家检察官学院学报》2009 年第 6 期。
85. 杨伟东：《履行判决变更判决分析》，《政法论坛》2001 年第 3 期。
86. 杨伟东：《行政诉讼目的探讨》，《国家行政学院学报》2004 年第 3 期。
87. 杨伟东：《行政诉讼受案范围分析》，《行政法学研究》2004 年第 3 期。
88. 杨伟东：《复议前置抑或自由选择——我国行政复议与行政诉讼关系的处理》，《行政法学研究》2012 年第 2 期。
89. 杨解君：《中国入世与行政诉讼制度变革》，《法学》2002 年第 4 期。
90. 杨欣：《行政诉讼变更判决的理论基础与适用》，《法律适用》2005 年第 6 期。
91. 姚莉、詹建红：《刑事程序选择权论要——从犯罪嫌疑人、被告人的角度》,《法学家》2007 年第 1 期。
92. 叶自强:《论既判力的本质》,《法学研究》1995 年第 5 期。
93. 尹华容:《设置行政法院:行政诉讼突围中的重大误区》,《甘肃政法学院学报》2006 年第 1 期。
94. 应松年:《论行政强制执行》,《中国法学》1998 年第 3 期。
95. 应松年:《修改行政诉讼法势在必行》,《法制日报》2002 年 3 月 3 日。
96. 应松年:《把行政复议制度建设成为我国解决行政争议的主渠道》,《法学论坛》2011 年第 5 期。
97. 应松年:《完善行政诉讼制度——行政诉讼法修改核心问题探讨》,《广东社会科学》2013 年第 1 期。
98. 于博:《略论行政过程中的 ADR 及其在中国的构建——立基于美国与韩国 ADR 制度的比较研究》,《甘肃行政学院学报》2007 年第 3 期。
99. 余凌云:《论行政契约的含义——一种比较法上的认识》,《比较法研究》1997 年第 3 期。
100. 余凌云:《行政强制执行理论的再思考》,《中国人民大学学报》1998 年第 4 期。
101. 余凌云:《行政诉讼上的显失公正与变更判决——对〈中华人民共和国行政诉讼法〉第 54 条第(4)项的批判性思考》,《法商研究》2005 年第 5 期。
102. 余凌云:《论行政复议法的修改》,《清华法学》2013 年第 4 期。
103. 袁明圣:《行政权对司法权的挤压和渗透——晚近 20 年中国立法批评之一》,《中共长春市委党校学报》2004 年第 2 期。
104. 张海棠、娄正涛:《行政相对人行政救济与司法救济程序衔接问题研究》,《政治与法律》2013 年第 3 期。
105. 张宏、高辰年:《反思行政诉讼之重作判决》,《行政法学研究》2003 年第 3 期。
106. 张坤世、欧爱民:《现代行政诉讼制度发展的特点——兼与我国相关制度比较》,《国家行政学院学报》2002 年第 5 期。
107. 张千帆:《司法审查的标准与方法——以美国行政法为视角》,《法学家》2006 年 6 期。
108. 张淑芳:《规范性文件行政复议制度》,《法学研究》2002 年第

4 期。
109. 张卫平：《起诉条件与实体判决要件》，《法学研究》2004 年第 6 期。
110. 张卫平：《判决执行力主体范围的扩张——以实体权利转让与执行权利的获得为中心》，《现代法学》2007 年第 5 期。
111. 张显伟：《废弃抑或保留：对行政诉讼维持判决制度的思考》，《国家行政学院学报》2010 年第 5 期。
112. 张旭勇：《行政诉讼维持判决制度之检讨》，《法学》2004 年第 1 期。
113. 张艺耀、沈军、张智华：《原则抑或例外——论行政诉讼（不）停止执行制度》，《中国人民公安大学学报》2003 年第 2 期。
114. 章剑生：《判决重作具体行政行为》，《法学研究》1996 年第 6 期。
115. 章武生、张大海：《论德国的起诉前强制调解制度》，《法商研究》2004 年第 6 期。
116. 章志远：《现行行政诉讼法的修改势在必行》，《政治与法律》2003 年第 2 期。
117. 章志远：《行政诉讼应当设立补正判决》，《人民法院报》2003 年 8 月 2 日。
118. 赵大光、杨临萍、王振宇：《关于审理行政许可案件若干问题的规定的理解与适用》，《人民法院报》2010 年 1 月 6 日。
119. 赵鹏：《回顾一九八九：行政诉讼法的制定过程与重要争论》，中国行政法学研究会 2012 年年会论文，上海，2012 年 10 月。
120. 赵晓华：《试论我国行政强制执行权的合理配置》，《河北法学》2005 年第 4 期。
121. 郑冲：《德国法院执行员制度改革之争》，《比较法研究》2007 年第 6 期。
122. 郑磊、沈开举：《英国行政裁判所的最新改革及其启示》，《行政法学研究》2009 年第 3 期。
123. 郑烁：《论美国的“穷尽行政救济原则”》，《行政法学研究》2012 年第 3 期。
124. 周维峰：《论行政法信赖保护原则》，《政法论丛》2003 年第 2 期。
125. 周佑勇、伍劲松：《行政法上的平等原则研究》，《武汉大学学报（哲学社会科学版）》2007 年第 4 期。

126. 庄天逸：《论行政强制执行的法律救济》，《河北法学》2008 年第 8 期。

三 学位论文

1. 白雅丽：《司法的角色——行政诉讼视角的考察》，博士学位论文，中国政法大学，2007 年。
2. 胡卫列：《行政诉讼目的论》，博士学位论文，中国政法大学，2003 年。
3. 李亚玲：《德国行政法院制度研究》，硕士学位论文，山东大学，2012 年。
4. 闫庆霞：《法院调解论》，博士学位论文，中国政法大学，2004 年。
5. 赵宇晖：《司法权与行政权的冲突及其解决》，硕士学位论文，中国政法大学，2006 年。

四 外文译著

1. Peter Cane, *Administrative Law*, Oxford: Oxford University Press, 2004.
2. Jurgen Schwarze, *European Administrative Law*, trans. Brussels, London: Sweet and Maxwell, 1992.
3. J. H. Merryman, *The Civil Law Tradition*, Stanford: Stanford University Press, 1969.
4. Pat McCarran, "Explanation of Court Bill", *Administrative Law Bulletin*, Vol. 1, No. 3, 1949.
5. H. C. Black, *Black' s law Dictionary*, St. Paul, MN: West Publishing Co., 1979.
6. Kenneth Culp Davis, "Administrative Law Doctrines of Exhaustion of Remedies, Ripeness for Review, and Primary Jurisdiction", *Texas Law Review*, Vol. 28, 1949.
7. Clive Lewis, *Judicial Remedies in Public Law*, London: Sweet & Maxwell, 2000.
8. Charles H. Koch, *Administrative Law and Practice* (*vol. III*), St. Paul,

MN: West Publishing Co., 1997.
9. Secretary of State for Constitutional Affairs' Code of Practice on the Discharge of Public Authorities' Functions under Part I of the Freedom of Information Act 2000.
10. ［德］弗里德赫尔穆·胡芬：《行政诉讼法》，莫光华译，法律出版社 2003 年版。
11. ［德］哈特穆特·毛雷尔：《行政法学总论》，高家伟译，法律出版社 2000 年版。
12. ［德］卡尔·拉伦茨：《法学方法论》，陈爱娥译，商务印书馆 2003 年版。
13. ［德］平特纳：《德国普通行政法》，朱林译，中国政法大学出版社 1999 年版。
14. ［法］莱昂·狄骥：《公法的变迁 法律与国家》，郑戈、冷静译，辽海出版社、春风文艺出版社 1999 年版。
15. ［法］孟德斯鸠：《论法的精神》（上册），张雁深译，商务印书馆 1982 年版。
16. ［法］让·雅克·卢梭：《社会契约论》，何兆武译，商务印书馆 1980 年版。
17. ［法］涂尔干：《社会分工论》，渠东译，三联书店 2000 年版。
18. ［罗马］查士丁尼：《法学总论》，张企泰译，商务印书馆 1984 年版。
19. ［美］博西格诺：《法律之门》，邓子滨译，华夏出版社 2002 年版。
20. ［美］汉密尔顿、杰伊、麦迪逊：《联邦党人文集》，程逢如、在汉、舒逊译，商务印书馆 1980 年版。
21. ［美］亨利·埃尔曼：《比较法律文化》，高鸿钧、贺卫方译，三联书店 1990 年版。
22. ［美］欧内斯特·盖尔霍恩、罗纳德.M. 列文：《行政法与行政程序法概要》，黄列译，中国社会科学出版社 1996 年版。
23. ［日］本多滝夫：《日本行政系统的转换和行政不服审查法的“现代化”》，江利红译，《行政法学研究》2015 年第 3 期。
24. ［日］美浓部达吉：《公法与私法》，黄冯明译，周旋勘校，中国政法大学出版社 2003 年版。
25. ［日］南博方：《日本行政法》，杨建顺、周作彩译，中国人民大学出版社 1998 年版。
26. ［日］南博方：《行政诉讼中和解的法理（上）》，杨建顺译，《环球法律评论》2001 年春季号。
27. ［日］盐野宏：《行政法》，杨建顺译，法律出版社 1999 年版。
28. ［日］中村英郎：《新民事诉讼法讲义》，陈刚、林剑锋、郭美松译，法律出版社 2001 年版。
29. ［英］A. J. M. 米尔恩：《人的权利与人的多样性——人权哲学》，夏勇、张志铭译，中国大百科全书出版社 1995 年版。
30. ［英］F. H. 劳森、B. 拉登：《财产法》，施天涛等译，中国大百科全书出版社 1998 年版。
31. ［英］L·赖维乐·布朗、约翰·S·贝尔：《法国行政法》，高秦伟、王锴译，中国人民大学出版社 2006 年版。
32. ［英］安东尼·吉登斯：《社会学》，赵旭东等译，北京大学出版社 2003 年版。
33. ［英］彼得·斯坦、约翰·香德：《西方社会的法律价值》，王献平译，中国人民公安大学出版社 1989 年版。
34. ［英］丹宁勋爵：《最后的篇章》，刘庸安、李燕译，法律出版社 2000 年版。
35. ［英］弗里德利希·冯·哈耶克：《自由秩序原理（上）》，邓正来译，三联书店 1997 年版。
36. ［英］卡罗尔·哈洛、理查德·罗林斯：《法律与行政》，杨伟东等译，商务印书馆 2004 年版。
37. ［英］马丁·洛克林：《公法与政治理论》，郑戈译，商务印书馆 2002 年版。
38. ［英］齐尔格特·鲍曼：《通过社会学去思考》，高华等译，社会科学文献出版社 2002 年版。
39. ［英］威廉·韦德：《行政法》，徐炳等译，中国大百科全书出版社 1997 年版。

五　其他类

1. 1985 年至 2012 年《中华人民共和国最高人民法院公报》。

2. 《人民法院案例选》（1992 年至 1999 年合订本）（行政卷）。
3. 《中国行政审判指导案例（第 1 卷）》。
4. 《中国行政审判指导案例（第 2 卷）》。
5. 《中国行政审判指导案例（第 3 卷）》。
6. 2005 年至 2006 年《行政审判指导》。
7. 1990 年至 2008 年《中国法律年鉴》。

索　引

后记　写在新《行政诉讼法》实施之际

2014年11月1日，十二届全国人大常委会第十一次会议表决通过了行政诉讼法修正案，新修改的《行政诉讼法》（以下简称新法）于2015年5月1日正式实施。这是《行政诉讼法》实施24年来的第一次修订，与《民事诉讼法》和《刑事诉讼法》至今已被多次修订相比，《行政诉讼法》修改的艰难显而易见。难就难在行政诉讼中作为被审查对象的始终是行政机关的行为；难就难在行政行为背后依托的是现代国家中强大的行政权力；难就难在司法权与行政权之间的冲突在修法过程中表现出前所未有的鲜明；难就难在我国的行政法治建设必然是一个长期而艰难的过程。自《行政诉讼法修正案（草案）》于2013年12月首次提请十二届全国人大常委会第六次会议审议，至历经三次审议、两次向社会公开征求意见最终通过的期间，正值党的十八届三中全会、四中全会胜利召开之际，法治中国被提升到前所未有的高度，这一方面为《行政诉讼法》的修改提供了难得的历史契机，另一方面也使《行政诉讼法》修正案的内容融入了党的十八届三中、四中全会的精神，体现了社会主义法治的发展方向。修正案的内容有诸多亮点，被学者誉为“依法治国的抓手和试金石”，堪称一部可以有效把“行政权力关进笼子”的法律。然而，从发展的观点来看，修正案的通过并不意味着对行政诉讼法律制度研究的完结，也不意味着本课题的研究成果已经因时过境迁而失去了价值，本课题研究的过程，本身就是对我国行政诉讼法律制度成长发展的见证和展望。法律总是处在不断完善之中的，作为一名研究者，提出的法律完善方案应当具有适度的超前性和理想性，也正是这种现实的法律与理想的法律之间似乎永恒存在的距离，生成了法律发展的不竭动力。在欣闻新法实施之余，笔者将本课题提出的立法设想与新法做一番对照分析，以此期待行政法治的诸多理想慢慢变成现实。

一　新法与设想的比较分析

《行政诉讼法修正案》中共提出了61条修改方案，这里不进行逐一评析，而是将比较分析置于本课题的研究框架下进行，以本课题提出的立法建议为线索，寻找修正案中相对应部分的内容，以实现新法与本课题设想的样本对照和评价。

一是关于行政诉讼目的。新法在立法目的中增加“解决行政争议”的表述，而本课题最初的表述为多数学者采用的“解决行政纠纷”这一提法，二者并不存在本质的区别，增加该立法目的与本课题的观点一致，故本课题最后采用了“解决行政争议”的提法。新法删除了“维护”二字，这是基于学界普遍存在行政权无须维护的认识，而且在中国传统上行政权一直过于强大，“维护”难免让人直观地产生“官官相护”的错觉，又有不少学者习惯于将“维护”目的与“维持判决”相联系并一起批判，故新法取消“维持”目的，是基于中国现实的考虑。然而，从另一方面看，“维护”目的包含有要求司法受限的合理内核，体现了司法权对行政权的尊重，这种尊重背后实际上是对公共利益和秩序的维护。此外，在《行政诉讼法》中应当确立“维护法制统一”目的，以强化行政诉讼制度维护客观法秩序的功能，吸收“维护”目的所包含的合理内核，成为司法权自我克制的重要根据，同时满足强化对抽象行政行为的司法审查，解决行政立法冲突的客观要求。

二是关于行政审判体制。行政审判体制改革的目标是要从根本上解决解决行政审判工作中面临的地方干预、行政干预。2008年，最高人民法院公布了《关于行政案件管辖若干问题的规定》，加大了指定管辖的力度，推广了被誉为“台州经验”的交叉管辖。2012年，最高人民法院又试行建立司法审判权与行政区划有限分离的管辖制度，即在中级人民法院辖区内确定若干基层人民法院设立行政审判庭，审理行政案件。新法关于行政案件管辖的规定实际上确认了上述做法，并将跨区域集中管辖行政案件的做法由原来地级市的区、县之间的调整，扩大到省内的地级市之间的集中管辖。新法的规定实际上是在专门设立行政法院的方案未被采纳的情况下，为利用铁路运输法院框架实现行政案件跨区域管辖提供法律依据。根据最高人民法院的安排，在新法实施后，将指定一些法院审理跨区域行政案件，利用铁路运输法院的框架，将一部分行政案件、与交通有关的刑事案件、与行政诉讼有关的民事案件，指定到铁路运输中级法院或基层法院管辖。[①] 但是，从现有体制内着手的管辖制度改革，毕竟是次优的改革方案，要彻底解决当前行政审判面临的困境，改革现有行政审判体制才是治本之策。当然，不排除将来铁路运输法院转型为专门行政法院的可能性。

三是关于受案范围。虽然学界主流观点是，受案范围的规定应当采取概括式肯定加否定性列举的方式，但新法对受案范围的规定依然保留了概括式肯定加肯定性列举的方式，在旧《行政诉讼法》规定的基础上继续采用列举的方式，增加了纳入受案范围的情形，并采用兜底条款对人身权、财产权等合法权益做了概括式的规定。这种折中的修法方式，虽然有基于法院目前司法权威、司法能力实际的考虑，但并不能否认概括式规定代表了行政诉讼受案范围的发展方向，也削弱了新法将“具体行政行为”修改为“行政行为”对扩大受案范围的作用。此外，新法依然将抽象行政行为、内部行政行为和行政最终裁决行为排除在受案范围之外，只是规定规章以下的规范性文件可以一并请求法院附带审查，在限缩否定性列举、扩大受案范围上，新法仍有很大的修改空间。从根本上说，受案范围制度的完善需要可审查假定原则的确立，也就是说，只有根据明白的和令人信服的相反的法律规定，才能限制法院进行司法审查。实际上，新法中关于“登记立案”的规定也是与可审查假定原则精神一致的，放宽受案范围，降低起诉条件，有利于实现由立案审查制向立案登记制转变。

四是关于复议与诉讼的衔接。新法在处理复议与诉讼的关系上，既没有采用强制的复议前置模式，也未对自由选择模式做进一步强调，而是保持了二者关系的现状。从立法目的和技术上看，进一步完善自由选择模式的相关制度，除了可以消除行政复议制度运作出现问题对权利救济的影响，体现司法救济的最终性，还可以对行政系统内纠纷解决机制的自我完善留下制度空间，对于行政复议体制的改革也不会造成影响，体现司法的谦抑性。但是，新法在处理复议与诉讼的关系时，将注意力集中在经过复议案件被告的确定上，规定不论复议机关是否改变原行政行为都要当被

---

① 参见《全国人大就行政诉讼法修正案草案举行发布会》，http：//www. scio. gov. cn/xwfbh/qyxwfbh/Document/ 1385413/1385413. htm，2014 年 11 月 20 日。

告。这样规定的好处是在短期内可以促进复议机关认真履行复议职责，弊端却是给复议制度自身的长远发展造成了影响。目前，《行政复议法》的修改工作已经启动，如果将行政复议定位为准司法性救济制度而非行政系统的自我监督机制，在复议体制改革方面，极有可能相应引入复议委员会制，从而增强行政复议的公正性，行政复议成为"维持会"的问题就会有根本性的改善。而在行政复议通过自我完善具备了司法性和公正性的情况下，仍然要求复议机关当被告，不论是在法理上还是在实践上都是不恰当的。

五是关于审查标准。新《行政诉讼法》第70条增加了"明显不当"的情形作为人民法院判决撤销行政行为的条件，一定程度上回应了我国司法审查的标准由形式合法性向实质合法性转变的呼声，有利于实质合法性审查原则的确立。而从制度设计上看，之所以在法律条文中增加"明显不当"的规定，应当是考虑到"滥用职权"具有较强的感情色彩，在司法实践中法院较少运用，将"明显不当"的情形从"滥用职权"标准中分离出来，能够使法院更主动地去审查行政行为的实质合法性，而不必担心适用"滥用职权"标准给行政机关带来的政治压力。这一修改透视出我国司法权与行政权的微妙关系，体现了立法者的良苦用心。但是，不论在立法文义上还是在司法实践中，"滥用职权"和"明显不当"二者的内涵是互相交叉难以区分的，这进一步说明了新法增加"明显不当"的规定只能是推进实质合法性审查的权宜之计。实际上，理论界对行政行为应当遵循的比例原则、平等原则、正当程序原则、信赖保护原则的研究已经相当成熟，在司法实践中也有诸多案例运用了这些原则，将上述原则纳入"明显不当"标准，实现该标准的具体化，不仅明确了实质合法性的审查标准，而且更有利于司法实践的操作。与"明显不当"标准的设置相配合，在立法指导思想上应明确认可司法机关对行政行为合理性的审查权，突破狭义合法性审查原则的桎梏。

六是关于行政诉讼裁判方式。新法取消了维持判决，用驳回诉讼请求判决取代其功能。在我国行政审判实践中，存在法院基于外部压力误用、滥用维持判决的情况，在司法体制改革未配套推进的情况下，司法审查强度必然受到影响，立法基于现实的考量取消维持判决也在情理之中，从操作层面看，驳回诉讼请求判决也完全可以替代维持判决的功能。在司法实践中，行政行为存在次要证据不足或轻微程序瑕疵，但对原告权利不产生影响的，法院均应作出确认违法判决。新《行政诉讼法》关于程序轻微违法处理的规定，应当拓展适用于行政行为次要证据不足的情形。此外，对于撤销判决附属的重作判决，新法未在细节上做进一步完善，实际上，如果行政行为被判决撤销，原行政行为处理的事项需要重新处理的，人民法院就“应当”而不是“可以”同时判决被告重新作出行政行为；对于如何避免或应对行政机关在行政行为被撤销后违法再次作出被撤销的行政行为，新法也未作出相关的制度设计；对于变更判决新法的修改比较到位，需要指出的是，虽然新法扩大了变更判决的适用范围，但是忽略了未经行政机关处理的争议，法院不得直接判决变更，这是基于尊重行政机关首次判断权的需要；新法对履行判决的规定依然采取了一般性的规定，如果做进一步的细化，应当规定人民法院在案件事实清楚时，应规定行政义务的具体内容和方式，新《若干解释》第22条即遵循了这样的思路。

至于起诉是否停止行政行为执行的问题，法院依然以不停止执行为原则，该原则在立法价值取向上体现的是行政效率优先，在司法实践中，导致行政机关以该原则为由在诉讼期间加收罚款滞纳金的案例出现，这显然与监督制约行政权力和保护相对人合法权益的目的相悖。关于非诉执行的模式，由于受到行政强制法的限制，新法并未采用裁执分离模式，根据党的十八届四中全会精神和司法权与行政权二者的分工原理，裁执分离应当在行政诉讼制度中确立。而对于行政诉讼是否适用和解的问题，新法在原则上并未突破，只是规定了可以和解的例外情形，自然也未引入处分权的概念，体现了立法机关的谨慎。

二　新法修改方案整体评价

客观地讲，新法与修改前相比确有一定进步，从修法总体方向上看是朝着更有利于保护相对人的合法权益、强化司法权对行政权的制约而努力的。但是，总体上难说有较大突破，被媒体称作修法亮点的情形，实际上仍然是在现有制度框架下的修补，不少地方还是原地踏步。对新法修改方案的整体评价包括以下几个方面。

首先，从修法的程度来看，应属于小改。行政诉讼法实施至今已24年，与学界普遍希望达到的修改程度相比，难免令人有些许失望。这次修法立足于原有的基本制度框架，寻求在立法技术和立法策略上尽可能的突破，从而使原有的法律原则和具体制度的落实更加有力，更具有现实性和操作性。从修改的具体条文来看，主要是对我国行政诉讼司法解释、实践经验的确认和总结，对于英美法系司法审查和大陆法系行政诉讼制度的借鉴方面亮点不多。虽然诸多条文的修改能够形成合力，推动中国行政诉讼制度在现代化方向上前进，但是步伐可能是缓慢的，要回应社会结构的发展变化和公众对法治化的呼吁，修法的程度也许是远远不够的。

其次，从修法的过程来看，体现了妥协性。改革开放三十多年来，我国正在经历社会利益与阶层的分化，不同的主体会有不同的立场、主张和利益，这决定了行政诉讼法的修改必然要在各种不同主体的主张、利益之间重新达成妥协，修法过程必然是缓慢、渐进、非直线的运动。随着现代行政的发展，司法权对行政权监督的角色被强调，司法运作的机制有待进一步理顺，而行政权力又有行政效率的需求，法学界有着对理想行政诉讼法的期望，社会公众亦有着保护自身权益的意愿，这些声音贯穿于修法的全过程，使得多元化的价值目标在修法过程中得到了协调和体现。

再次，从修法的取向来看，具有现实性。历经 24 年的发展，我国的行政诉讼制度所面临的问题突出表现为“立案难”“审理难”“执行难”，行政诉讼法的修改关注到了这样的现实，并结合党的十八届四中全会的最新精神，根据现实的需要对相关制度进行了改进和补充。例如，针对“立案难”用立案登记制取代立案审查制，针对“审理难”规定了行政首长应当出庭应诉，针对“执行难”引入了有限度的和解，增加了对不履行判决的制裁手段。虽然没有涉及行政审判体制改革，但在现有制度框架内已经对现实进行了尽可能的回应。

最后，从修法的技术来看，难称为成熟。主要是有的法律概念不明确，有的规则缺乏操作性。不明确意味着可以做多种理解，没有澄清理论和司法实践中的争议，例如对于“不履行”的概念内涵及履行判决的适用范围，需要进一步厘清。缺乏操作性是由于立法延续了“宜粗不宜细”的风格，将进一步细化法律的任务依然交给了司法解释，例如关于履行判决是否应当有明确的内容，新法仍未细化规定。

三　未来改革路径展望

修正案的颁布和新法的实施，只是我国行政诉讼法律制度发展道路上的一个逗号，行政诉讼法的完善和发展永远在路上。在未来行政诉讼制度的改革中，继续保持对行政诉讼运行状态的关注，对中国本土的现实问题进行展示、分析与解释，从中发现行政诉讼制度运行的基本规律和主要特点，才能更好地离析并反思中国行政诉讼制度和司法实践难题，从而提出适合中国语境、更加成熟的改革方案和解决问题的对策。从实证研究出发，面对中国行政诉讼的现实，司法权在保持必要的尊让、谦抑与保护公民权益之间的艰难游走就会清晰可见，学界也能够真切地体察到司法权在协调与行政权之间关系、推进公民权益保护时遇到的体制机制性障碍，从而在价值选择上，在协调公正、效率与秩序之间关系的同时，将更有效地保障公民权益作为法律制度改革的方向。在改革的定位上，应当具有一定的前瞻性和适度的超前性。虽然改革过程中价值和主体的多元化决定了行政诉讼法的完善不可能大刀阔斧、一蹴而就，但是在现实可以接纳的制度空间内，立法的适度超前可以有效调动各方力量，激发改革动力，促进法治素质的整体提升和飞跃。最后需要指出的是，随着经济实力的发展，与民事诉讼法、刑事诉讼法的修改相比，中国已经无须过多照顾国际舆论和西方传统价值观的评价，新法的实施主要来自于内在需求的驱动。但是，从世界行政诉讼制度发展的趋势来看，强化司法权对行政权的监督是普遍规律，我国要建设社会主义法治国家，寻找适当的方式强化相对弱势的司法权，应当是实现行政诉讼制度现代化的保证。

第五批《中国社会科学博士后文库》专家推荐表 1

推荐专家姓名	江必新	行政职务	副院长
研究专长	行政诉讼法学	电话	
工作单位	最高人民法院	邮编	
推荐成果名称	行政诉讼法重大争议问题研究——司法权与行政权关系之维度		
成果作者姓名	谭炜杰		

谭炜杰是我指导的博士后研究人员，他的研究题目是《行政诉讼法重大争议问题研究》，该研究工作一定程度上为行政诉讼法的完善提供了智力支持，有助于增强行政诉讼立法的科学性。该课题以“司法权与行政权关系之维度”为副标题，使得不仅在问题的选择上有根据，而且能够使各个问题之间既独立又具有一定的联系，从而形成一个研究体系，这有助于让研究项目既在内容上抓住重点，又在形式上成为整体。从文章整体架构来看，以司法权和行政权的关系为线索，各章节之间相互呼应，形成了具有内在逻辑的体系。此外，司法权和行政权的关系同时还作为一个分析工具，增强了论证的说服力。

在研究方法上，一是注重对既有的研究成果、司法实践状况的梳理汇总，找出争议的焦点，并在此基础上作出增量性研究；二是注重司法实践的考察，运用了较多的案例、司法统计数据来说明问题。从研究的结论上看，也有一些创新之处。例如，提出了将“维护法制统一”作为行政诉讼目的之一，为充分发挥司法审查作用，缓解行政立法冲突提供根据；指出设立行政法院的最主要根据是有助于增强行政审判的专业性，从而通过行政审判的专业性增强其独立性，实现行政审判独立性与专业性的统一；将行政异议程序作为行政系统内部自我纠错制度提出，扩展了行政复议的外延，完善了行政复议和行政诉讼的衔接机制。最后，在该研究报告的后记部分，对新行政诉讼法的修改情况进行了整体的评述，并从正确处理司法权和行政权关系的角度对行政诉讼法的发展进行展望。

由于新修改的行政诉讼法实施不久，文章中的有些观点尚需要在实践中进一步检验，并根据实践的发展不断更新完善研究成果。

签字：江必新

2016 年 1 月 12 日

说明：该推荐表由具有正高职称的同行专家填写。一旦推荐书稿入选《博士后文库》，推荐专家姓名及推荐意见将印入著作。

第五批《中国社会科学博士后文库》专家推荐表2

推荐专家姓名	王万华	行政职务	教授
研究专长	行政诉讼法学	电话	
工作单位	中国政法大学	邮编	
推荐成果名称	行政诉讼法重大争议问题研究——司法权与行政权关系之维度		
成果作者姓名	谭炜杰		

谭炜杰是我指导的博士研究生，他在博士毕业后承担了中国应用法学研究所的博士后科研任务。研究题目是《行政诉讼法重大争议问题研究——司法权与行政权关系之维度》。该题目的难点有两个方面，一是行政诉讼法修改是个热点问题，相关的论文、著作非常丰富，所以要想写出自己东西，需要下一番功夫；二是行政诉讼法涉及的问题覆盖面广泛，容量很大，如果泛泛而谈，容易浅尝辄止。基于以上考虑，在研究过程中，谭炜杰博士后在研究过程中做了如下两个方面的努力：一是把司法权和行政权关系作为本课题研究的视角。为整个课题确定了主线，能够把研究的问题串起来，防止各个部分各自为政，彼此关联性、体系性不强。二是找准突出体现司法权和行政权关系的具体问题进行研究，形成了包括七个部分、六个类别的重点问题的研究基本框架。研究过程中，注重运用司法统计数据和案例分析作为论证主要观点的依据，不少研究结论也体现了自己的想法，具有一定的学术价值。

谭炜杰在站期间除了完成博士后研究工作报告外，还取得了若干科研成果，先后出版了个人专著《行政诉讼和解研究》，该专著获得了当年的广东省优秀法学成果三等奖，并与学界同仁合著《判例解释之变迁与重构》，此外还在核心期刊上发表了三篇学术论文，这些论文也先后在中国法学青年论坛、全国法院系统学术讨论会等征文活动中获奖。相信谭炜杰的博士后工作报告质量也能够符合出版的要求和水准。

也希望谭炜杰在今后的学习和工作中继续不断完善和提升自己的研究水平，出产更多的优秀成果。

签字：

2016年1月15日

说明：该推荐表由具有正高职称的同行专家填写。一旦推荐书稿入选《博士后文库》，推荐专家姓名及推荐意见将印入著作。